创智
Innovative Wisdom

Innovators' Counterattack

16 Cases from Business School

创新者的逆袭

商学院的十六堂案例课

郑　刚
陈　劲
蒋石梅
编著

北京大学出版社
PEKING UNIVERSITY PRESS

图书在版编目（CIP）数据

创新者的逆袭：商学院的十六堂案例课 / 郑刚，陈劲，蒋石梅编著. ——
北京：北京大学出版社，2017.6

ISBN 978-7-301-28379-0

Ⅰ. ①创… Ⅱ. ①郑… ②陈… ③蒋… Ⅲ. ①企业管理 – 研究生教育 – 教案
(教育) Ⅳ. ①G643

中国版本图书馆CIP数据核字(2017)第101284号

书　　　名	创新者的逆袭：商学院的十六堂案例课
	CHUANGXINZHE DE NIXI
著作责任者	郑刚　陈劲　蒋石梅　编著
责任编辑	徐　冰
标准书号	ISBN 978-7-301-28379-0
出版发行	北京大学出版社
地　　　址	北京市海淀区成府路205 号　100871
网　　　址	http://www.pup.cn　　新浪微博:@北京大学出版社
电子信箱	em@pup.cn　　QQ:552063295
电　　　话	邮购部62752015　发行部62750672　编辑部62752926
印刷者	北京大学印刷厂
经销者	新华书店
	720毫米×1020毫米　16开本　22.75印张　341千字
	2017年6月第1版　2018年3月第2次印刷
印　　　数	5001—8000册
定　　　价	56.00元

　　当今时代，各行各业都正在孕育或发生颠覆性变革，创新和变革管理已经渐渐成为当今的主旋律。不论是国家、企业还是个人，在当前这个急剧变革的时代都迫切需要掌握创新思维和变革管理方法，以解决层出不穷的新问题、在激烈的竞争中脱颖而出。创新与变革管理是当前国际管理学界与经济学界所关注的重大理论命题，也是发展前景极为广阔的一个多学科交叉融合的前沿领域，已成为管理学领域中引领学科发展的新的制高点。在建设科技创新强国的关键时刻，进一步强化创新与变革管理的科研与教学工作显得极为迫切。

　　近年来，尽管我国商学教育和管理学科发展取得了显著进步，但在当前的商学教育体系下，创新与变革管理的教学与科研还没有得到应有的重视，尤其是本科及MBA/EMBA教学中对创新与变革管理的教育更加欠缺，迫切需要国内同行学者、企业英才群策群力，共同完善构建出世界前沿的创新与变革管理研究、教学和人才培养体系，开辟创新与变革管理学科的新天地。

　　近年来，国内也陆续出版了一批创新管理、创新与变革管理的教材，包括本书作者已经更新到第3版的《创新管理：赢得持续竞争优势》（北京大学出版社，2016），均反响良好。但配套的高品质案例还比较缺乏，尤其是基于中国企业本土实践的案例，更是稀缺。而随着创新与变革管理教学的日益普及和深入，对于高品质案例的需求也日益迫切。希望《创新者的逆袭:商学院的十六堂案例课》一书能够填补这一空白。

　　本书精选了近几年来作者主导开发的16个中国本土代表性企业或现象级项目的

第一手创新案例，如小米、海尔、吉利、韩都衣舍、永辉超市、芬尼克兹、三只松鼠、韩都衣舍等，涉及传统企业如何依靠互联网思维和创新转型升级，初创公司或后发企业如何凭借创新实现逆袭，如何通过组织和制度创新激发公司内部创新活力等，具有代表性。这些案例背后涉及的创新与变革管理的理论依据包括颠覆式创新、开放式创新、商业模式创新、二元性组织、互联网思维、社会化营销、精益创业、服务创新、技术追赶与二次创新、动态能力、公司内部创业、合伙人制度、阿米巴组织、创新生态系统、组织创新、战略决策理论、微笑曲线理论、战略领导力理论等。

这16篇案例紧密围绕创新与变革管理、创业管理、战略管理等相关课程教学目标和有关理论知识，经过了实际课堂检验，大部分入选了哈佛/斯坦福商学院案例库和全国MBA百优案例。案例编写都严格依据全国MBA教育指导委员会案例的编写规范，相信能够为广大教师开展生动的创新与变革管理领域的案例教学、提升教学效果提供助力。同时也有助于激荡EMBA/MBA学员和经济管理学科研究生、企业管理者的创新思维，擦出智慧和创新思想的火花。希望本书深入浅出、图文并茂的内容，可以为读者带来良好的阅读体验和收获。

本书可以作为《技术创新管理》国家精品课程指定教材《创新管理：赢得持续竞争优势》（第3版，北京大学出版社，2016）的配套教学参考书。

本书适合作为EMBA/MBA、管理类研究生的学习辅助教材，也适用于学习相关管理学知识的本科生、高级管理培训和短期进修班学员参考。对广大企业管理人员、创业者的创新与变革管理实务提升也具有重要的参考学习价值。

本书的框架设计、统稿工作主要由浙江大学郑刚副教授、清华大学陈劲教授与河北工业大学蒋石梅副教授合作完成，期间得到了得到了清华大学技术创新研究中心、浙江大学创新管理与持续竞争力研究中心这两所中国最重要的创新管理研究机构的鼎力支持。各案例的编写与完善得益于许多同学的辛勤付出，他们是：浙江大学的博士生郭艳婷、胡珊、郑青青、陈箫、雷明田子、梅景瑶、陈程及MBA同学杨南奕、冯丹等，河北工业大学李风华、马朝红、石会、于赛飞、宋海娟、王洋、刘玉朋等。北京大学出版社经管图书事业部徐冰编辑对本书的编辑出版继续给予了大力支持。在此，对他们表示由衷谢意！

　　当今变革时代的颠覆性远超以往，创新与变革的频率也越来越快，周期越来越短，案例的编写往往无法完全跟上变革的步伐。由于时间较紧，本书的部分案例内容仍有很多方面不尽如人意，疏漏之处可能在所难免。衷心希望广大师生、企业管理工作者能够继续给予批评和指正，及时反馈使用意见，以使我们不断改进。

郑刚、陈劲、蒋石梅

2017 年 5 月 18 日

目录
CONTENTS

第一篇

变革之舞：

移动互联网时代的

颠覆性变革

第 1 堂课

微信支付：
如何快速逆袭

　　微信支付是腾讯公司伴随着微信的崛起而打造的第三方支付平台，2013年开始启动。短短3年过后，在2017年1月腾讯年会上，马化腾宣布微信线下支付已经超越支付宝。本案例将介绍微信支付为何能用仅仅3年时间便异军突起，撼动支付宝多年的第三方支付霸主地位。腾讯当时已经有财付通了，为什么还要从零开始搞微信支付？后起之秀的微信支付为什么能够从零起步实现快速逆袭？变革时代，新产品/新业务如何凭借互联网思维、社会化媒体营销低成本快速冷启动？本案例对于其他后发企业在变革时代的"弯道超车"具有重要的借鉴意义。①

关键字：微信支付　O2O　互联网思维
**　　　　社会化媒体营销　社交支付**

① 本案例由浙江大学管理学院郑刚、杨南奕撰写，版权归作者所有。未经允许，本案例的任何部分都不能以任何方式与手段擅自复制或传播。作者感谢混沌研习社及微信支付部经理吴毅先生对本案例的贡献。本案例授权中国管理案例共享中心使用，中国管理案例共享中心享有复制权、修改权、发表权、发行权、信息网络传播权、改编权、汇编权和翻译权。由于企业保密的要求，在本案例中对有关名称、数据等做了必要的掩饰性处理。本案例仅供讨论，并无意暗示或说明某种管理行为是否有效。

2017年1月初的某个夜晚，广州。

腾讯微信事业群年会热闹开演。一封封微信红包接连开出，高潮迭起。及至"微信之父"、腾讯集团高级副总裁张小龙宣布奖励微信支付团队人手一台最新的、刻着自己名字的iPhone7 Plus时，顿时一片欢呼。但大多数员工没想到，这还不是当晚最大的惊喜。腾讯公司董事长马化腾在最后的发言中充分肯定了微信支付团队3年来的突破和创新，特别是指出微信支付2016年线下支付份额已经全面超过支付宝后，马化腾突然提高声调，大声宣布："授予微信支付团队'名品堂'大奖，奖金1亿元！"全场顿时沸腾！

名品堂是腾讯内部每年一次给成绩特别优秀的业务部门的奖励，于2015年年末首次设立，这也是代表公司级里程碑产品的最高荣誉奖。另外两个获得该荣誉的团队分别是安卓应用商店"应用宝"，以及手游《王者荣耀》。微信支付团队300人左右，平均算下来，每个人都有30多万奖金，这还不包括年终奖。

微信支付2014年8月上线，面临激烈的第三方支付市场竞争、复杂的线下商业环境，在整个团队的全力拼搏和FIT线①、微信基础产品部等合作团队的支持下，到2016年年底，微信支付已经成长为绑卡用户数超过3亿、日均交易笔数过5亿、接入全球超过12个国家和地区、全面覆盖用户衣食住行和全方位生活场景的市场领先的移动支付产品。

可是，支付宝不是在线支付之首吗？怎么会在短短几年的时间里就被微信支付超越？

让我们把时间拉回到2015年的春节。在此之前，支付宝几乎一手缔造了第三方支付市场。来自艾瑞的数据显示，2014年年底支付宝第三方移动支付市场份额超过

① 即支付基础平台与金融应用线。——编者注

了80%。2015年春节，微信靠红包绑定了2亿张银行卡，而支付宝达到这一成绩却花了8年时间。

"先行者"支付宝完成了市场教育的重任后，微信在社交方面的统治力成了它在移动支付领域崛起的"后发优势"。

根据《2016年互联网趋势报告》①，2016年是支付宝受到猛烈冲击的一年。在2015年第三方支付领域，支付宝还占据了68.4%的市场份额，到2016年第二季度，支付宝份额下降到55.4%，微信提升到32.1%。在移动端，支付宝2014—2016年的年均复合增长率为118.6%，而微信支付增速高达326.9%。此外，用户使用微信支付的月度交易次数超过50次，已是支付宝月度交易次数的5倍。可以说，在移动支付领域，支付宝将面临微信支付越来越大的竞争压力。

第三方支付包含了线上线下及理财等场景的产品。马化腾在2016年内部会上说的是在线下支付部分，微信支付超越了支付宝。

支付宝作为2004年成立以来一直的第三方支付霸主，在线下依然有着巨大的影响力，但是近几年来，微信携8亿用户产生的流量优势在不断蚕食着支付宝的份额。这两年，微信支付在线上红包打下的良好用户基础上，开始往线下市场拓展。根据微信支付提供的数据，2016年3月，肯德基上线微信支付，目前全国共有5 000家门店上线了微信支付；另有2 500多家星巴克门店上线了微信支付。从2015年10月微信服务商自主体系上线以来，通过自助入驻的服务商每个月是翻番再翻番的增长，服务商日均交易笔数及微信支付整个行业支付的线下笔数比例也在逐步扩大，通过服务商覆盖了超过95%的线下行业。根据腾讯方面给出的数据，截至2016年10月，全球范围内共有约9万家商户已经提供了微信支付服务。

数据显示，支付宝在2016年第一季度仍然占据移动支付市场63.4%的份额，但是相比往年开始出现下滑（表1.1）。截止到2016年第二季度，微信活跃用户达8.16亿，微信支付用户达4亿。

---

① 移动智观察："2016年互联网趋势报告"，搜狐网，http://mt.sohu.com/20160603/n4526 00079.shtml，2016年6月3日。

得微信能够直接在应用内部实行交易和结算，使得微信的各个功能实行生态闭环，成为微信商业化的关键一步。

2014年1月4日，微信添加滴滴打车功能，开启线下支付之战。

2014年3月4日，微信支付接口向已通过认证的服务号开放，开启微信电商时代。

2014年6月13日，微信支付推出多个新产品，包括具备储值功能的"微信零钱"，以及信用卡还款等功能。

2014年春节期间，微信根据中国人的春节习俗推出了新年红包，在短时间内便以极低成本获得了800万绑卡用户。2014年春节期间参与抢微信红包的用户超过500万，总抢红包7 500万次。

2015年，微信红包参与央视春节联欢晚会的互动环节，被拉上了"年夜饭的主菜单"，当晚红包收发总量就达到10.1亿次，仅晚会播出期间"摇一摇"就达到了110亿次。

2016年除夕全天微信红包参与人数达到4.2亿人次，收发总量达80.8亿个。

2017年除夕，微信红包收发总量更是达到了142亿个。[①]

从1999年，首家第三方支付平台首信易支付成立，到如今的2017年，第三方支付业务逐年保持高速增长。截至2016年6月，我国使用网上支付的用户规模达到4.55亿，环比增长率为9.3%，其中手机支付用户规模增长更为迅速，半年增长率为18.7%。截至2016年第二季度，支付宝、财付通（微信支付）、银联商务占据第三方网上支付市场前三，其中支付宝以43.39%的市场占有率稳居榜首。

目前，国内电子支付市场主要有几大阵营：一是独立的第三方支付企业，比如支付宝、快钱、易宝支付等；二是国内电子商务交易平台价值链延伸的在线支付工具，比如财付通、百付宝等；三是银行阵营，比如中国银联的ChinaPay，以及各个银行自己的网上银行等；四是以中国移动等电信运营商为代表的移动支付企业。2013

---

① "除夕微信红包收发142亿个"，人民网，http://society.people.com.cn/n1/2017/0129/c1008-29052347.html，2017年1月29日。

年调查数据显示，支付宝钱包在第三方支付领域一枝独秀，在使用过的第三方支付工具中，从"60后"到"90后"4个年代群体选择支付宝钱包的使用率都超过97%。关于最常使用的第三方支付工具，支付宝钱包的使用率也在4个年代的群体中均超过90%。虽然财付通从2008年就开始上线，并试图以新型的支付手段与支付宝等支付工具形成竞争，但其使用率在各个年龄段均不理想，使用率仅有47%，旗下发展的产品种类很丰富，但一直处于一种不温不火的状态。

2016年之前，支付宝一直占据着移动支付市场的半壁江山。但是从数据上我们可以发现财付通在迅速蚕食支付宝的市场份额。尤其是从2013年微信支付推出红包功能后，到2016年12月，短短3年就抢走了支付宝移动支付霸主的地位。

微信支付如何冷启动

关于微信支付的启动时间，首先我们看一下当时的行业背景——2013年的互联网金融领域都发生了哪些大事儿？

2013年6月13日，支付宝联手天弘基金上线"余额宝"。

2013年7月18日，新浪发布"微银行"，意图通过"微银行"涉足理财市场。

2013年8月5日，微信5.0版本上线，增加"微信支付"功能。

2013年10月10日，阿里巴巴出资11.8亿控股天弘基金。

2013年12月10日，京东"京保贝"融资业务上线。第二年推出个人理财服务。

2013年12月18日，网易宣布正式推出在线理财平台"网易理财"。

在这些业务中，除了余额宝，其他几个产品当时都没有引起市场的注意。我们再看回微信当时的产品状态。2014年年初，速途研究院曾发起过一次关于微信使用状况的问卷调查，对微信的用户行为进行了分析。

在调查样本中，有92.97%的用户使用过微信。

使用微信最主要的三个原因依次是：因为朋友、同学等周围的人都在使用；出于好奇；免费传输语音、文字信息。

使用频次方面，有63.4%的用户至少每天使用一次。

每天的使用时长方面，37%使用时长在15分钟以上，34%的用户小于15分钟，29%小于5分钟，34%在6～15分钟。

功能上，93.51%的用户都会使用语音聊天功能，77.28%的用户使用微信发送图片，61.66%的用户在微信里看朋友圈。

不难发现，当时调查样本中微信近一半以上的用户，仍处在使用工具的层面，使用频率并不高。根据2014年腾讯第二季度的财报，微信的月活跃用户已经达到2.72亿，其中1亿多是海外用户。同时微信公众账号数量已达百万级别，在用户量和服务量上，都为微信支付提供了数据基础。此时微信如果想变得无处不在，需要在服务方面给用户提供更多样化的选择，满足更多的使用场景。

每个产品刚推出的时候都会遇到这个"鸡生蛋还是蛋生鸡"的问题。对微信支付而言，用户缺少使用的动机。许多用户已经习惯了忍耐往常漫长的等待和不够方便的服务，而且刚上线的微信支付在使用场景上也很局限。另外在安全性上，用户对这种交易行为相当敏感，会担心银行卡被盗号问题，直到现在这也仍是大量用户未绑定银行卡的重要原因。而且当时用户对"二维码"的概念相当陌生，教育用户的成本也极高。

在产品的设计上，微信一开始将支付的入口隐藏得也很深。只有当用户第一次进行支付时，微信才会提供绑定银行卡的入口，完成绑定后，才可以在各个公众账号中完成微信支付。第一次支付完成后，才可以在"我 → 个人头像 → 个人信息 → 我的银行卡"下管理已绑定的银行卡或添加新的银行卡。

2014年，微信支付功能进一步地完善与提高，开始正式破冰。1月4日，微信添加打车功能，在与滴滴打车的合作中完成了微信支付接口开放的试水。3月4日，微信官方正式宣布微信支付接口向已通过认证的服务号开放。微信支付正式走进大众生活。6月13日，微信支付趁热打铁推出了众多支付相关功能，其中包括信用卡还款、微信零钱等功能。冷启动中真正的破冰，则是微信红包的出奇制胜。

微信红包兴起于2014年1月27日，由微信平台推出，主要功能是红包的收发、存储、提现及查阅记录的功能，称为"电子红包"。2015年，微信红包的功能得到了较大改善与提升，最开始需要用户先关注一个叫"新年红包"的公众号，之后将红包储存在公众号之中，再转发给好友。经过功能升级，微信红包基本实现了"一对一"直接收发红包、"一对多"随机抢红包的功能。2015年春节，微信与央视春晚合作，除夕当天使用微信红包功能人数累计481万，微信用户与春晚节目互动"摇一摇"总次数超过110亿次，微信用户成功覆盖全球185个国家。正是这一战，真正迎来"全民抢红包"的浪潮，从此中国无人不知微信红包。这一战也逆转了支付宝原有的竞争优势。腾讯公布的微信数据统计表明，截止到2016年年底，微信和WeChat合并用户已覆盖全球200多个国家，每月活跃用户达8.89亿，微信支付月活跃账户及日均支付交易笔数均超过6亿。[1]

爆发式增长

在一家著名互联网公司工作的小明每天是这么度过的：早上6点起床，翻手机，拣几个晚上没抢完的红包。8点出门吃早餐，看看微信上有没有优惠券红包。10点翻翻微信群，没动静，发个红包看看。12点吃什么呢，继续找找优惠券，订个外卖。16点，发现群里有红包，虽然是在工作时间，但还是得抢啊！18点，约朋友看电影，用白天同事分享的优惠券买票。20点，想想假期去哪儿玩，在群里和朋友圈搜搜机票、门票优惠券。

截止到2016年1月，互联网红包在城市手机网民中的渗透率为89.5%，其中电子货币渗透率88.3%，优惠券类互联网红包渗透率21.7%。

最早源于电商促销的互联网红包，在与社交链完美结合后，在2015年春节前后被迅速引爆，环比呈现爆发式增长。

微信红包的灵感其实来源于腾讯公司线下发红包的习俗。在广东这一带，也就是腾讯公司的所在地，每年春节回来上班的第一天大家需要排队去领老板的红包。从腾讯公司一楼开始一直排队排到顶楼马化腾的办公室门口，想想得有多夸张！最

---

[1]　解读营销mp："腾讯公布微信最新数据：用户达8.9亿"，搜狐网，http://mt.sohu.com/20170328/n485279577.shtml，2017年3月28日。

早的员工在凌晨三四点就去排队占位子了。不仅仅是马化腾，腾讯总经理级别以上的管理层也要在这一天给团队发红包。这是一个时间和金钱成本都很高的游戏。得提前准备一大堆红包在办公室里，并且金额也要有相应考虑，发太少会被认为小气，即使每人10块钱，想想腾讯全公司三万人，光是深圳腾讯大厦就有几千人，那也是一笔不小的数目。所以，后来就设计出了微信红包，一开始只在公众号上做，没有测试，大家就顾自己玩，没想到有一些同事一不小心发到了群里和朋友圈，结果在短时间内就引起了巨大反响。财付通一直有的红包功能，没想到在微信上竟收获了巨大热情。

支付宝和微信均表示，为了回归传统习俗2017年春节不再搞红包大战了，那么为何除夕夜依然产生了142亿个微信红包，比去年同期增加了75.7%呢？说到这个现象，我们就需要来看看"红包"对于微信用户来说到底意味着什么。

笔者有个外国朋友在某个微信群里抢红包。只要跳出一个红包他就会迫不及待地点开它。有1毛的，也有5毛的，金额普遍不高，但是这股兴奋劲比他赢了几百美金还高兴。他其实并不知道红包的金额该怎么用，但是群里这股热闹劲却深深吸引着他的参与。

因此，微信红包已经超出了红包的概念，它更像是一个社交游戏。传统意义上的红包，怎么也得几百块钱，都是极为亲密的亲友之间的行为。而微信红包则完全不同。如果发放时用户就肯定地知道会拿到多少红包，除了感谢很难有更多兴奋。微信红包的做法是让大家"抢"，而且是采用了随机算法。抢到的红包中的金额有多有少、拉开档次，会让每一次红包的发放都能有炫耀、有懊恼、有话题，这样才会激发用户主动地分享和传播。

除了方便和游戏性，红包能够在微信平台上引爆还有一个最重要的原因，那就是社交化。

相对于支付宝红包，微信具备了一个难以复制的先天优势——强大的社交关系链，这是其他产品多大规模的装机量都无法取代的。例如，支付宝也是移动端，发红包体验也还算便捷，却没能如微信红包这样火爆。除了产品的细节，本质上还是社交关系链的高下：只要比较一下你在支付宝里有多少好友，在微信里有多少好友，以及打开微信与打开支付宝钱包的频率就很清楚了。这种社交性使得人人都是主动传播者，你的每一次打开或发微信红包都能够传播到更多人，让微信红包更火，也让微信的活跃度持续升温。

鉴于微信红包被讨论得这么火，你也许会以为这个东西是腾讯先发明的，但其实红包是阿里巴巴首先推出的。早在2012年的时候，阿里巴巴就推出过更直接的红包：A发送X金额给B。但是阿里的红包却没有流行起来。在当时阿里巴巴基本上已经掌握了中国的支付和电子商务版图，可以说是没有对手能够和它竞争。支付宝在2014年1月23日小年夜推出"发红包"和"讨彩头"功能，没有引起外界关注。3天后的26日，微信推出了公众号"新年红包"，用户关注后可以直接向微信中的好友发送和领取红包，结果一经推出就以病毒式的传播方式活跃在各个微信群中，并在除夕当晚全面爆发。之后，马云称之为微信红包对支付宝的"珍珠港偷袭"。

对于整个腾讯的战略来讲，微信的成功也伴随着集团整体的战略转变，在腾讯眼中更大的盘子就是移动支付。从微信本来的产品形态来讲，它正在从一款社交工具转变成一种生活方式。从过去的连接人、连接服务，向连接商业、覆盖所有商业场景转变。

行业竞争态势：微信与支付宝的较量

移动支付经过两年多的发展，2016年可以说是线下移动支付元年，保守估计线下支付市场是30万亿元，远高于线上支付（电商）市场的4万亿元。所以，线下才是移动支付的主战场。

移动支付需经历三个阶段：一是积攒海量用户，二是高额补贴用户养成习惯，三是借助服务商迅速覆盖线下。按照目前的数据来看，前两个阶段已经走完，支付宝暂时领先，谁能取得第三阶段的胜利，谁就能成为行业的第一。

截至2017年2月，支付宝线下合作商户数超过100万，微信支付超过70万。而支付宝已接入超过70个海外国家及地区的8万家线下门店，微信支付的这一数字为1万家。虽然在绝对数量上支付宝明显领先微信支付，但由于微信的高频使用和社交功能，支付宝需要在正面战场应对微信支付越来越凶猛的进攻。

2014年的快的与滴滴之战，想必很多人依然记忆犹新。这场以阿里和腾讯为代表并由资本推动的打车大战，前后花费了几十亿补贴资金，堪称惨烈，最终以双方合并收尾。

这场打车大战的背后正是支付宝和微信支付争取支付入口和培养民众移动支付习惯的大战。在当时，微信支付的使用场景还仅限于打车、彩票和红包，使用场景实在少得可怜，而支付宝"双十二"活动已经撬动了互联网最边缘的人群——大爷大妈的热情，支付终究比拼的是整个产业链条的配套完整性。"食"和"行"作为中国民众最高频的线下消费方式，对于新生的第三方支付来说是性命攸关且必须赢得的。事实上结果也证明了这一点，这场战斗下来，微信支付作为最大赢家从2013年的几乎没什么市场份额转变成后来与支付宝的分庭抗礼。

对于普通用户来说，支付只是一个习惯问题：过去用现金，后来用银行卡，再后来用互联网支付工具。一段时间内会关注谁补贴多就用谁，但是补贴不可能永远持续，补贴结束就归于习惯。

微信支付与支付宝前后进行了多轮回合的较量。腾讯的优势在于不断试错。在电商领域不断试错之后，腾讯转向投资共赢，开始投资京东，将微信的电商入口交给了京东商城。将生活类场景服务交给其投资的大众点评。希望通过优势互补，从与人们生活最紧密相关的行为入手实现支付行为的转变。在百货方面，微信支付逐渐通过与各大商超达成战略合作来实现线下的布局。细心的用户可以发现，在家门口的各个大小超市零售店中，不管是货架还是收银台，都随处可见微信支付的宣传海报。微信的玩法是"四两拨千斤"。2015年开始，微信支付推出了自己的"8.8无现金日"。到了2016年下半年，微信支付通过鼓励金的补贴模式引导用户改用微信来进行线下购物消费。在2016年8月8日当天，全国有超过1亿人次、近70万家门店参与。微信支付在与新世界百货的合作中，二者联合发行一款基于微信应用的虚拟会员卡——新世界百货"微乐付"卡。利用微信的多种功能，用户可以在微信上进行开卡、充值、支付、余额查询、会员积分等卡片管理。此外，微信支付联合各行各业，全面助力"传统行业拥抱移动互联网"。比如，顺丰速运与微信的结合：2013年，顺丰速运率先推出了微信公众服务号的下单服务，用户关注"顺丰速运"微信公众账号即可随时随地寄件和查件，以往的寄/收件地址将被自动保存在地址簿中。支付形式是，在顺丰快递员上门收件时，用户可选择微信支付的方式结算，"扫一扫"快递员手持终端上的二维码，即可完成支付。在安全方面，微信与PICC合作，解决了安全问题。安全一直是微信支付推出后的劣势，无论是京东还是阿里，都以安全为借口对微信支付进行封杀。与PICC合作后，微信推出全额赔付保障，承诺"你敢付，我敢赔"，解决了消费者心理上的不安全问题。

同样，作为曾经的支付霸主，支付宝一直苦苦支撑着市场份额。在商户方面，通过推荐模式实现从大商户向小商户的全面推广。在用户方面，通过两场"双十二"大战，培养高龄网民的支付宝使用习惯。

但是，微信支付凭借着8亿用户及其社交属性，以及最致命的杀手锏武器——优惠券红包，微信不仅解决了支付便利性的问题，而且能够最广泛地传播线下商铺的优惠券红包。

优惠券红包的获得往往是在用户消费之后系统自动发放，并形成分享功能。很多优惠券使用者表示，其优惠券红包来源于朋友的分享。微信借助其社交优势在高频红包的传播上相对于支付宝又领先了一大步。

微信的厉害之处在于，它不仅是一个通信和支付工具，而是俨然变成了一种生活方式。在使用时间上，微信、大众点评、微博人均单日使用时长分别约81.5分钟、10.5分钟和31.3分钟，而支付宝只有6.4分钟；25%的用户每天打开微信超过30次，55%的用户每天超过10次。你可能知道你每个月打开了几次支付宝，但是你根本不会知道每天究竟打开了多少次微信。一个以"日"为单位统计，一个用"月"为单位统计。

作为回应，阿里巴巴决定强化自己的手段，在2015年开始让支付宝进行社交化尝试。

阿里巴巴的社交史可谓曲折，早在2010年的时候，马云就曾公开说过"淘宝即社交"。阿里的战略优先策略使得马总一声令下，整个公司纷纷行动起来。只是，社交功能的发展一直不如意。后来阿里投资微博，通过微博来培养网红卖女装，但是发现效率还不如淘宝客，于是就开始做财务和战略投资考量，投资陌陌。接着，微信就开始异军突起，给阿里带来的压力越来越大，淘宝主动屏蔽了来自微信的访问，就像当年屏蔽百度对淘宝的搜索一样，希望能压制微信。结果却诱导出了微商的发展。

2015年2月2日中午，支付宝钱包内的红包功能开放了微信、朋友圈、QQ和QQ空间的分享入口，支付宝的红包功能开始登陆微信。然而，到当天晚上，微信就以安全为由全面封锁了支付宝的分享接口。甚至在后来将微信平台上所有与支付宝有关的链接和请求全部屏蔽，彻底打响了与支付宝的移动支付战。为此，当年7月，支付宝9.0版本上线，新的朋友功能和微信几乎一模一样，包括一对一聊天功能、群聊和发红包等微信核心功能。后来又陆续推出了"生活圈"和"可能认识的人"来撬动熟人社交。到2016年8月推出9.9版本把"生活圈"从二级入口提到首页"生活动态"。再次失败之后于2016年11月推出饱受争议的针对陌生人社交的"圈子"功能，"白领日记""校园日记"等圈子在推出第二天就迫于舆论压力被叫停，负责人被撤职。随后第二个月又迫不及待地推出"AR红包"，继续探索熟人社交。我们可以发现，支付宝推出的新功能或多或少都有社交化的影子存在，不管是模仿微信小游戏推出的游戏功能，还是以慈善环保为目的的蚂蚁森林。

在这些尝试的背景下，我们很容易可以理解为什么说今年不搞红包大战了，支付宝却顶着骂声再次上线"集五福"活动。支付宝要通过与游戏结合加深社交链，通过与线下结合继续抢回被微信夺去的支付市场。

微信支付的现状及挑战

微信红包迅速被引爆引起广大用户对微信支付的关注，又使得微信支付用户不断增长。目前，微信日活用户7.68亿，微信支付累计绑卡用户超3亿。通过微信支付连接金融、电子商务、民生交通等各大领域。在各类支付功能中最热门的依然是微信红包，有84.7%的用户使用过（图1.1）。

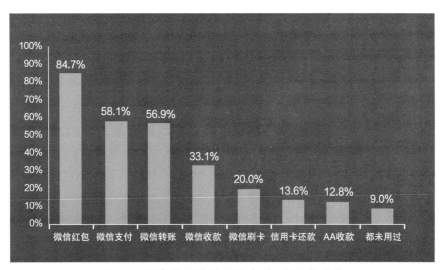

图1.1　用户使用过的微信支付/转账类功能

资料来源：企鹅智酷。

　　受益于红包等强社交支付功能的引爆，支付在微信用户中渗透率快速增长。随着应用场景扩大，微信支付的消费额度开始增长。根据腾讯企鹅智库的调研显示，超过五分之一的调研用户，月均微信支付额度超过千元。随着在金融和电商领域进一步打通服务，微信支付有望将现金流从社交流转而引向金融流转和消费流转。环境建设（银行金融流程、线下支付覆盖）将是微信等互联网支付产品未来的业务重点。

　　如此大体量的红包金额被用到哪里了呢？根据企鹅智库的数据显示，78%的用户将收到的红包以红包形式再转发给他人，完成了钱从红包到红包的社交流转。红包收益用于电商购物和线下消费的渗透率分别为12.2%和9.4%。[①]

　　钱的流向表明，社交是红包的天生基因，社交流转让红包用户群获得更大扩

---

① 企鹅智酷："2016年中国'互联网红包'大数据报告"，知识库，http://www.useit.com.cn/thread-11383-1-1.html，2016年2月15日。

展。随着"社交+电商和设计+线下"的服务升级，其生态规模未来会呈现更大增长。立足于社交是红包产品的根本。外延到更大的商业产品是红包的未来发展。"红包+O2O"的发展将为支付带来更大的数据和商机。

红包与O2O业务结合形成的商业闭环在给用户提供优惠的同时，还解决了人们在衣食住行上曾经面对的一个非常头疼的问题——排队。在用户层面，微信支付提供了一种更便捷的选择。它将原本串行的排队支付模式，变成了并行，在购买时扫下二维码即可，而且无须刷卡和找零，既省了用户，也省了收银员的时间。再配合大众点评、滴滴打车等O2O服务，购买和支付真正变成了随时随地的事。在商家层面，过去人们是客户，付款意味着买卖的结束。微信支付让付款这件事变成了起点，让商家有了将客户变为用户的机会。

微信支付将大量的资源投入到便捷性和安全性上，为实现支付的方便快捷付出了巨大的努力，极大地影响了人们的生活方式。正是因此，人们才第一次看到在银行之外还可以有如此轻松快捷的支付方式，更多商家才跟风进入支付市场，使得支付市场呈现出欣欣向荣、百花齐放的发展态势。

在互联网时代下，产品成功的首要法则便是要遵从人性。这就不仅要讲操作简单，更要顺从用户心理，尊重用户体验，不挑战、不违背用户的心智认知，能让用户感觉自然、舒服。在红包大战中，微信红包利用红包贺岁绕开了用户的戒备心理，通过"抢"而非"领"或"讨"的方式带给用户截然不同的心理感受，仅仅9天就以几乎零成本的方式收获了800万绑卡用户。其次，微信支付倡导娱乐精神，将产品游戏化。通过利用用户天生追求新奇好玩的天性特征来获取用户黏性。微信红包的拼手气功能就是一种引发用户期待的游戏。

虽然在线下支付市场，微信已经超越支付宝，但是微信最开始只是作为一个社交工具，在安全性上离金融安全的要求差距还比较大。而成立已10年的支付宝，这么多年来，只专注于支付这一件事，并将业务范围拓展到更多的支付场景当中，更像是一台移动的ATM机。得益于其先发优势，以及阿里集团在电商领域的整体规模，蚂蚁金服在互联网金融布局方面更为完善，逐步构建了一站式的金融服务商店，估值已经达到600亿美元。

微信看起来更像是在聊天工具上的一个附加功能，一时间人们的注意力很难从它的社交属性上转移。微信的支付市场份额也是依靠其社交份额抢夺而来的，未来想实现金融版图的扩展可能将困难重重。另外，也正由于其社交的属性，在网络诈骗层出不穷的今天，用户对网络有着本能的安全担忧。在网络领域的诈骗成本比电话、短信更低，因此，这种担忧在微信中当它涉及金钱的时候也会变得更强烈。解决这些问题不是一朝一夕的事，需要长时间的口碑积累。

尾声

以微信支付和支付宝为代表的第三方移动支付战争愈演愈烈，甚至正在线下展开"巷战"，越来越多的新进入者、跨界进入者也在加入，不难预测，移动支付市场的"混战"要开始了。

2016年伊始，马云就提出了"新零售"的概念，表明要主攻线下，欲实现互助多赢的全新购物平台模式。"新零售"模式或许带来更多的商机。可以预见，在支付方式的改变下众多如京东、亚马逊等主流电商平台或将也会开辟移动支付市场，建设全新支付系统以整合更优质的用户资源。除此之外，新兴零售平台是否有可能与两大移动支付工具达成合作，我们还不得而知。

2016年以来，苹果的Apple Pay和三星的Samsung Pay先后登陆中国市场，随后国产手机厂商华为公司也正式推出自家手机支付服务Huawei Pay，小米手机更是先一步进军移动支付市场。

还有一个因素"X"——微信小程序。2017年1月，微信小程序上线。小程序是一种不需要下载安装即可使用的应用，它实现了应用"触手可及"的梦想，用户扫一扫或搜一下即可打开应用，用户用完即走，也并不会如APP般占据手机的内存空间。相对于APP来说，小程序更像移动互联网时代的连接枢纽。如果真如张小龙所预期的那样，小程序可以实现各种商户平台的连接，那么支付宝的压力也许要更大了。

微信支付下一步该如何发展和竞争？微信支付能否实现2017年全面超越支付宝的目标？如何在移动支付大战中保持持续竞争优势？

拿到1亿元大奖的微信支付团队，身上的担子并不轻松。更艰巨、更复杂的挑战还在后面。创新没有终点……

查看有关微信支付更多的图表资料，请扫描左侧二维码。

阅毕请思考：

·腾讯当时已经有财付通了，为什么还要从零开始推"微信支付"新品牌？

·微信支付为什么能够短短几年就异军突起，与已经积累了十多年的行业巨无霸支付宝快速缩短距离，甚至线下支付部分已经超越支付宝？

·试从创新管理角度分析，微信支付的创新体现在哪些方面？

·在变革时代，新产品/新业务如何凭借互联网思维、社会化媒体营销低成本快速冷启动？

·你认为未来中国第三方支付市场的竞争结局会是如何？微信支付下一步应该如何发展？为什么？

·微信支付的快速异军突起，对其他行业有没有可复制性？包括对传统企业转型升级、超越行业巨头有哪些启示借鉴之处？

参考文献：

[1]陈劲，郑刚：《创新管理：赢得持续竞争优势》（第2版），北京：北京大学出版社2013年版，31-42页。

[2]项建标，蔡华，柳荣军：《互联网思维到底是什么》，北京：电子工业出版社，2014年版，185-203页。

[3]赵大伟："互联网思维'独孤九剑'——传统企业互联网化的心法"，http://

www.hjcn.com.cn/index.php?m=content&c=index&a=show&catid=169&id=1116，2013年11月25日。

[4] "什么是真正的互联网思维？"，钛媒体，http://www.yixieshi.com/it/15387.html，2013年12月25日。

[5] 吴毅："产品指数型增长的关键路径"，混沌研习社微信公众号，2016年6月28日。

第2堂课

天弘基金：

"草根"公司如何依靠余额宝的颠覆式创新快速逆袭？

　　本案例以天弘基金为对象，介绍了名不见经传的传统"草根"基金公司在互联网金融风起云涌的发展背景下，依托余额宝项目的商业模式和用户体验方面的颠覆式创新，实现快速异军突起的过程，同时也探讨了其遇到的挑战和未来的发展方向。余额宝的创新为其他基金公司乃至银行等传统金融机构带来了新的变革思路，对于其他行业的传统企业依靠颠覆式创新异军突起、转型升级也具有重要参考价值。①

关键词：余额宝　互联网金融　颠覆式创新

**　　　　货币基金　普惠金融　商业模式**

　　25岁的龙聪聪和妻子在北京东五环外的一栋居民楼开了家小便利店，2013年年末，他从弟弟那里知道了余额宝，一个月内，他陆陆续续向其中投放了1.2万元，每天增值大约1块5。更有意思的是，他开始在自己的便利店用支付宝钱包收款，然后直接转入余额宝。在此之前，他们夫妇没有投资过任何理财产品，所有积蓄几乎都存了银行定期。如今，已有越来越多像龙聪聪这样的普通百姓成为余额宝的客户，平日只需在手机屏幕上动动手指，就能轻松理财。

　　2013年6月13日，余额宝的横空出世，撼动了基金公司的竞争格局。仅7个月的时间，天弘基金余额宝规模突破2 500亿元，用户数超过4 900万，加上其他产品90多亿元的规模，天弘基金的总资产管理规模接近2 600亿元，规模跃居国内货币基金之首。原先名不见经传、在当时全国70多家货币基金公司中仅排第50位的天弘基金取代华夏基金成为我国资产管理规模最大的基金公司。在此之前，华夏基金已连续第7年成为行业资产管理规模最大的基金公司，其总资产管理规模截至2013年年末为2 447.15亿元。

　　2013年年底，中国货币基金规模只有1 235亿美元，排名在全球前五名之外，美国的这一数字高达2.72万亿美元。根据美国投资公司协会（ICI）最新发布的数据，2016年度中国货币基金规模达到了6 169亿美元，3年来增加了近5 000亿美元，超过了爱尔兰、法国、卢森堡等国家，排名全球第二。而美国的货币基金规模3年来只增加了100亿美元，达到了2.73万亿美元。2016年，我国货币基金总持有人户数达到了4.2亿，其中阿里巴巴旗下余额宝一只基金就有3.25亿户，超过了美国的人口总数3.2亿人。

　　基金行业的重新洗牌激起了传统金融机构的恐慌或冲动：券商、基金、保险开始纷纷触网，不惜自降身段和条件，互相厮杀，以寻求与互联网巨头的合作。

人们普遍认为余额宝的出现开创了国人互联网理财的先河，同时余额宝已经成为普惠金融最典型的代表。上线一年后，它不仅让数以千万从来没接触过理财的人萌生了理财意识，同时也激活了金融行业的技术与创新，并推动了利率市场化的进程。

"不想说它是个创新基金，因为在传统基金的维度中，它实在没有太多创新。"天弘基金副总经理周晓明如是说，"但它确实又与传统基金长得不一样：纯直销，告别银行销售；傍上了新'大款'，'大款'还拿它当自己的事办；客户定位于'月光族''小白'客户，1元起卖的'屌丝理财盛宴'引来众多高富帅围观并参与；7×24小时，随时随地，触手可及，不排队、不填单，也不被网上开户折磨，不用怎么学习就会用；每天早起看收益，快乐一整天，自媒体谈攻略、晒账户、感慨'菜包子变肉包子'的小幸福，偶尔也吐槽收益比昨天低；活钱放入余额宝，要花时直接当钱使，各种购物、交费、转账都能用……这是一般意义上的理财吗？这是基金吗？但它确实是《基金法》约束下的经证监会核准的货币基金，它以天弘为唯一销售机构、以支付宝为唯一直销推广平台，对接数亿支付宝实名用户，成为网络购物支付人群的一个开放式解决方案。"

天弘基金副总经理，增利宝（余额宝）项目产品经理周晓明，是一位不折不扣的证券市场的"老江湖"，拥有20年证券从业经验：1993年进入"联办"①，做过股份制改革前沿设计；待过证券公司，在国信证券、北京证券做投行业务；2001年正式步入基金业，历任嘉实基金市场部副总监、第一任渠道部总监、产品和营销总监等，还负责过一阵电子商务。几乎所有的销售条线他都有涉猎，对产品和营销的定位和模式思考比较多，有着丰富的实战经验。2009年，周晓明离开正如日中天的老东家嘉实基金，出任盛世基金总经理，无奈连续两年业绩惨淡。在经历了人生低谷后，他于2011年8月，加盟天弘基金任首席市场官和公司副总经理，回到起点，继续老本行——卖基金。

① 即证券交易所研究设计联合办公室。——编者注

"穷"则思变

截止到2014年年底，余额宝上市仅1年时间，天弘基金的规模从2012年年底的99亿元增长到5 789亿元，并在成立的第九个年头摆脱了年年亏损上千万元的厄运。

这背后的功臣，是2013年6月中旬天弘基金和支付宝合作推出的名为"余额宝"的产品，这个产品在支付宝账户内嵌入了天弘基金旗下名为"增利宝"的货币基金，如果用户将资金从支付宝账户转入余额宝内，即相当于默认购买增利宝货币基金。

谈起余额宝的成功，周晓明谦虚地说道："大家把余额宝捧得挺高，但它本身没什么大不了：普通的货币基金，搭载到大家习以为常的支付平台，唯一的创新就是所谓的嵌入式直销，把货币基金直接放到支付账户里，但也就是一张纸的距离，美国的网上支付公司PayPal早已有类似做法。"

但不是谁都能想到要打破这一张纸。大的基金公司用不着，他们日子过得挺爽，传统业务发展不错，品牌不错，员工薪水也不错。基金业要赚钱，规模是基础。做大规模要靠铺渠道，在余额宝之前，银行几乎垄断了基金销售的渠道，近百家基金公司，上千款基金产品，凭什么让银行优先卖你的产品？只能出高价。按照行业通行标准，基金公司付给银行的渠道费相当于基金管理费的三四成，甚至更高。天弘基金是小公司，自2004年成立以来，规模在行业内一直处于中下游，一没钱可赔，二没空间先烧钱养客户和品牌，故难逃年年亏损的困境。

2011年下半年，公司管理层更换，周晓明加入。新管理层想做直销。直销有两种方式：建实体网点或者做电商。实体网点没钱做，只能考虑做电商。做电商又有两个选择：自己直销，或者去傍大平台开店。2011年9月22日，周晓明第一次去当时淘宝的总部杭州西湖国际大厦，见了淘宝网总裁姜鹏，谈了一个多小时。有个关键人物促成这次拜访——现任阿里小贷金融理财业务部总监的祖国明。他是周晓明在"联办"的老同事，刚从一个财经网站跳槽到淘宝。在那一个月前，他告诉周晓明，淘宝准备做理财业务，要开基金直营店。祖国明给他带来一组翔实的数据：淘宝每天首页的浏览量，人群，交易支付笔数，支付宝里的沉淀资金，等等。对于周晓明来说，这些数据像是为他打开了一扇窗。当年年底，周晓明立即组建了电子商务小组，在那之前天弘基金的电子商务是三无状态：无人员、无系统、无客户——这反而促成了一个可以一步到位搞互联网金融的契机。然而，淘宝的基金业务拖了一年多也没推出，同期接触的很多基金公司已经基本放弃。期间，天弘基金和第三方销售机构进行了合作，但效果并不理想。

周晓明开始反思：第三方机构拥有全市场最全、最好的基金，同时具备一定研究能力，无论是网站体系、客户体验还是代销系统上都胜基金官网一筹，如果他们都做不好，不仅自己的官网没戏，也要考虑同样"味道"的东西放在淘宝店是否可行。

他跑了很多次杭州，与祖国明及其团队进行了多次沟通，锁定余额宝模式的过程是复杂而艰难的。此前，天弘基金及其他同行一直将与电商合作的方式聚焦在淘宝开店，天弘基金关于淘宝店的设计方案超过10稿，产品方案也有多次调整。在2012年下半年，天弘基金开始考虑为支付宝量身定制产品，方案是货币基金，加上支付功能，正好能和阿里系的网上购物结合。对于支付宝这个拥有1.6亿的实名用户数的流量入口，天弘基金产品设计部副总经理李骏认为，不去找它，就像线下放弃北上广，所以一定要抢占这个制高点。

天弘基金把与支付宝的合作当作头等大事，周晓明作为项目负责人，可以调动公司一切资源。光余额宝上线前的系统开发、服务器投入，就花了至少400万元，这对天弘基金这样的小公司来说不是小数目。其实，也有其他基金公司收到阿里的邀请，但大多数公司都望而却步。

2012年12月22日，周晓明向阿里小微金服集团国内事业群总裁樊治铭介绍增利宝货币基金（余额宝）模式的雏形。知道樊治铭比较忙，他打算用3～5分钟把事情说清楚，当他说到天弘基金将为支付宝量身定制产品，支付宝可以采购这个服务为其用户增值时，樊治铭立刻挥手打断他："我明白了，这个事可以做。"樊治铭的态度大大出乎他的意料。"这就像是你太想去一个地方，在没有路的时候，突然发现路在脚下。"周晓明说。①

为什么支付宝选择了行业内名不见经传的天弘基金?这是业内很多人在反思的问题。一个被广泛传播的原因是,当时支付宝向基金公司发出合作意向,要求2个小时之内给答复。没有一家基金公司能够如此快速地做出反应,只有天弘基金做到了。在互联网金融时代,基金公司加快工作效率势在必行。另一种说法是,当时支付宝本身因为牌照、开先河等因素,很难在大型基金公司中找到合作方:第一,余额宝这类产品当时是首例,大型基金公司不愿意冒险;第二,因为没有先例,所以基金公司很难预测到之后迅猛的发展;第三,大型基金公司不差钱,这个项目对他们来说可做可不做。

其实和支付宝接触的基金公司不少,但大多数还是以自己的产品为中心,跟支付宝提的都是自己的投资管理能力,把支付宝当作销售自家产品的渠道。而天弘基金是站在支付宝的角度考虑,谈自己能为支付宝的用户提供什么价值。尽管当时支付宝、淘宝也和其他潜在合作者有过不少接触,然而相对于同行们衡量、动摇、观望的态度,天弘基金对于这次合作态度异常坚决,并且主动提出了新的业务合作模式,最终脱颖而出。

为"草根"量身定做

天弘基金击中了支付宝的痛点。德圣基金研究中心首席分析师江赛春曾说,余额宝为支付宝搭载了增值功能,而且利用的是风险较低、收入稳定的货币基金,对于支付宝提升客户黏性非常有帮助。

2013年3月14日,天弘增利宝的产品方案正式上报中国证监会。

接下来的差不多两个月里,支付宝大厦里的"春秋书院"会议室成为支付宝、天弘基金团队的闭关之所。天弘基金负责技术的创新支持部总经理樊振华说,这两个月里他3/4的时间在杭州,几乎每周都是周一去杭州,周五回北京,直到同年6月

---

① "余额宝暴富记:'穷'则思变为'草根'量身定做",彭博商业周刊,http://www.zjxm1688.com/web/201401/1394.htm,2014年1月16日。

13日余额宝上线。

余额宝上线15天后，在上海陆家嘴金融论坛上，时任清华大学五道口金融学院常务副院长的廖理谈到这款产品时说："我让我的学生体验了下，他买了1 000块，结果第二天变成了1 000块零1毛8分。"台下一阵哄笑，透着些看不上的玩味。陆家嘴金融论坛由上海市政府联合央行等机构主办，论坛上谈论的金额至少以亿元为单位。小小的1毛8分，自然入不了参与者们的眼。

但支付宝看重的，正是每天通过余额宝赚几毛钱的草根。

在周晓明眼里，天弘增利宝是一支能给人带来"微快乐"的互联网基金。他在接受采访时曾给记者算过这样一笔账：一位客户从余额宝上线之日起转入1万元，到同年8月25日获得的收益是95.2元。95元不算大数目，但对客户来说，这相当于一个月的话费、47次地铁票、20顿早餐，或者七夕在淘宝买的一束包邮玫瑰花——这是在互联网上通过简单操作获得的增量价值，而且人们从生活需求角度来认知这个价值，会感到快乐。"快乐"代表了余额宝模式所契合的社会文化心理层面的诉求。客户自发体验和分享也成为余额宝的主要传播方式。

谈起余额宝的成功，周晓明说："大多数人理财的目的是为了更好地满足基本需求、解决好基本课题。所以，资产管理产品应该恰当地界定自己的价值，而不能高高在上地一味只强调'赚钱'，而要考虑我们的产品如何能够帮助客户更便利、更快乐地生活。所以，我想余额宝也就是为普通人赚点'小钱'，而且可以方便地帮助到人们的生活，并给人们的生活带来点'小快乐'，这样客户就很欢迎。"

除了增加更多功能和应用，周晓明致力于打造余额宝的客户生态圈，营造一个小而美的微生态。有人说，主宰全世界的是海洋里的浮游生物，它们制造了地球一半以上的氧气；马云也说，主宰非洲草原的不是狮子而是土壤里的微生物。周晓明认为这样的道理放在经济生活中同样适用。在他看来，任何一个产品深入人心的，一定是有价值层面的东西。他希望余额宝带给用户的，除了每天显示的收益，还有信任和快乐。不指望余额宝让用户大富大贵，而是让他们通过简单操作获得一些增量的幸福：早餐能把菜包换成肉包，七夕能给女朋友买束鲜花，能和小伙伴去看场电影……因此，余额宝团队所做的，不是卖基金，不是玩电商，而是带着对这个微生态的尊重和敬畏，细心呵护它，并使自己也成为其中的一员。

行业颠覆者？

"银行、基金、券商都该感谢余额宝，因为它带来了颠覆性变化。"华宝兴业基金管理有限公司副总经理黄小薏说。该产品给整个行业带来了快速的改造和提升。由于余额宝的出现，货币基金实际上已经具有活期存款的功能，已经有条件和银行在这个品种上形成竞争。

互联网的特点则是边际成本递减，用户越多，成本越低，甚至趋近于零。这让余额宝类产品能按一块钱的最低门槛服务那些小客户。不仅如此，海量客户、频繁交易、小客单价组成在一起，通过大数据技术，还形成了相对稳定的趋势。周晓明说，通过大数据技术，余额宝的基金经理可以准确预测第二天的流动性需求，偏离度不超过5%。在此基础上，基金经理可以更精准地投资，从而为用户提供更稳定的收益。

在余额宝的影响下，现在几乎没有基金公司不在触网。但在货币基金这个选项上，作为目前国内最成功的基金销售渠道，支付宝的大门已经不再向天弘基金之外的公司敞开。时任支付宝CEO的彭蕾说，淘宝理财就像在一个商业街上开了好多店，用户可以去选有什么感兴趣的，而余额宝更像顺手而为，用户不需要刻意挑选。

"90后"投资者吴羽认为，余额宝带给了他思想和观念的改变。"以前完全没有理财观念，特别是对于'90后'来说，理财仿佛是中高端人士的生活方式，对普通人来说遥不可及，如果用积蓄来炒股的话，又感觉像是在'赌'，所以从来没有想过要理财。但是余额宝等各种'宝'的出现，让我意识到即使很少的钱也可以投资，钱可以生钱。"

互联网金融时代的到来

"你不理财，财不理你"，这个口号在前几年银行理财产品大热的时候喊得格外响亮，但是在国内的大理财市场中，个人投资者可以投资的渠道却很有限。而余额宝作为一个新型的互联网金融产品，构成了普通客户从理财、升值到用钱，到搭载各种生活场景的一揽子的解决方案。随着余额宝的横空出世，除了传统的银行理财产品外，互联网金融产品成为一支"独立的力量"占据了理财市场。除了余额宝以外，多家电商平台及互联网公司推出了类似的各种"宝"产品。各种"宝"也以1元的低投资门槛成为众多投资者追逐的产品，同时P2P网贷产品以及众多衍生产品也纷纷涌现，加入了这浩荡的互联网金融浪潮中。

天弘基金总经理周晓明直言，余额宝覆盖到了原来覆盖不到的人，他们在传统的金融体系里面得不到很好的服务，或者说按照常理现在还不认为自己需要理财服务。传统金融并非不愿服务这些客户，只是成本上不划算："想一想，如果银行物理网点每天接待几千个客户，每人存取几十块钱，一定支撑不了成本。"而余额宝就不同，一块钱都可以理财，使人们感到理财离自己那么近，很多以前没有想过理财的人进到了理财服务领域中。图2.1显示了自2013年年底到2017年年初余额宝累计用户数变化情况。

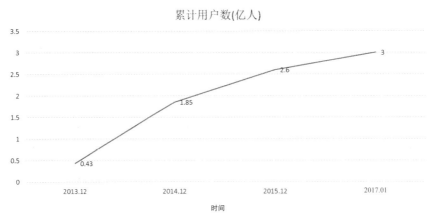

图2.1　余额宝累计用户数增长情况

资料来源：作者根据互联网资料整理。

趴在银行身上的吸血鬼？

新事物刚出现时总会触动一些既得利益。以余额宝为首的互联网"宝宝"诞生的这一年，银行业不再完全主导资金供求模式和定价机制，躺着赚钱的日子渐行渐远。最根本的原因是，余额宝相当于加速了存款端的利率市场化水平。央视证券资讯频道执行总编辑兼首席新闻评论员钮文新就曾呼吁取缔余额宝："余额宝是趴在银行身上的'吸血鬼'，典型的'金融寄生虫'。它们并未创造价值，而是通过拉高全社会的经济成本并从中渔利。它们通过向公众输送一点点蝇头小利，为自己赢得了巨额利润，同时让全社会为之买单。"而中央财经大学金融法研究所所长黄震则认为，如果说余额宝是吸血的寄生虫，那要看吸了谁的血，现在主要吸取的是银行这一暴利行业的血，还没有到该大呼小叫的时候，毕竟银行的储蓄存款有 40 万亿元之巨，与之相比，余额宝几千亿元的规模还远没有达到会引起量变的节点。

余额宝从诞生之日起就与银行之间有着千丝万缕的关系。在投资对象上，银行的协议存款是目前余额宝等货币基金最主要的投资品，对于互联网货币基金而言，个人用户实时赎回到账的需求也使得余额宝等在投资上严重依赖协议存款。以 2014 年为例，他们将 90% 以上的资产投资于 40 天期限内的协议存款，以保证流动性需求。活期利息 0.35%，定期利息 3.5%，而余额宝同样是存款，利息却高达 6% 以上，不但享受活期便利，更享受着双倍定期的利息。一般来说，基金在银行的协议存款均算作同业业务，从严格意义上来说余额宝也是走了同业这条路，天弘方面也确认，这件事此前银行都已经定性。矛盾点在于，银行此前给予的高协存利息针对的是大额资金客户，而余额宝则通过累积低净值客户的资金从而享受高净值客户的利息。

沪上一家大型基金公司副总表示，余额宝这么高的收益并不违规，"确实是合法的，他利用了政策的不完善，其实余额宝把储蓄存款搬出来之后再回到银行，他不应该享受同业存款，但银行为了吸收存款不得不接受这些资金。"而为何在众多货币基金中仅余额宝受到银行排挤呢？归根结底还是因为它的增长速度过快，已经逐渐威胁到银行，成为一个不容小觑的竞争对手。

德邦证券董事长姚文平指出，"银行活期存款基准利率仅为 0.35%，中国的银行业垄断大量资金，并在某种意义上形成一种合谋，让客户只能承受这样低的利率，用户在银行存款越多，财富消耗越多。"他称，余额宝及互联网金融的出现大大推进了中国的利率市场化，进行了投资者教育。

中国社科院金融所银行研究室主任曾刚表示，互联网金融的间接影响远远大于直接的影响，它本身不一定有多大的规模以至于对银行造成什么实质的威胁，但是银行未来可能都会采取这样的方式，进行这样的创新，那么结果是整个利率市场化加速了。在他看来，余额宝等互联网理财产品只是一个催化剂，它诱导了银行变化，引发了银行在利率市场化方面的创新和尝试。

传统银行的打压与反击

小钱也是钱，一时间银行存款大幅流失，而资金成本却在提升。银行也不能坐以待毙，他们采取了一些反击措施，随之而来的就是一场银行针对余额宝类产品的反击战役。

先是工商银行发力，从工行高管与支付宝的员工就快捷支付是否违法掀起的一场网络论战开始，随即工行大招迭出，先是从2014年2月28日起单日储蓄卡转至余额宝的上限降低到了5 000元，单月限额5万元，直接限制资金流入余额宝，紧接着拉拢农业银行和交通银行也同样采取此等限流手段。同年3月7日，工行确认不再接受余额宝的协议存款，与此同时工行还拉上了其他两家国有大型银行加入拒绝接受余额宝的协议存款的行列，以此来迫使余额宝降低预期收益。同年3月底，工行关闭了除杭州地区之外所有快捷支付通道，进一步削减余额宝的资金入口。而在随后的一段时间，就是多家银行开始对向余额宝、理财通等转账进行金额限制。

与此同时，政策对余额宝类产品的打压也开始了。2014年6月，央行叫停了提前支取不罚息的优惠政策。这项政策可以追溯到2011年，证监会放开货币基金投资协议存款不得超过30%的限制，并给予优惠政策，即协议存款提前支取不罚息。比如货币基金投资了一份6个月期的协议存款，协议利率为5%，但在离距离存款到期1个月时，该货币基金遇到巨额赎回，提前支取了这份协议存款，则基金公司还将获得5个月5%的利息。此项优惠政策叫停之后，一旦提前支取，货币基金将被罚息，或只能获得活期利息，货币基金面临的风险将大幅度上升，收益是首当其冲的。

除此之外，多家银行还开辟了正面战场迎战余额宝类产品。如兴业银行推出了互联网理财品牌——"钱大掌柜"，民生银行则推出了"如意宝"等。银行版余额宝功能与互联网的余额宝类似，主要为银行客户提供活期理财增值服务，只是尚缺乏直接用于购物支付的场景。比如，交行"快溢通"是借记卡的理财增值服务，可根据用户设置的账户留存金额，将溢出的闲置资金自动申购交银货币基金，并可自动为客户的信用卡还款。

值得一提的是，银行推出的T+0货币基金都不约而同地选择了自家旗下的基金公司。如中行"活期宝"是跟中银基金联合推出，交行"快溢通"是与交银施罗德合作，平安银行则与平安基金联手。"银行拉上自家基金公司，相当于体内循环，对银行的损失最小。"一家基金公司的高管称。同门优势表现在产品设计上就是在申购和赎回到账上没有过多限制，平安盈挂钩平安大华基金，申购没有额度限制，赎回每日不超20万。交行快溢通申购赎回无限制，两款产品均能实时到账。相对而言，互联网公司的"宝宝"们则没有这种待遇。

成功的背后

用户体验：方便

余额宝成功的要素很多，但多位支付宝、天弘基金及其他基金业人士均认为，最关键的是客户体验，再具体点就是简单。用阿里小微研究院院长陈达伟的话，衡量互联网金融产品的好坏，标准很简单，"我妈能买，就差不多成功了"。

实际上，余额宝的能耐不少，它是一个集合理财、购物、支付、转账、生活应用等在内的一站式解决方案——这让它不用彻底陷入与同类产品的收益率之争。这款产品不只能增值，还能直接向银行实时转账，缴纳水电煤气费，还可以直接用于网上或线下购物。

即便功能如此丰富，余额宝的操作方式还是和支付宝同样简单，用户基本不需要重新学习。初次购买的用户四步成功买入，老用户三步操作完成。不仅简单，而且够快。用户转入余额宝的钱，可以实时在账户显现，也可以实时赎回或用于购物。而传统的T+0货币基金，申购后还需要等1天资金才能确认，进而支持消费或者快速取现，在这期间申购基金的资金不能动用。

产品设计：极简

产品设计的极简，实质上是"殚精竭虑的简单呈现"。这是周晓明的原话。阿里、金证①和天弘基金为余额宝项目共投入了一百多名技术人员，共同打造这只互联网金融的标志性产品；而在技术开发和产品运营层面，这只产品是由几十上百个互联网产品组成的。在这其中，阿里的技术投入和技术实力尤其令人感慨。举个例子，光是客户直接体验的网站页面就由视觉设计（画面）、前端（页面的技术实现）、交互（页面之间的跳转）等多个小组、数十人团队来共同打造。客户轻点鼠标、轻触手机屏幕就能简单完成的操作，是背后数百台服务器、无数复杂的业务逻辑和系统处理支持的结果。

广发基金管理有限公司副总经理肖雯在中国资本市场学院举办的一次研讨会上说，余额宝出来的时候，她觉得可以做出更好的东西，但组织人研究了很长时间后发现，"就客户的体验而言，我们已经没有办法为它再做优化了"。

这与技术上的投入分不开。比如一个用户先向余额宝账户转入了1 000元，然后又通过余额宝消费了500元，余额宝就要做两个操作：撤回之前1 000元的申购单，补上500元的申购单。每个用户的所有撤单和补单都要一一匹配，成本自然也要上去，后台服务器的带宽和存储都要因此相应增加一倍。

余额宝技术团队还完成了一项重要发布——收益加速器，这项发布旨在将每个客户前日取得的收益在"我的支付宝"中显示的处理时间大大缩短，使得客户每天"一睁眼"就能看见收益，实现"快乐一整天"的目标。这背后少不了IT投入和复杂的系统开发。余额宝刚上线时，只有十几台服务器，过了一段时间，收益的发布速度越来越慢。天弘基金下定决心，将服务器从17台升级到450台。这个投入不小，而且基金产品并没有这样的硬性规定，但他们觉得很值。后来的效果证明投入的确

---

① 指系统开发商深圳金证科技股份有限公司。——编者注

很值得：小小的改变，引起了广泛的口碑传播。

除此之外，技术团队还与阿里云合作，将系统的业务处理能力扩大至新的量级，完美应对"双十一"期间海量交易，天弘基金也成为第一家将系统放在云平台的基金公司；启动"微快乐播报"，让用户自己播报余额宝净值，分享获益感受；通过"一张图告诉你"系列图说，向客户形象解释余额宝的收益来源、风险因素、应用场景等知识和信息，使客户更加了解余额宝、信任余额宝；启动了"云客服"试点，在试点成功后适时推广，推动了"客户帮助客户"的生态圈建设；设立了"客户体验师"岗位，他们的职责是代表客户挑刺、找错、提需求，并尝试和体验市场上的其他同类产品作为余额宝的借鉴；与阿里进一步梳理流程、加强信息沟通和分享，对基金流动性需求进行更加及时准确的监控和预测，提高基金管理水平；与中信银行等机构密切合作，提高资金清算效率和流动性管理水平，以保障未来更大的交易需求……

大胆创新，不越红线

在项目启动初期，周晓明就提出创新有两根红线：一根是现行的法律法规，另一根是客户利益。应在这两根红线之内，充分地进行创新。为符合现行法律法规的要求，在产品上线后，天弘基金一直和监管部门保持密切联系。2013年6月21日，在上线8天后，在证监会例行的新闻发布会上，发言人关于余额宝业务的相关表态被一些媒体和同行误读，造成了所谓"叫停门"，其原因一是部分基金销售支付结算账户未向监管部门备案，二是未提交监督银行的监督协议。一时间，余额宝要被"暂停"的消息在网上疯传。

当天晚上，周晓明就和樊治铭、祖国明与证监会基金部相关人士沟通了账户备案问题。周晓明说，当时他们的心情很复杂，因为网上传播的并不是事情的真相。尤其是第二天知道证监会基金部副主任徐浩的"只要有利于客户利益和市场发展，就应该鼓励创新""对于法规一时覆盖不到的要促进法规调整，即便有冲突也不能简单否定创新""风险控制是创新的保障"等表态并没有被市场关注和传导后，更是唏嘘不已。所幸在补齐相关手续的同时，余额宝的相关业务并未受到任何影响。

据支付宝和天弘基金发布的数据显示，截至2013年6月30日24点，短短18天余额宝累计用户数已经达251.56万，累计转入资金规模66.01亿元。2013年7月5日，证监会表示："从模式上看，支付宝'余额宝'属于第三方支付业务与货币市场基金产品的组合创新，其各个业务环节均处于有效监管中。"

周晓明称，余额宝模式是业务创新与监管创新的共同成果，主要动因就是坚持了客户利益至上、合法守规、加强风控、大胆创新的方向和原则。

"红色正能量"被周晓明用来描述参与各方在余额宝业务中的态度，这个态度就是凝心聚力做好事，克服困难求必胜。在他看来，阿里和支付宝由于内部有统一的价值观、合作分享的工作方式以及清晰的绩效体系，故其具有极强的战略反应能力和执行能力。而且，对方客户至上的价值观和丰富的电商经验极大地帮助了项目的实施，也感染了他们的团队。余额宝项目在阿里一经确定，很快被定为集团二号项目，并为之动员了巨大的资源；双方基本没有进行所谓的"商业谈判"，签署的协议只通过4次邮件往来就敲定了；双方的项目组在一起工作，为了同一个目标，没有推诿，没有博弈……在周晓明看来，尊重并践行信任共赢的商务法则是促成合作，各方建立统一的利益、价值观和目标的重要因素之一。

商业模式

周晓明说："小公司走老路，干是找死，不干是等死。"所以，他找到的路一方面是产品创新，"让基金走进生活"；另一方面是营销创新，搞直销。直销拓展方式最初设想是低成本网点和电子商务两条路，但由于拟议中淘宝店的出现点燃了预期，天弘基金选择了后一条路，并通过一年半的坚持和努力，最终实现了余额宝的商业模式。

从基金行业角度看，余额宝的模式其实是一只新型基金。在这样一只新型基金身上，主要发生了两件事：

一是做到了一些基金本来该做的事。包括客户定位、功能定位回归了货币基金本源；降低了门槛，让更多普通人能使用；降低了成本，给客户让利；让最渴望把基金做大做好的机构(基金公司)卖基金，避免销售机构与客户的利益冲突；清晰透明地披露信息，便捷亲民地传导信息；每日结转，收益清晰可见；等等。

二是把基金搭载到互联网平台上，借助支付宝这样一个亿万客户的一站式生活平台，让客户"捎带手"享受理财服务，并把理财服务与生活需求紧密自然地结合起来。当然，支付宝的信用背书、客户号召力、电商经验和平台资源极大地帮助了产品的运营和推广。从基金行业、互联网电商行业历史来看，余额宝是一个重大创新。但这其实是回归本质的创新，就好像智能手机让人们从敲键盘、用笔写字，回归到孩童般地用手指"点"和"划"。也许作为零售业务的共同基金本当如此。

从电商行业角度来看，余额宝是一个新的工具。余额宝向大家呈现的，是一个集现金管理、理财增值、转账提现、交费、购物功能于一身的电商全面解决方案，解决了客户管钱、挣钱、花钱的一揽子需求（图2.2）。通过U盾充值或快捷支付，客户可以方便地将银行卡上的钱转入余额宝，申购货币基金；需要交费、转账、提现、支付时又可以安全快捷地从余额宝转出，发起货币基金赎回。余额宝出现在淘宝系平台的收银台上，同时也支持支付宝几十万外部合作商户，帮助客户实现了货币基金份额直接用于支付的功能。而这一切，都是在原有用户体验不变的情况下实现的。因此有人说，余额宝是一个"新型网购神器"。这个"新型网购神器"，是基金嵌入式营销的成果，更代表阿里居于领导地位的电商实力向理财领域的延伸，它是一个跨界的产物。

从行业属性来看，余额宝很可能代表着一种新的业态。这个新业态，既不完全是电商行业取道金融行业搞跨界，更不完全是金融行业通过电商卖产品，而是双方依托各自资源和经验，针对客户行为网络化趋势的一种创新。客户能得到的，首先是更全面的一站式生活平台；其次是更便捷地享受理财服务，客户触及和感知理财服务的方式将发生变化，在传统金融体系得不到服务的人群以及因为不方便"懒得"去理财的人群会乐于通过网络理财；再次是客户成本进一步降低；最后是消费者主权将更强化，定制产品、自金融将会出现。

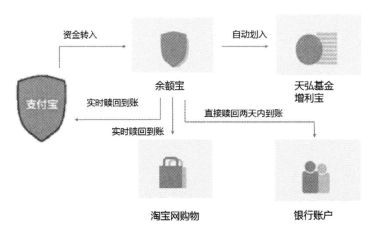

图2.2　余额宝的资金流向

资料来源："余额宝的发展历程分析"，百度文库，https://wenku.baidu.com/view/31907 750e87101f69f319528.html，2014年7月28日。

互联网普惠金融

周晓明称，普惠定位是余额宝产品成功的主要因素。之所以这么说，第一是因为，普惠定位与移动互联网的普及相对应，使余额宝以场景驱动、客户互动、低门槛、高频次为特点，形成自身独特的产品推广路径。第二，余额宝产品充分分享互联网和移动互联网技术的红利。从上述两点看，余额宝找到了互联网与金融产品最直接的连接点。第三，普惠定位对于余额宝解决货币基金流动性管理问题提供了极大帮助。第四，普惠定位为余额宝造就了可供深度挖掘的多重产品价值。

普惠金融这一概念由联合国在2005年提出，是指以可负担的成本为有金融服务需求的社会各阶层和群体提供适当、有效的金融服务，小微企业、农民、城镇低收入人群等弱势群体是其重点服务对象。为了进一步推动全球普惠金融发展，在2016年G20峰会上，普惠金融被列入了重要议题。

由于其普惠定位，余额宝已经惠及亿万客户，并使电商平台、基金公司、合作银行及其他机构从中受益。由于客户的广泛参与和习惯性使用，余额宝已经成为集收益性、流动性、安全性和便利性于一身的客户消费和理财行为的底层账户，并借助蚂蚁和阿里平台的丰富应用场景，在一定程度上成为一个新型的"互联网+金融"的基础设施，支持更多的跨界创新和生态演化。

面临的挑战

余额宝的发展也不是一帆风顺的，自2013年推出以来就面临着不少来自内部环境和外部竞争的挑战。

一是货币基金的本质决定余额宝类产品收益率不应过高。无论是线下货币基金，还是互联网货币基金，收益率一般都会低于其他金融产品，而略高于一年期存款利率，随时赎回变现要快于一般产品，风险低于其他金融产品。另外，银行理财产品可以做成非标产品，而余额宝类理财产品只能投向标准领域，所以不应该高于银行理财产品整体收益率。

二是监管部门和银行都出台了一些政策措施，客观上限制了余额宝类理财产品的发展。监管部门加强风险控制的要求，以及协议存款提前支取不罚息优惠政策的取消，都抑制了这些理财产品的流动性。国有四大银行公开拒绝互联网余额宝类理财产品的协议存款，使得余额宝类产品受到直接冲击。购买、赎回的政策调整也令余额宝类产品遭遇困境。最初此类产品拥有的T+0实时赎回功能，已被微信理财通暂停；余额宝转出金额如在5万元以上，到账时间也变为T+2日。

三是银行雄厚的资金优势在设计理财产品中更胜一筹。按照目前的市场行情，要达到理财产品7%的收益率，只投资于协议存款是不行的，势必还要投资信贷甚至信托等兑付期限更长、风险更大的标的。而在这样的条件下，如果还要保证流动性，机构必须有强大的垫资成本，否则很容易面临集中赎回的风险。在这种情况下，运作方需要通过"风险错配"来化解风险，银行显然对此更为擅长。

四是银行不断进行产品创新来和余额宝类产品竞争。各银行除去推出多个类余额宝产品堵截存款流失外，个别银行还推出ATM取现的货币基金产品，表明货币基金现金化已经倒逼银行推出超级储蓄账户，同时也对类余额宝产品形成了真正的威胁。余额宝类产品高收益主要来自银行协议存款，银行在一定程度上可以影响余额宝类理财产品的收益率预期，一旦银行业愿意主动变革，银行版的类余额宝产品可能更具优势。

2015年，有业内人士表示，余额宝盈利能力持续减弱，叠加其他互联网金融产品以及银行"宝宝"类理财产品的围剿，余额宝的用户增速进入了瓶颈期。这一年，一方面央行降息、A股行情暴涨吸引不少余额宝用户撤资进入股市；另一方面随着银行考核制度的变化，中长期理财成为银行重点推出的产品，余额宝面临的收益压力更加明显。

对于这个产品发展的预期，支付宝则表示，余额宝只是支付宝上众多互联网理财产品中的一种选择，公司内部也将其作为战术性产品而不是战略性产品。

余额宝的明天

智能投顾

余额宝的出现拉低了普通民众的理财门槛，让大家具备了初步的理财意识；更重要的是，这是互联网产品对普通用户进行赋权的一个典型例子。普通用户通过这一产品，实现了理财入门。传统金融业务互联网化后，用户依然要根据各自的知识水平和投资能力来进行操作，那么下一步就是通过智能投顾产品进行"二次赋权"。天弘基金智投部资产配置组负责人刘冬说，智能投顾的根本意义在于，通过互联网的方式扩大了金融服务的半径，降低了服务成本，把理财顾问服务和好的理财产品带给传统金融模式无法覆盖的广大中产阶级人群。因此与创业公司从无到有不同，智能投顾业务对于基金公司的意义，更多在于服务方式的改变。

金融大数据

除智能投顾外，天弘基金也将数据能力用到了投研当中，开发了"信鸽"系统，通过垂直搜索结合网络爬虫技术，实时抓取上市公司新闻和公告，相比于互联网和第三方数据，提供更及时、可信、准确性也更高的股票资讯，辅助投资决策。同时，天弘基金的大数据中心围绕客户交易行为进行数据挖掘、分析和运用，包括围绕天弘余额宝客户行为展开的流动性管理大数据分析等，以数据指导和协助运营。

"天弘基金愿意把自己看作一家互联网金融公司，"刘冬说，"天弘基金积累的数据和数据处理能力，不仅仅可以用于支持智能投顾业务，未来在投资分析和宏观经济分析方面，都将具有很大的价值。"

大额充值和场景化服务

天弘基金的官方APP"天弘爱理财"中，包含余额宝菜单，以前余额宝充值在手机上用快捷银行卡转入时,各银行都会有不同的限额，比如某些银行单笔上限1万元、单日限额5万元等，而2016年下半年上线的新功能将单笔金额一口气提升到了最高500万元。

此前单笔额度的限制，会让有大额充值需求的用户同时损失时间和收益，而余额宝大额充值，可以解决这一问题。除了方便资金归集并获取收益外，使用余额宝大额充值功能还能让生活更方便，用余额宝消费、转出到银行卡免收手续费，还可以用余额宝在天弘爱理财、蚂蚁聚宝、支付宝等APP中申购基金。

农村普惠

2013年，首批余额宝用户主要来自一线城市，这是因为一线城市用户对互联网的认知和接受度更高，更容易接受创新的互联网金融产品。现在，余额宝的触角不仅在大城市延伸，在三、四线城市及农村地区，余额宝的增长更加明显。2015年年底的数据显示，四、五线城市的余额宝用户规模增长速度最快，分别达到48.1%和45.5%。

截止到2017年1月，余额宝资产管理总规模已突破8 000亿元，收益涨幅达32%。同时，余额宝用户数超3亿，其中农村用户超过1亿。目前，余额宝个人用户的占比超过99%，1 000元以下的投资者占比70%，在三、四、五线城市和农村地区越来越普及。

用户理财的"入口"

余额宝目前已经成为一个巨大的"用户+资金"的蓄水池，拥有大量真实有效的用户身份和信用记录信息，这就意味着它已经跨越了无数互联网公司想要跨越的"用户实名"这道巨大的门槛。利用这样一个优势可以考虑发展其他传统金融业务的互联网化。

作为余额宝的同门，蚂蚁金服陆续推出招财宝、蚂蚁聚宝这类产品，其中有一些公募基金可能会推出一系列股票投资产品。有了余额宝这样一个灵活稳定的基础，无论在上面长出什么样的产品，至少对余额宝本身应该是利大于弊，而不是抽离效应的。在这一点上，余额宝会成为用户的"理财基础账户"。理论上，无论哪一种类型的传统金融理财产品，余额宝都可以作为基础账户来承接，它得到的，是用户理财的"入口"。

天弘基金依靠余额宝项目实现快速逆袭，背后的创新密码是什么？他们的明天会怎样？还能再创2013年、2014年时的快速崛起奇迹吗？应该如何做才能赢得持续竞争优势？

查看更多有关余额宝的图表资料，请扫描左侧二维码。

阅毕请思考：

· "余额宝"为什么是名不见经传的天弘基金与支付宝合作推出的？为什么不是规模更大、排名更前的其他货币基金？

· 天弘基金利用一年多时间逆袭成为全国第一大货币基金的核心原因有哪些？对于其他金融机构、后发企业依靠创新转型升级、异军突起有什么启示？在其他行业具备可复制性么？

· 结合哈佛商学院克里斯滕森教授的颠覆式创新（破坏性创新）理论，你认为天弘基金的余额宝项目是否是典型的颠覆式创新？如果是颠覆式创新，体现在哪些方面？如果不是，为什么？

· 结合案例分析，你认为余额宝现在面临哪些风险和挑战？你认为余额宝应该如何应对以进一步发展？

网络视频资源：天弘基金，余额宝大揭秘!

参考文献：

[1]陈劲，郑刚：创新管理：赢得持续竞争优势（第3版），北京：北京大学出版社，2016。

[2]"余额宝逆袭的三大独特核心原因"，证券时报网，http://news.stcn.com/2014/0221/11187906.shtml，2014年2月21日。

[3]"支付宝为什么选择天弘基金"，银行利率网，http://www.yinhang123.net/wangdian/jijin/2013/1014/15745.html，2013年10月14日。

[4]钮文新："余额宝是'吸血鬼'主张取缔"，证券时报网，http://kuaixun.stcn.com/2014/0221/11189165.shtml，2014年2月21日。

[5]"余额宝这一年颠覆了什么"，中证网–中国证券报，http://it.sohu.com/20140613/n400797860.shtml，2014年6月13日。

[6]"3家国有银行夹击余额宝：天弘披露应对封杀对策"，理财周报，http://www.chanye360.com/HtmlNews/20140310/6134273063704.html，2014年3月10日。

[7]吴青："余额宝如何面对新挑战？"，人民网，http://finance.people.com.cn/money/n/2014/0610/c42877-25125415.html，2014年6月10日。

[8]"从网络经济学看余额宝的未来"，21世纪经济报道，http://tech.sina.com.cn/i/2014-09-15/00599610966.shtml，2014年9月15日。

[9]周晓明："余额宝模式探究系列"，中国证券报，http://stock.xinhua08.com/a/20130830/1239299.shtml，2013年8月29日。

[10]余额宝："一次夹缝中的成功逆袭"证券时报网，http://news.xinhuanet.com/fortune/2013–08/26/c_117084298.htm，2013年8月26日。

[11]"余额宝暴富记：'穷'则思变为'草根'量身定做"，彭博商业周刊，http://www.zjxm1688.com/web/201401/1394.htm，2014年1月16日。

[12]"余额宝的发展历程分析"，百度文库，https://wenku.baidu.com/view/31907750e87101f69f319528.html，2014年7月28日。

[13]"2012年末基金公司资产管理规模排名"，海通证券，http://finance.sina.com.cn/money/fund/20130105/131014191856.shtml，2013年1月6日。

[14]"余额宝宣布总规模超8000亿，用户数突破3亿"，创业邦，http://money.163.com/17/0103/18/C9SHDD2K002580S6.html，2017年1月3日。

[15]"4.2亿人的贡献：中国货币基金全球仅次于美国"，中国基金报，http://finance.qq.com/a/20170419/009115.htm，2017年4月19日。

[16]张辉："2013—2014年余额宝用户分析报告"，速途研究院微信公众号，2014年3月10日。

[17]"余额宝2014年用户数达1.85亿人，规模达5789.36亿元"，财经网，http://economy.caijing.com.cn/20150326/3848799.shtml，2015年3月26日。

[18]"2015年余额宝为用户赚了231亿元，你分到多少呢？"，搜狐网，http://mt.sohu.com/20160107/n433759175.shtml，2016年1月7日。

第堂课

袁家村、马嵬驿：

落后贫瘠地区如何依托互联网
思维创新崛起？

　　西安近郊的袁家村、马嵬驿,自然条件并不优越,甚至曾经非常贫瘠和落后,近两年却依靠乡村旅游异军突起。是什么让袁家村和马嵬驿异军突起独领风骚,坪效超过一线城市的购物中心?本案例介绍了袁家村和马嵬驿依靠互联网思维发展特色旅游业快速异军突起的经历,希望对其他后发地区借助互联网寻求特定发展提供参考借鉴。①

关键词:互联网思维　乡村旅游　颠覆式创新

① 本案例由郑刚根据公开资料整理,版权归原作者所有,并对原作者的贡献表示感谢。仅供讨论,并无意暗示或说明某种管理行为是否有效。

十年前，地处陕西关中平原腹地礼泉县的袁家村，是个只有62户人家的小乡村，虽然距离著名的唐昭陵（唐太宗李世民的陵墓）仅有4公里，坐享旅游区位便利，但乡村旅游发展几乎为零。仅仅过了十年，袁家村已成为陕西省乃至全国最受欢迎的乡村旅游胜地，被誉为"关中第一村"，无论在旅游知名度和影响力上，还是在接待人次和旅游收入上，都远超唐昭陵景区。袁家村，一跃成为我国"现象级"旅游村。

袁家村的光芒未退，又一个乡村旅游界的超级"网红"——马嵬驿，在关中平原上以火箭的速度蹿红。马嵬驿于2013年10月国庆假期期间试营业，仅仅过了两年多时间，截至2015年年底，马嵬驿接待的国内外游客已超过600万人次，游客接待人次一跃超过兵马俑、华山、华清池、古城墙、法门寺等陕西著名景区，勇夺陕西省旅游桂冠！而5年前，马嵬驿依托的兴平市马嵬镇李家沟村，还只是中国几十万个村庄中普普通通的一个。

2016年春节期间，袁家村和马嵬驿的游客接待总量达到194万人次，同时西安市游客接待总量为622.21万人次，两个村的游客接待量接近西安几十家景区接待量总和的1/3。袁家村和马嵬驿春节期间游客接待量不但超过了陕西旅游龙头兵马俑景区的接待量（23.5万），也超过了中国文化旅游龙头北京故宫的游客接待量（43.6万）。

"思路决定出路，创新创造未来"，袁家村和马嵬驿实现快速逆袭最关键、最核心的因素是思维——颠覆传统思维的现代互联网思维。

人们总喜欢把马嵬驿和袁家村放在一起进行比较，其中最吸引人的是两个显著的特点：**先天条件不优越，贫瘠的土壤开出希望之花。**

有人可能会说，马嵬驿的火爆，是因为它所拥有的文化积淀。实际上，虽然是杨贵妃香消玉殒之地，但马嵬驿除了拥有一个未经考证的衣冠冢之外，并无任何历支付宝与财付通（微信支付后端基础）两家已基本垄断了国内第三方移动支付市场。并且，这两家似乎正处于此消彼长的状态——从2015年到2016年的第三季度，支付宝的市场份额损失了近18%，而这恰巧正是财付通增加的份额。

表1.1　第三方移动支付市场规模

时间	支付宝	财付通
2015年	68.40%	20.60%
2016年第一季度	63.40%	23.03%
2016年第二季度	55.40%	32.10%
2016年第三季度	50.42%	38.12%

资料来源：艾瑞咨询。

如果这一趋势一直延续，财付通（微信支付）超越支付宝似乎只是时间问题。

这一切是如何发生的？微信支付为何在短短3年间就能够实现逆袭？微信支付的创新体现在哪些方面？对其他公司的新产品/服务的冷启动，有哪些借鉴意义？

微信支付上线背景

2010年11月19日，微信项目启动。

2011年1月21日，微信1.0的iOS版上线。

2011年5月10日，微信2.0版本发布，加入语音聊天功能。

2011年8月3日，微信2.5版本发布，支持查看"附近的人"。

2011年10月1日，微信3.0版本发布，支持"摇一摇"和"漂流瓶"功能。

2011年12月20日，微信3.5版本发布，加入二维码功能。

2012年4月19日，微信4.0版本发布，加入"朋友圈"功能，尝试社交平台化，不仅可以分享照片到朋友圈，还开放接口支持从第三方分享音乐、新闻、美食等资讯。

2013年8月5日，微信5.0版本发布，正式开启微信支付时代。微信支付的推出使史遗迹。可以说，陕西作为中华民族的发祥地之一，类似马嵬驿这样有历史故事的地方有成百上千个，除了马袁两村却没有一个因此而建成这么火爆的旅游景区。距离马嵬驿最近的知名景区，就是约30公里外的汉武帝茂陵，这个景区一年接待的游客量也只有十几万左右，在冬季几乎没有游客。可见，"文化影响力"这个说法并不靠谱。

此外，马嵬驿除了缺乏可感知、可体验的文化意象，更为不利的是它天生落后的交通状况：无论从东西南北哪个方向进入景区，游客都必须经过一段崎岖不平、坑坑洼洼的乡村公路。

除了以上两点，落后的经济更是马嵬驿景区发展的巨大阻碍。我们都知道，乡村游在我国南方起步较早，如周庄、乌镇等。这些地方乡村旅游的蓬勃发展，离不开苏州、杭州、广州、无锡等繁荣的大中型城市的经济支撑。我们甚至可以说，在经济发达地区，乡村游不需要花费多大力气就能完成。而马嵬驿所在的兴平县经济发展相对落后，2013年GDP不过175亿元，还不到周庄所在地昆山GDP的1/16。同样，咸阳市的GDP也只有苏州市GDP的1/7。

从旅游业的视角来看，兴平县不但不具备经济基础，连起码的环境基础也没有。兴平县是陕西污染产业转移的重灾区。水泥厂、化工厂等污染产业曾经一度从西安转移到咸阳，再从咸阳转移到兴平，化工产业已经成为令兴平既喜又忧的支柱产业之一。如今，像兴平化肥厂、兴平万吨饲料厂、陕西兴平造纸厂、兴平水泥厂、兴平金辉塑料厂等高污染企业，分布在兴平县的各个角落，严重污染着整个区域的环境。

就资源条件而言，马嵬驿可以说是一个"四无"景区：一没有可感知、可体验的文化象征物，二没有雄厚的经济基础，三没有完善的交通基础设施，四没有良好的区域环境。就是因为这"四无"，使兴平虽身处陕西这个旅游大省，旅游业绩却一片空白。

早在20个世纪七八十年代，袁家村就曾出名过。在老支书郭裕禄的带领下，袁家村抓住机遇，兴办企业，艰苦奋斗，共同致富，使袁家村这个当地出名的贫困村，变成了闻名全国的小康村。可是，在后来的几十年里，随着中国市场经济的崛起，袁家村这个曾经走在中国农村前列的村落，似乎慢慢地淹没在了市场经济的浪潮中，没有多少人还记得它曾经辉煌的过去。

马嵬驿和袁家村都属于姥姥不疼舅舅不爱型，典型的关中贫瘠旱地。别说开发旅游，连农民都看不上。

然而，就是在这样的条件下，马嵬驿和袁家村景区快速地、真真实实地火爆起来了。现在，农民地也不种了，把麦子一割，自家的田地整成临时停车场，在旅游旺季每天光停车就能挣个三四百，这可比种地划算多了。

"古镇"＋"小吃"模式比肩一线城市购物中心坪效

你肯定不敢想象，在袁家村、马嵬驿有年利润300万元的粉汤羊血，有单日营业额高达29万元的酸奶铺……

每到节假日，仿古建筑间熙熙攘攘挤满了人，从一间间小吃铺传来的吆喝声回荡在街头巷尾，游客来了下次还想来，照他们的话说就是："这里好多美食我都没有吃过""我觉得这里的羊汤比西安城里的好吃"……美食变为出游原动力，就这么简单。

从客流统计数据来看，袁家村的人流在平日里达到4万～5万，周末达到6万～7万，国庆及春节等特殊节假日，最高客流量可达20万人次/天。这一数字已超过西安人气火爆的兵马俑和回民街，跃升为陕西排名第一的旅游项目。如此火爆的人流之下，带来的经营收益也颇为可观。

按照购物中心市场的逻辑，传统商业界人士将零售、餐饮休闲娱乐归于低坪效和低租金承受能力的业态，但在袁家村，餐饮却是领头羊地位的业态种类。

有记者在2016年进行实地调研，袁家村内的一个肉夹馍店铺的客单价为10元/份，日常经营流水在500～1000份，逢节假日可卖到3 000份。这样匡算下来，一个10平方米的铺位，最高经营坪效可达到3 000元/天/平方米，这样的经营业绩已冠盖大城市市中心购物广场的最高坪效。

根据《中国食品报》2015年9月15日的报道，袁家村的餐饮业日营业额已经达到

200万元，加上其他收入，一年基本可以过10亿元，已经达到一个大中型城市的大中型购物中心的营业水准了。

说到成功的原因，袁家村和马嵬驿自觉或不自觉地应用了一些互联网思维：

免费思维、流量思维：免门票、免租金

与国内其他封闭式乡村旅游景区不同，袁家村和马嵬驿虽然都已经是4A景区，却是免费开放、不收门票的旅游景区。而且，不同于传统旅游景区早上9点才开门迎客、下午5点就关门送客（中国绝大多数旅游景区是"日出而作、日落而息"的"农耕时代"景区），袁家村和马嵬驿是全天候免费开放的景区，游客可以一年四季随时进出、自由停留。

在袁家村，游客可以免费参观袁家村村史馆，观看民俗街的各种民俗表演。在马嵬驿，游客可以免费观看驿站广场老戏台上每天由老艺人表演的秦腔，免费参观马嵬驿历史雕塑馆、德贤家苑、葫芦仙府等景点。记者考察期间，在马嵬驿北门入口处看到一则告示："喜讯！《又见马嵬驿》大型实景演出已在紧锣密鼓彩排中，再现大唐盛世马嵬驿站繁荣景象，届时免费为游客精彩呈现，敬请关注！"

袁家村和马嵬驿的"免费"，与不少乡村旅游景区几十元乃至上百元的"高价"①形成了强烈的反差，极大地满足了中国游客"喜欢免费"的心理需求。

在游客结构中，以西安市民和关中地区居民为主，重游率普遍较高。一到节假日，陕西各地市乃至周边省份的游客就蜂拥而至，"春节""五一""十一"等重大节假日，每天接待的游客达到数万人，最多一天超过20万人。

不但对游客"免费开放"，袁家村和马嵬驿对商家也"免费招租"。袁家村从2007年以来，招商引进近300家各类业态商家，袁家村旅游总公司一直未向任何商户收取房屋租赁或扣点提成，农民经营户凭特色餐饮考核入园，免费入驻，规范经营。定期考查的方法，吸引了陕西、河北、四川、河南、湖南、山东、山西等地的优质商户入驻。

---

① 在中国212家5A级旅游景区中，共有安徽西递宏村、山西皇城相府等6家依托传统村落发展起来的5A级景区，每家门票价格都在80～120元不等。

因为"开放"，因为"免费"，袁家村和马嵬驿快速吸引了大量的"用户"——游客和商家，并迅速产生了巨大的"流量"——客流量和交易量。

管理创新：商户分组自治模式

如果说，以乌镇和华侨城为代表的造城模式是强大的、实力雄厚的现代企业投资行为，那么袁家村的运营管理则完全另辟蹊径。从2007年起，由村长带头建立的袁家村，经过不懈的坚忍努力，摸索出了一套独具特色的集体经济管理模式。

这种模式的核心思想就是商户分组自治制度。袁家村村委会将商户按照经营品类、所处位置分成了若干组，每组设立经营组长。由组长负责统一管理卫生、品质、产品特色等，并设立动态打分和淘汰机制。

除此之外，在关键的招商运营管理模式上，还采用了免租金，统一经营和管理，对食品原料进行统一供货，自营加工厂、调味品厂、酸奶厂、油厂、面粉厂等关键原材料的加工，将商户经营业绩与村集体的经营收益挂钩等管理手段。这种绩效紧密挂钩的模式，远远超越了城市购物中心的租金模式，将物业所有者与经营者的利益紧密捆绑。

同时，袁家村对运营管理细节上的把控也是极为严格的，甚至到了苛刻的程度。举个例子，在所有的小吃餐饮店铺中，村里规定不允许有冰箱，以保证食材的新鲜；甚至村里面对灶台的大小、位置和设计风格都有严格的把控，以保证原汁原味的情景体验。

爆品思维：爆款产品、卖点突出

根据媒体报道，2015年"十一"黄金周，袁家村酸奶店一天卖出了7万杯酸奶，营业额达到了28万；袁家村油坊，一天卖出上万斤菜籽油；袁家村香醋，一天卖出了几千瓶……袁家村豆腐脑、油坨坨、荞面饸饹等关中美食小吃，成为袁家村最大的旅游吸引力，而酸奶和香醋等则俨然成为袁家村的"爆款产品"。

马嵬驿亦以美食取胜，东沟民俗小吃街和中沟民俗小吃作坊街，上百家餐饮店现场制作各种美食小吃，每家的美食小吃都不重样：东沟的酒坊、油坊、醋坊，中沟酸奶坊、辣子坊、豆腐坊……马嵬驿的粉汤羊血店，年利润超过300万元；马嵬驿酸奶铺，单日营业额高达29万元。

除了美食小吃，马嵬驿的历史文化与民俗文化也具有独特的吸引力。在西沟民俗文化街，有免费开放的马嵬驿博物馆、皮影戏、马嵬驿展示馆；在驿站广场的古戏台，每天有陕西老艺人定时表演原汁原味的秦腔；在老货街旁的绣楼广场，每天有定期的抛绣球演出，游客可以一起参与其中扮演剧中角色……

商业模式创新：丰富配套、延伸消费

互联网公司"线上"的运营和盈利模式，在袁家村和马嵬驿的"线下"得到了广泛的应用。袁家村和马嵬驿的"游"免费，但吃、住、行、购、娱等各种服务，都还是要收费的，不过，收费都在合理范围之内。袁家村和马嵬驿都有上百家美食小吃店，品种繁多绝不重样，小吃的价格从几元到十几元不等，大部分游客一次往往品尝十来种小吃，每位游客在"吃"上的消费可以达到几十元乃至上百元。在"住"的方面，袁家村中既有村民依托自家房屋开的民宿，统一名称为"休闲农家"，每晚住宿价格从几十元到一两百元不等；也有由外来投资者兴建的生活客栈、左右客主题酒店等文化主题精品酒店，每晚房价达到七八百元乃至数千元，但一到节假日依然一房难求。

近年来，袁家村还陆续推出了骑马、射箭、酒吧等多种娱乐项目，满足游客多样化的娱乐需求。在马嵬驿，除了免费的文化演出等娱乐项目外，还有专门针对儿童的小型游乐场和鸵鸟场及针对年轻人的马场和驿家酒吧，这些收费娱乐项目受到了儿童和年轻人的欢迎，吸引他们延长了停留时间。

"互联网+"思维：农村网络覆盖、电子支付

面对互联网时代游客对网络连接和移动支付的强烈需求，袁家村已经实现了全村无线WIFI全覆盖、4G网络全覆盖，并吸引阿里巴巴在此投资设点。在马嵬驿小吃街多个商家的墙壁或餐桌上，贴着一个便利贴，上面写着"欢迎使用 APPLE PAY"，这是由陕西信合（陕西信用合作社）与银联闪付共同推出的电子支付，方便游客用苹果手机电子支付。目前，马嵬驿已经是"陕西省金融IC卡示范景区"，这在全国乡村旅游景区中独树一帜。

世界互联网大会为何能落户古老的乌镇? 在乌镇镇区, 即使在小卖部购买一瓶矿泉水、在小吃店买一个包子, 都可以使用支付宝或微信支付, 而4G全覆盖和免费WIFI全覆盖几年前已经实现。广泛普及的互联网应用和移动支付, 成为乌镇赢得世界互联网大会举办权的重要基础, 也成为乌镇超越周庄、同里、西塘、南浔、角直等江南古镇的重要推手。如果说乌镇是中国乡镇"互联网+"的典范, 那么, 袁家村和马嵬驿就是中国农村"互联网+"的样板。

平台思维：搭建平台、共享经济

不同于很多封闭式的乡村旅游景区都是村集体旅游公司独家经营, 也不同于大多数乡村农家乐只是本地村民就地经营, 袁家村除了鼓励村民参与农家乐经营外, 村委会和旅游总公司还以开放的心态、平台的思维和共享经济的理念, 鼓励和吸引大学生、文化企业、广告公司、旅游公司、建筑设计师等到袁家村创业。这几年新开的日式居酒屋、梧桐咖啡馆、如此文创坊等, 都是外来商户的典型代表, 它们丰富了袁家村的旅游业态, 提升了袁家村的旅游品质, 进一步增强了袁家村的内在生命力和对外吸引力。2015年, 袁家村被国家旅游局评为 "中国乡村旅游创客示范基地"。

马嵬驿除了拥有4A级旅游景区的牌子外, 同时还有一个招牌——"马嵬驿创业孵化基地"。马嵬驿创业孵化基地位于李家沟村, 截止到2015年年底, 创业孵化基地入驻商户130家, 扶持大学生、返乡农民工、复转军人、城镇失业人员等创业实体96家, 年接待游客600多万, 年销售额1.8亿元, 吸纳就业人口1 120人, 带动周边群众就业4 630人。

平台思维和共享经济不但是横向的, 也是纵向的。袁家村和马嵬驿的共享经济被应用到旅游产业链的上下游：在生意火爆的酸奶坊的背后, 连接着一家家奶牛养殖场和酸奶加工厂, 带动了一个产业的崛起; 大量销售的辣子面和辣子油, 拉动了当地及周边辣椒种植业的发展……在新项目的投资发展方面, 袁家村的管理也是多样化的。对于一些村集体看中的发展项目, 村里允许采用众筹模式。村集体可以免费提供地皮, 然后经营团队根据地块出设计方案, 得到村里认可后即可建设。投资还约定，在经营方回收成本后，利润部分五五分成。

对于大片土地的开发，袁家村负责规划和风貌整治，再对外进行土地租赁。同样要求经营者回收成本后再五五分成。

对于一些刚性消费的原材料厂，比如酸奶厂等，村长号召村民集资入股，据说有人投入了10万，当年分红就可以达到9.6万。

产品思维：品质保证、信誉承诺

"中国游客不缺钱，缺的是一份放心。中国旅游不缺好东西，缺的是一份信誉。"一位旅游业界资深人士的话道出了中国旅游的现状和尴尬。"行业的痛点就是企业的商机"，谁能解决行业的痛点，谁就能赢得游客的心。

在马嵬驿游客中心门口的停车场，立着一块广告牌，左边是"诚信友善"四个大字，右边是一段有兴平市文明办和马嵬驿民俗文化体验园的共同宣言，"诚信，即诚实守信，是人类社会千百年传承下来的道德传统，也是社会主义道德建设的重要内容，是为人之道、立身之本。它强调做人要诚实劳动、信守承诺、诚恳待人。"在民俗小吃街口天桥下墙壁上，有六个醒目的大字"良材源自良心"。在小吃街每个小吃店的门口，都挂了一块"放心牌"，上面写着"现做现卖，假一赔十"。在059号商家的墙壁上，贴着一张红旗式样的标牌，上面写着"诚信经营示范户我郑重承诺：一、品质保证，二、价格公道，三、优质服务，四、形象文明。承诺人：李清　马嵬驿党支部　2015年7月"。

袁家村和马嵬驿，在中国乡村旅游的"痛点"上狠下功夫，不但树立了乡村旅游的信誉，也赢得了游客的信任。游客在袁家村和马嵬驿可以明明白白消费、放心大胆消费、开开心心消费。

结果如同微信快速积累了几亿"粉丝"一样，数以百万级的西安和陕西居民快速成为袁家村和马嵬驿的"粉丝"，持续不断地到袁家村和马嵬驿贡献消费，自愿主动地为袁家村和马嵬驿宣传推广。

极致思维：精细化霸道管理

2016年2月底、3月初，马嵬驿又开始新一轮商户末位淘汰：清退经营管理跟不上的商户，整合没有活力的商铺。经过半个多月的大调整，商户从原来的130多家缩减到不到100家。

商户租金历来是景区一项很重要的收入来源，马嵬驿为何自断财路？"品牌比租金更重要"，在马嵬驿的投资人王永鑫看来，现在的马嵬驿不只是一个历史地名，也不仅仅是位于兴平的民俗文化体验园，王永鑫正在把马嵬驿打造成一个商业品牌。凡是去过马嵬驿的人对景区入口雕塑底座上刻的一句话无不印象深刻——"精细化霸道管理"，这也是马嵬驿制胜商场的精髓。

马嵬驿对商户运营管理细节上的把控极为严格，甚至到了苛刻的程度：食物原材料统一供应，与餐饮有关的店员一律戴口罩，食物外形与餐饮人员的指甲、服装都有具体标准……如果达不到要求，轻则处罚，重则停业整顿。

马嵬驿曾发起过一场抹布运动：商会派人到各个店面突击检查，如果哪家店的抹布拧出黑水，当场罚款一万元，不带二话。

精细化管理如何才能不折不扣地执行下去？王永鑫说得很直接："这些经营户很多都是当地的村民，学历不高，单靠讲道理是行不通的，有些标准也很难执行下去，这就要用点'霸道'。"

在马嵬驿，遇到卫生、安全方面的游客投诉，绝无情面可讲，轻则重罚，重则关店，这样，商户的自觉意识很快就提高了。

马嵬驿商会会长李光自己就被罚过。一次，李光店里的凉粉炒得很碎，不符合要求，被商会检查的人看到了，要罚一万元。当时李光很不理解，辩解说：凉粉碎了入味，很多顾客还专门喜欢吃碎的呢！最终事情闹到老总王永鑫那里，开饭店起家的王永鑫本身厨艺不错："我们马嵬驿的小吃要色香味俱全，你说碎了入味，我给你按标准炒成条条一样入味。"王永鑫说着卷起袖子亲自做起来。李光心服口服，当着众人的面把罚款交了。

品牌思维：培养商户团体荣辱观

王永鑫曾骄傲地说，现在马嵬驿每个商户都有一荣俱荣、一损俱损的意识。大家都在合力维护马嵬驿品牌，"马嵬驿+"在省外投资成功，靠的正是这样的标准和品牌。

马嵬驿人爱开会，他们这个会是自曝家丑会。会议主题可能是某家馍店因为小吃不达标，被停业整顿。馍店的老板当着全体商户的面进行检讨，保证以后加强学习、努力提高服务意识和水平。事后，马嵬驿还将自家"丑闻"主动发布在官网上。王永鑫说，自开业以来，马嵬驿已陆续关了四五十家违规商铺。他用这样的方式来真正提高马嵬驿人的服务素质。

马嵬驿的小吃街在长沟里分布，人多了容易拥挤。马嵬驿除配备日常保安外，这些商户也是义务安全员，一旦发现人流量过大，商户们便会主动停下手中的生意，启动应急预案，通过安全通道，先把游客疏散出去。在其他地方怕是见不到这种主动逐客的店铺。

在马嵬驿，由各商户代表组成马嵬驿商会自律自查，垃圾缸每天专人清洗，餐饮店桌椅地面不见油腻，每个厕所专人负责……每个员工站好自己的岗位，如有不规范行为就有被抓拍曝光的风险。

现在的马嵬驿除了营业接待外，还在干些什么呢？从一开始，马嵬驿就坚定走品牌化之路：注册"马嵬驿"品牌，统一了品牌、手提袋和设计。现在所有小吃都挂有"马嵬驿"的名字，与此同时，马嵬驿还不断拓展品牌外延，马嵬驿现代农业发展公司已经在蒲城投资，准备再造一个传奇。蒲城的"重泉古城"能不能复制马嵬驿的传奇，我们不得而知，但可以确定的是，如果按马嵬驿这套霸道的管理运营方法进行下去，怎么都不会太差。

文化创新：乡愁文化+旅游

城乡二元结构是中国第一阶段城镇化的病根，而新型城镇化里，将美丽乡村作为建设热点，是在补前期粗放式城镇化的功课。

"看得见山，望得见水，记得住乡愁"，对新农村建设的定位思想给当前形势下的新农村确定了原则和方向。拆开来看上述三条指导原则，是说如今的乡村建设一方面需要保留、优化乡村所独具的自然与生态环境，另一方面更是将乡愁做成引起大众旅游最重要的心理缘由。这最后一句，做起来是极难的，要依靠各自的创新手段。

用现代的设计手法和业态内容植入传统的文化空间内，就形成了现代意义上对中国传统乡愁的再造。儿时记忆里的乡愁固然美好，但重新复制落后的乡村系统显然是行不通的。

因此，对于如何理解和打造乡愁文化，一百个项目会有一百个不同的诠释。它可能是小桥流水，可能是美味佳肴，可能是浪漫的田间游玩，可能是暖暖的家庭亲情关怀，也可能是某种宗教般的精神寄托。

而袁家村，通过将关中地区民俗传统文化与现代旅游进行结合，将该地区特有的民俗小吃、茶馆、技艺、游乐与现代的文化创意、休闲体验生活方式结合在了一起。当两千年的传统东方文明与现代西方的文化创意、旅游休闲方式结合在了一起，这种强烈的文化冲撞就构成了极具特色的旅游吸引力，而这一切都在讲述陕西关中地区独有的悠久的文化故事。

定位创新：关中民俗美食博物馆

所有旅游项目成功打造的第一要务是，寻找到精准的市场引爆点。观察袁家村的业态配置可以发现，关中美食无疑是其中最具能量的引爆点。

陕西关中地区从秦国时期就开始强盛，延续出数千年的关中文明，酝酿出了极具特色的文化。而对如今的大众游客来说，最为贴切深入地感受到这种文化延续的就是美食。

袁家村对民俗美食的打造，根本不是简单的餐饮配套，而是达到了在倾尽全力打造高品质关中民俗美食博物馆的境界。

以"舌尖上的关中"为聚焦，通过打造丰富多彩的美食，精准地击中了当今中国旅游大军的主力：女性和儿童。而市场上，最有情怀、最容易产生感动、最有消费意愿的往往就是这样的客群。

除却餐饮之外，袁家村的休闲和文创业态也是别具风味。虽然小镇整体格调是关中民俗，但在其休闲及文化店铺的设计风格上，却充满了台湾和丽江式的文化情怀。

精致的店铺装修，清新可人的文创产品，时不时能见到的暖心宣传文案，高水平设计的店铺门头美陈，都成为吸引人落座休闲的关键道具。从这种意义上来看，当民俗与现代休闲功能及美学结合在一起时，就构成了我们所谓的现代意义上的乡愁的元素。文化旅游小镇产品太多，而出众如袁家村的只是凤毛麟角。

因此，从经营业态特色来看，袁家村作为一个民俗文化小镇的爆品项目，其本质更像是一个精品的特色餐饮购物中心。它以绵延两千年的关中风情文化故事为依托，通过精心打造特色的民俗体验、情景化的传统村落空间、潮流时尚的生活方式和爆品的餐饮小吃，从而形成了整个文化旅游项目最大的市场吸引力。

袁家村成功之后，其模式在陕西境内进行了迅速的复制。后期相继面市的马嵬驿、何仙坊、周至水街项目都获得了市场的追捧。

在如今中国大地如火如荼的文化旅游小镇建设大潮中，复制的垃圾项目比比皆是。能真正沉静下来进行系统思考、抓住旅游市场快速崛起的风口机会的项目作品实在太少了。

如何将文化和故事结合现代设计技术进行产品研发和场景再创造，并利用先进的现代服务业管理手段将经营有机地盘活，是破解这类项目症结的根本。

而这种能沉下心来做文化的情怀、态度与工匠精神，正是整个行业最稀缺的资源。

阅毕请思考：

·袁家村、马嵬驿作为一穷二白、没有先天旅游资源优势的落后贫瘠地区，旅游业在较短时间内能快速崛起的主要原因是什么？

·袁家村和马嵬驿的快速崛起之路有什么异同？

·袁家村和马嵬驿快速崛起的方式，在其他地区是否有可复制性？

网络视频资源：马嵬驿掠影

参考文献：

[1]袁家村、马嵬驿：乡村旅游发展的互联网思维典范，中兴旅游研究院微信公众号，2017年1月29日。

[2]锁言涛："一嘴吃究竟能怎样——马嵬驿观察"，赢商网，http://xa.winshang.com/news–490048.html，2015年6月12日。

第**4**堂课

摩拜单车：

共享之路能走多远？

　　在近两年的"资本寒冬"中，以摩拜单车、ofo等为代表的共享单车却风生水起，在短时间内获得数轮融资，快速发展起来。本案例介绍了摩拜单车从萌芽、起步到快速成长、遭遇成长烦恼的整个历程。类似在城市交通中如何定位、合法性、车辆损耗和人为破坏、成本较高、商业模式尚未完全明确、进入门槛较低、竞争对手队伍日益强大等问题困扰着它的发展。摩拜单车在激烈的市场竞争中如何继续保持领先优势？如何在与众多对手的竞争中脱颖而出？如何处理与一些地方政府已有的公共自行车系统的关系？如何尽快找到一个比较清晰稳妥的商业模式从而避免沦为单纯的"烧钱游戏"？作为一个创业公司，如何能够通过精益创业低成本快速试错？①

关键词：共享单车　摩拜单车　商业模式创新
　　　　精益创业　颠覆式创新

---

① 本案例由浙江大学管理学院的郑刚、冯丹撰写，版权归作者所有。未经允许，本案例的所有部分都不能以任何方式与手段擅自复制或传播。感谢摩拜单车北京总经理邢林等对本案例的贡献与支持。本案例授权中国管理案例共享中心使用，中国管理案例共享中心享有复制权、修改权、发表权、发行权、信息网络传播权、改编权、汇编权和翻译权。由于企业保密的要求，在本案例中对有关名称、数据等做了必要的掩饰性处理。仅供讨论，并无意暗示或说明某种管理行为是否有效。

　　我曾经想，如果自己是机器猫，想用单车的时候能从口袋里掏出来，不想用的时候又放回袋子里那该多好啊。摩拜做到了。

　　摩拜的愿景和使命是用人人可负担得起的价格提供共享自行车服务，使人们更便利地完成城市内的短途出行，并帮助减少交通拥堵，帮助减少环境污染，让我们生活的城市更美好。总而言之就是我原来最初创办的初衷——让自行车回归城市。

——胡玮炜　摩拜单车创始人

　　"改良后的第三版单车根据用户体验的反馈，做到了再一次升级创新。由摩拜自己全程打造。三次升级后，我骑车比风还轻快。"拥有21年自行车从业经验的摩拜技术总监布鲁斯介绍这次升级创新："最大的创新亮点是原有的电磁刹车系统改为碟刹。碟刹的最大特点就是耐用性，普通刹车正常在4 000公里就需要更换，而摩拜的碟刹则达到了10万公里。"布鲁斯专注地继续说："这个版本至少在重量上真正地体现了'Light'，大的电机换成了小的电机，重量减轻了不少。碟刹保证了至少10万公里不用对刹车系统进行维护。最后也解决了用户抱怨原版本的刹车不灵光的现象。"

　　"此次升级的亮点也很好地回应了我们Mobiker们的体验反馈，"摩拜单车创始人胡玮炜热情地介绍："之前被抱怨摩拜难以容纳身高在175cm以上的Mobiker的大长腿。确实座椅的锁死、不可调节高度是为了降低维护成本，减少生产成本。可在上海上线后，我们的用户平台就出现了关于座椅高度的大量抱怨。基于这样的诉求，这次的第三版我们换成了防盗设计的液压式一秒立调座椅。"布鲁斯补充道："此外还增加了车筐，用全新的铝制单车脚撑替代了原有的硬塑脚撑。把弹簧藏在了里面，比原来更坚固耐用……"

2016年11月16日，摩拜单车在北京、上海两地同时举办了一场关于第三代产品的升级发布会。其官网也于同日发布了改良后的摩拜将以"轻骑版"（Mobike Lite）和"经典版"两种版本面市的消息。配上色彩艳丽的动感图片，让对摩拜改变充满期待的文艺青年们感叹，这抹高科技橙色真的是越来越丰富了。

摩拜单车，英文名mobike，是由记者出身的胡玮炜于2015年创办的北京摩拜科技有限公司研发的互联网短途出行解决方案，是无桩借还车模式的智能硬件。

当初为什么要做摩拜单车？是什么驱动摩拜不断向前、产品快速更新迭代？面对共享单车竞争者的不断涌现，摩拜单车如何打造在共享单车领域的核心竞争力，以及保持持续竞争优势？

所有这一切创新最初的动力，来自摩拜单车创始人胡玮炜"让自行车回归城市"的初心。

初心："让自行车回归城市"

胡玮炜是摩拜单车的创始人，"互联网+单车"概念的发起者之一。当问及她为什么要做摩拜单车时，有十多年媒体从业经验的她显得深思熟虑，回答做出这一重大决策靠的是直觉，以及她的梦想——让自行车回归城市。"我不需要一辆智能记录心跳和骑行距离的自行车，我需要的是随时随地、想骑就骑的自行车。"虽然胡玮炜是一名技术派，关于摩拜单车"诞生"的初衷却异常简单。

从被盗车开始创业

胡玮炜1982年出生于浙江省东阳市，她的父母都是商人。2004年毕业于浙江大学城市学院，就读于新闻专业的她结束学业后很快成了《每日经济新闻》的一名汽车记者。之后又相继供职于《新京报》《商业价值》及极客公园。

2004年，胡玮炜从浙江大学城市学院毕业后在上海工作，当时买了第一辆自行车，结果很快被盗。后来到北京工作，又买了一辆自行车，每天上下班路程20公里，几乎每次骑车回到家都要晚上十点半，无奈只好放弃。

作为"80后"的胡玮炜有着这一年代所共同的记忆，小时候每个人都会有一辆自行车，她给自己小时候的自行车还取名为"紫衫龙王"。"自行车对那个年代的人是一种陪伴、一种交通工具，让我跟这个城市交流。"胡炜炜回忆道。

辛辛苦苦在汽车记者这个岗位上干了10年，她的月薪也不过从4位数刚刚够到5位数。2013年年初，她去了一次拉斯维加斯，这次旅行让她受到巨大冲击。回来以后她跟当时的老板说，未来出行行业肯定会发生巨大的变化，她想做一个关于汽车和科技的小栏目，她来负责。但她最后没有说服老板。胡玮炜逐渐意识到给别人打工的职业生涯，并不能实现自己的梦想，而媒体行业的低收入也让她觉得体现不出自己的价值。尤其和汽车圈那些从业者的收入相比，让她觉得没有尊严。于是，2014年，她从极客辞职后创办了一家极客汽车的科技新媒体公司。

一次闲聊开启共享单车创业

2014年的一天，她跟一群工业设计师和一些投资人坐在一起聊天的时候，当时蔚来汽车的董事长李斌突然说了一句话："哎，你有没有想过我们做共享单车呢？用手机扫描开锁那种。"

"我立刻被击中了，所以我当时就说我要做这个，我们可以做这个。"胡玮炜很激动。

最初，胡玮炜没想过她会来领导这个项目。因为身边的那些工业设计师后来就不断地在论证说这个项目有多难：会被偷走，不知道应该布在什么地方……反正各种各样的问题提出来，最后他们就退出了。最后只有胡玮炜愿意来做这个，于是她就变成了这个项目的创始人。

机会就是这样，当很多人都觉得是机会的时候，那一定不是机会，而是危机，只有在被人看不懂、看不起、不想做、不敢做的时候，这才是机会。于是，胡玮炜成了摩拜单车的创始人，而提这个建议的人，后来成了她的天使投资人。

一次吐槽敲定摩拜项目落地

运用互联网把城市单车结合在一起的想法能够迅速落地，起源于胡玮炜在杭州和哥德堡的经历。2014年夏天的一个夜晚，胡玮炜回到杭州，西湖边步道交错，特别适合骑行，她想租一辆公共单车，但办卡小岗亭关门，"我琢磨半天，首先我看了上面写的说明去哪里办卡，给哪里打电话，然后要身份证。外地人跟本地人押金好像还不太一样。"

同年，她在瑞典哥德堡再次遭遇租赁公共单车失败的经历。"同样在傍晚的时候，看到公共自行车我也想骑，因为走路逛一个城市很难。按照说明上说的，要办卡就需要信用卡，用机器倒腾了很长时间都没有成功。"

她忍不住吐槽："互联网发展到现在，难道不是应该平等、便利、共享，哪怕我在地球另一端要辆单车也能实现吗？"胡玮炜觉得，自己是那种想到一件事情，如果不去做就不能原谅自己的人。她很快从造汽车的朋友圈里拉了一支团队，把项目雏形变成了Mobike。

质疑中成长

2014年，摩拜单车项目筹备立项。2015年1月，摩拜科技正式成立，总部设在北京，并且在无锡拥有了自主研发设计的自行车制造工厂。一开始遭遇的质疑当然很多。一个年轻的女记者，真能带着公司做到这件事情吗？似乎怎么看都不靠谱吧？

胡玮炜说："我可能比较轴，我会主动排斥掉所有这些跟我说不靠谱的东西，你说做不到，我现在没办法证明，我最后会做出来给大家看。"胡玮炜没有研发硬件、软件的背景，没有做过系统，所以她把这些人全部找齐了。她没那么自信，但也不觉得有多难，"你用常识也能判断出来，我又不是造火箭。"

然而，胡玮炜决定做的共享单车是一条没有人走过的路。

现在回想起来，胡玮炜也感叹，"也许是无知者无畏吧，看起来很简单，做起来就有几千个小问题要解决。"每一个选项，她基本上都给自己选了最难的那条路。

根据最初的设想，摩拜单车采用实心轮胎，这样就不用担心爆胎；同时不采用链条，这样就不用担心掉链条；另外，车身使用全铝，不怕生锈。她找过好几个人来设计摩拜单车，因为一开始对这辆单车有太多想法。当时的目标是不需要人工干预——它不会坏掉，不会爆胎，不会掉链子，而且它还能不生锈。"街上太多公共自行车锈迹斑斑，为什么？都是用钢做的，但摩拜单车是全铝车身。"胡玮炜说。

产品设计出来了，找谁生产却成了问题。他们找到了国内最强的自行车生产企业，她发现，他们相对来说已经不太愿意创新了，"工业是有惰性的，造自行车100年不变都能赚钱，我为什么要去改变呢？他们没有那么大的动力去改变。"

找不到生产商，胡玮炜打算退而求其次：自己动手DIY组装。她跑遍北方最大的自行车市场，几乎所有的商家都认为这完全是在异想天开。

最终，她被逼上了"绝路"，胡玮炜索性一不做二不休，自己建了一个生产工厂。

发展扩张

2016年4月22日，摩拜单车在上海投入第一批自行车试运营。同年9月，摩拜宣布回归娘家，在北京布局自行车上线运营，自此铺开了覆盖全国的战线。截止到2016年年底，摩拜单车用了不到一年的时间，覆盖了全国15个城市，足迹遍布了上海、北京、天津、广州、深圳、成都、宁波、厦门、佛山、武汉、昆明、南京、东莞、济南和珠海。根据市场调研机构艾瑞咨询发布的最新数据显示[1]，2016年11月至12月，在共享单车APP领域，摩拜单车的周独立设备渗透率已达88%。2016年11月至12月，摩拜单车周度设备覆盖数总体呈上升趋势，11月21日至11月27日因受到雾霾空气的影响稍有下跌，但在接下来的一周内迅速回升，在12月周活跃设备已达到543万台。

截止到2017年2月，摩拜已经将战线延伸至内陆的西安、西宁等22个城市。根据艾瑞咨询发布的共享单车市场研究数据显示，在2017年第一周，摩拜APP (不含微信小程序)的 WAU (周活跃用户量)达 584.9 万人，是行业排名第二位的4.2倍。从某种意义上来说，摩拜的全国大范围覆盖似乎正在慢慢地把胡玮炜当初的梦想变成现实，从实际上解决城市的出行痛点。

---

① "共享单车战争结束？摩拜单车市场份额逼近90%，搜狐网，"http://it.sohu.com/20170118/n479016846.shtml，2017年1月18日。

资本助力加速快跑

摩拜的快速扩张肯定离不开资本的运作，面对共享单车的众多竞争者，摩拜单车由于资本的充分注入而显得信心满满。也正是由于资金的充沛，才使得摩拜单车能够快速升级迭代，单车的覆盖线快速铺开，圈地运动比拼的其实就是谁更能烧钱。

摩拜这家不满周岁的公司在短时间内完成了数轮融资（表4.1）。2017年1月，新引入的战略和财务投资者包括携程、华住、TPG等，红杉、高瓴等现有股东均跟投本轮融资。华兴资本为摩拜单车提供共享单车行业的独家财务顾问服务。同时还获得了全球第一大科技制造服务企业富士康的独家战略投资，双方将在单车设计生产、全球供应链整合等领域展开合作。此次完成的D轮融资额高达2.15亿美元（约合人民币15亿元）。

表4.1　摩拜单车融资状况

时间	轮次	数量级	投资者情况
2015.10	A轮	数百万美元	愉悦资本
2016.08	B轮	数千万美元	熊猫资本、愉悦资本、创新工场
2016.08	B+轮	数千万美元	祥峰投资、熊猫资本、创新工场
2016.09	C轮	1亿美元	红杉资本中国、高瓴资本
2016.10	C+轮	5500万美元	高瓴资本、华平投资、腾讯、红杉资本、启明创投、贝塔斯曼、愉悦资本、熊猫资本、祥峰投资和创新工场
2017.01	D轮	2亿美元	腾讯、华平投资、携程、华住、TPG等，红杉资本、启明创投、贝塔斯曼、愉悦资本、熊猫资本、祥峰投资、创新工场、PGA、鸿海集团、永柏资本
2017.01	战略投资	亿元及以上美元	富士康
2017.02	E轮	亿元及以上美元	淡马锡、高瓴资本

资料来源：根据互联网数据收集整理。

　　根据摩拜官方微信公众号的资料，2017年2月20日，摩拜单车在获得D轮融资后，又新引入了新加坡投资公司淡马锡的股权投资。与此同时，投资摩拜C轮的高瓴资本再次追加投资。自2017年1月初至今，摩拜累计融资已超过3亿美元。高瓴资本创始人兼CEO张磊表示："做企业超长期合伙人是高瓴核心的投资理念。摩拜单车能够深刻把握行业发展规律与目标用户需求，努力创新产品与服务，我们看好摩拜在全球的长期发展。高瓴深谙企业发展与其国际化战略执行密不可分，愿意利用其全球网络和经验，协助摩拜走出国门，输出中国创新模式。"

　　华兴资本董事、私募股权融资负责人周亮表示："作为智能共享单车行业的开创者，摩拜单车的愿景、创新能力、快速反应能力及其应对全球城市问题的潜力均令接触过的投资人印象深刻。华兴资本作为摩拜单车的独家财务顾问，未来仍将在一个相对长期的服务中，持续性地帮助公司对接具有战略资源和战略地位的投资机构，并赢得其支持。"

摩拜单车的商业模式探索

从0到1

　　硅谷投资传奇人物彼得·蒂尔在其畅销书《从0到1》中强调：从0到1，或者说从无到有，意味着企业要善于创造和创新，通过技术专利、网络效应、规模经济、品牌等形成壁垒，从而实现质的垂直性层级跨越，由此开辟一个只属于自己的蓝海市场而成为这个市场的唯一，这样的垄断足以让企业安享丰厚的利润。[①]

　　在胡玮炜创办摩拜单车之前，尽管国内外已经有众多的城市公共自行车系统，但大多是政府主导的公益性质项目，像摩拜单车这样的由创业公司独立创办并运营的共享单车理念，之前的确尚未出现，即使在欧美发达国家，也未见有成功案例。摩拜单车的发展就是一个从无到有、从0到1的过程。

　　优步打车软件让人们对于C2C（Copy to China）模式耳目一新，很多美国本土经营不错的模式搬到中国似乎也能生存，但是摩拜单车绝对是一个中国本土自己建立

---

① 〔美〕蒂尔、马斯特斯著，高玉芳译：《从0到1：开启商业与未来的秘密》，北京：中信出版社2015年版。

的模式。"当时李克强总理说，'你们的单车在哥本哈根肯定会非常受欢迎的，只要在自行车普及率高的国家，就可以带动我们中国制造业走出去。'我记得我当时立马就说哥本哈根已经联系我们了，哈哈！"胡玮炜笑着说道，"我也没想到那个时候能够立马回答总理，还挺开心的。"一向低调的胡玮炜在说到自己的单车时，除了谦虚以外还透露着淡淡的自信。

逼出来的"重型"模式

在按照自己的制作模型计算了车的制作和运营成本后，胡玮炜决定把单车打造成能持续四年免维护、高品质且具有设计感的自行车。在考察了一圈传统的自行车厂之后，摩拜毅然走上了一条重型模式的生产路线，这个模式一直被业界认为是摩拜与竞争对手比拼的一个硬伤。相对于其他竞争对手来说，摩拜一辆车的成本可以抵得上10辆ofo车的成本。被称为"独角兽捕手"、投资ofo的朱啸虎认为，低成本才是当今互联网生存的王道。虽然一直没有公布损耗率，但是摩拜单车被损坏的新闻时有耳闻，胡玮炜的个人微博时常有转发损坏单车的信息。摩拜是否会被这样重的模式拖垮？当谈及高成本的运作时，胡玮炜同联合创始人王晓峰所持的观点是一样的："我们自建工厂也有自建的好处，摩拜车现在更新迭代比较快，所有的设计在沟通后，自有工厂很快就能有产品呈现，动作迅速。另外，损耗率和折旧率也是我们一致认为的关键。当初摩拜的要求也是四年免维修，我们不能只看眼前，还要考虑很多因素。"

2017年1月，富士康宣布与摩拜合作，称其将为摩拜专门开辟生产线，并且帮助摩拜整合自行车产业的上下游资源，预计新的合作将使摩拜的车辆生产能力在原有自有产能基础上翻倍，总产能将超1 000万辆/年。

最大的移动物联网平台

摩拜的物联网模式也是业界讨论最多的，其车上自带的GPS定位功能，能够轻松定位到自行车，可以预约，可以在网上发布行车路线，这是摩拜物联网模式带来的利好。通过每辆单车的数据反馈，摩拜的后台可以轻松地通过定位掌握供需平衡点。"什么地方需要多布车，什么地方车辆饱和，比方说上海南宁区有多少辆车，我们很快就能有数据。"胡玮炜补充道。

从单车每一个零部件的设计生产，到自行车上下游行业的整合，到传统行业与互联网的密切结合，直至共享单车经济生态圈的打造，摩拜成为第一个吃螃蟹的人。

共享模式，随到随停

共享经济如今已经成为热门话题，简单来说就是利用陌生人的已存在物品使用权的暂时转移来获取一定报酬的经济模式。共享经济正在渗透社会的各个方面，不同的出行方式需求引发了一个新的创新点。

摩拜单车通过将传统的自行车制造业与互联网结合，取消了公共停车桩，其随到随停、想用就用的方式，很快被城市里的上班族所接受。这也是胡玮炜在遭遇西湖景区租用政府公共自行车失败后最想解决的出行痛点。"你只需要在手机上下载APP，注册缴纳299元的押金，就能很快定位到离你最近的摩拜单车。"在与胡玮炜的交谈中得知，很多上班族自从用了摩拜单车，偷偷自己算了这样一笔账：按照每天公交上班往返两程来计算，一个月21个工作日算是42次，一个月的费用是84元。而使用摩拜单车不计算押金成本就是21元。不但节约了75%以上的通勤费用，更是解决了"坐在公交上遇到拥堵很心急"的问题。"当然也有很多坐地铁的上班族，每天一坐完地铁就直接从地铁站附近租辆摩拜单车骑行到公司楼下。这样特别方便，再也不用考虑走路费时费力、打车心疼的问题了。"胡玮炜继续说，"也有很多租车用户是在城市旅行、运动锻炼的，或是在阳光好的时候，租一辆单车在公园里转转。"确实，从摩拜微信公众号、官方微博等的反馈上，"每天多睡五分钟""三公里骑行族"的话题出现似乎是摩拜单车崛起的最好注释。以"Mobike"为话题的微博公众号，累计阅读量就有62.5万次。共享单车的模式改变了人们的出行方式，这对于摩拜来说似乎是向成功迈出的一大步。

摩拜单车的出现迎合了市场的潜在需求，锁定了大部分的用户，那共享单车的盈利点又在哪里呢？据说李开复作为摩拜单车的投资人之一，在看好共享单车经济前景的同时，也公开表示了对于盈利模式的担忧。李开复说，目前的挑战是，一辆车的制造成本如何控制，寿命如何提升，这样才会出现利润的空间。[1]对于摩拜和ofo两者的比拼，李开复表示更看好摩拜："这两个单车其实还是不一样的。我对摩拜的技术是认可和有信心的，这种模式可能是更持续的方式。我们需要去相信更好、更科技的单车。也许两家未来会合并，也许会竞争，但对消费者来说是好事情。"

成本与盈利模式

谈及盈利模式，胡玮炜也不避讳，"目前暂时还是不考虑盈利的问题，摩拜目前还处于婴儿发育期，现在谈这个问题还为时过早。"她一直强调不用对此太过心急，"你可能看不清前方100米，但你走近50米的时候或许就能看到。"摩拜单车的确还有很多问题存在，包括定位不准、系统宕机等，这些都需要长期的打磨和完善。

"不要掐断我们的想象力，"胡玮炜说，公司还在起步的初期，不想去做太多的设限，"我不关心大家是不是认为我们是共享经济，我们不是为了短期的利益做这个事情。"胡玮炜说，"Facebook刚出来时有人关注他们的商业模式吗?"[2]

摩拜模式不同于优步模式的本质区别是，这是一个自己拥有实业发展的共享模式，而不同于简单整合人们手头上现有已存在的汽车，某种意义上来说，每一辆摩拜都是全新的。

按照胡玮炜的介绍以及网络的公开数据可知，摩拜经典款车的成本在6 000元左右，后期的改良版降至3 000元，第三代Lite版本（摩拜轻骑）更是降至了几百元左右。参照造价800～1000元可使用约4年的市政单车数据来推算，考虑运营年限并折算掉运营维护等成本，摩拜每辆车每天的投入成本按3～4元左右计算，以6次平均使用频率，一辆车一天可以赚2～3元。为了覆盖率，如果在一个城市投放10万辆单车，那么仅自行车成本就需要1亿元以上，而半小时1元或者半小时0.5元的价格显然

---

① 李开复："两位竞争者需要尽快把成本降下去、回报提上来"，动点科技，http://cn.technode.com/post/2016-11-15/kai-fu-lee-talks-about-startinga-busine/，2016年11月15日。

② 周路平："摩拜推新车成本骤降，变回普通单车摩拜你还会骑吗？"，i黑马，http://www.iheima.com/zixun/2016/1019/159309.shtml，2016年10月19日。

无法拥有自我造血功能。而摩拜的主要竞争对手ofo新车型的造价成本仅仅只有260元，每个小时的收费和摩拜是一样的。这意味着同样在相同城市投放10万辆ofo小黄车，成本比摩拜小得多。值得一提的是，ofo小黄车因为车型的普遍性，单车的生产线属于外包模式，没有实业的共享经济是否走得会更轻松一些？对于摩拜来说，重模式可能既是一个制胜的关键，也是一个关系充盈现金流的沉重话题。

而业内人士的另外一种声音对摩拜的盈利模式抱有乐观的态度，并且也对共享单车经济的盈利创新大加赞赏，那就是每辆单车的"押金"。"从这个意义上，摩拜投放的每辆单车，都类似一个储蓄所。中国网点最多的金融机构是农业银行，在全国有超过2.4万家分支机构、3万台自动柜员机。而2017年1月23日，富士康成为摩拜新的战略投资者。此次合作，将会有望大幅提高摩拜单车产量，每年总产能预计将超过1 000万辆——而每一辆单车，都是一个移动储蓄点。"[①]

如果按照一辆车能够锁定8个人来算，投放一辆车，就能锁定2 392元的有限存款，相当于一个小储蓄所。因为这299元的押金的可退性，很多人都不会在注册时抵制缴纳，也不会在使用一次后马上要求退回，这样就会有大量的资金沉淀在公司。

根据最新的消息，2017年2月28日，摩拜单车与招商银行联合宣布双方达成战略合作。招商银行将对监管账户内所有资金进行严格的审核、监管，确保压价的管理符合国家法律以及摩拜与用户之间的规定。除此之外，招行还将在资金结算、绿色金融、信用卡积分、零售客户资源共享及物理网点停车服务等方面与摩拜开展深入合作。摩拜又在自己打造的模式中添上了浓墨重彩的一笔。

科技创新：不只是辆单车

能做到一辆自行车随停随取，关键不是手机上的APP，而是取决于对自行车进行重大的技术开发与创新。除了改变出行方式和模式的创新，摩拜单车本身也有无数闪光点。胡玮炜介绍："我和王晓峰都是科技的狂热爱好者，摩拜不仅要解决出行的问题，我们也希望这辆车本身富有设计感、高品质，我们不做质量差的东西，对

---

① "过去三年中国最牛逼的商业创新模式：摩拜单车，还能走多远？"，搜狐财经，http://business.sohu.com/20170215/n480826189.shtml，2017年2月15日。

于摩拜的定位是一辆高科技的自行车。"

摩拜单车工艺最核心的部分，也是摩拜的创新精髓："摩拜是全铝制的车身，这样不仅避免了生锈，铝制的材料也减轻了车体的重量。为了外观更富有高品质感，我们还做了拉丝抛光，这和苹果电脑的外观工艺是一样的。很多高级车才有的鱼鳞焊的焊接方法，也能在我们的单车上找到。当初做了很多横杆版本的摩拜，最后确定斜杠的设计是为了穿裙装的女性上下车方便。被媒体报道最多的应该是我们的特色无链条设计，用轴传动来代替。这个工艺当初很多工厂的师傅都不愿意做，因为做这个轴传动的工艺真的不赚钱。"说到这里，出于对工艺的保密，胡玮炜就不细说下去了，"另外就是五幅轮毂，其实我们看到普通的自行车都是那种钢丝的轮毂。钢丝的轮毂，它的寿命在一年多，超不过两年吧。就是到一定的时候，它会非常容易被压变形。你去维修的时候，就需要去维修里面的每一根钢丝。我们这个五幅的全铝轮毂，它的寿命几乎有八年……所有一切的想法、设计、工艺，我们都希望能够秉承'安全>耐用>舒适'的原则。"

在李克强总理召开的专家学者和企业界人士座谈会上，总理再一次肯定了摩拜单车对实体经济的带动作用，他在会上也鼓励胡玮炜："某个自行车企业可能就被你们带活了，新兴服务业的发展给制造业创造了巨大的市场空间。"

用科技和制度的力量去惩恶扬善

随着共享单车的日益流行，乱停乱放和故意损坏单车的行为也时有发生。被盗、二维码被喷漆、从楼上摔下去、车胎被割开、车被上私锁、被骑进封闭住宅小区……种种人为破坏使摩拜单车发出"身负重伤，需要救援"的呼声。甚至还发生过一起摩拜单车被扔进黄浦江，之后又被怒砸的事件。

"所有的问题都会成为绊脚石，而所有的问题都有解决的办法。"在最初，胡玮炜就曾面临如何防范人为破坏的质疑，但她早已准备好了"预案"。

如何防止这些事情发生？光靠宣传教育和苦口婆心地劝说是不够的。摩拜的产品里面有一个信用积分的维度，当你开始用这个 APP 的时候你有一个基础的信用分是 100 分。你每骑行一次，你的信用分会增加1分；如果你举报一个违停，你的信用

分会再增加1分，而被举报的人，信用分会被减掉 20 分。如果你总体的信用分低于
80 分，你每半小时出行的成本就会变成 100 元。

"我们的用户里有人自发组织了一个群体叫做摩拜猎人。他们在用自己的业余
时间，像打怪一样去寻找各个违停，并把他们拍下来，并且也能获取信用分。在
2016 年年底的时候，很多人在猎人的群聊里面展示他们谁获取的成果更多。类似的
故事还有很多，我们进入成都的时候，成都小学的小学生自己用手工制作的卡片挂
在自行车上，呼吁大家正确使用共享单车。这让我们也非常感动，因为这是从一个
孩子的视角来讲一个城市的诚信是怎么样流转的，他们是怎么样被鼓励的，影响着
每个人内心的善和责任感。"

"其实我也很多次地问自己，为什么摩拜单车在这么短的时间里面改变了很多
人的生活？摩拜单车已经充当了一元钱的婚车，充当了一元钱的模特，充当了一元
钱开 party 的道具，它变成人们生活当中一个非常有意思的存在，变成城市里的一个
象征。"胡玮玮如是说。

共享单车行业竞争

"如果失败了就当作做公益吧。"胡玮炜不止一次在公开场合说过这句话。摩
拜单车是中国共享单车的最早实践者之一，大概是看到了共享经济这块蛋糕的巨大
前景，随后加入的竞争者逐渐增多，在苹果App Store共享单车类的应用有24个之
多，如果全部下载下来足足能占据手机一页屏幕。

对于摩拜来说，除了后续涌现的骑呗、小蓝、小鸣等共享模式的竞争者，最大
的竞争者还是由北京大学学子戴威和他的团队创立的"ofo共享单车"，它主要致力
于解决校内的出行问题。戴威的小黄车于2015年9月正式面世，目前自行车已经覆盖
了全国200多所学校，在20多个城市拥有团队。根据网络数据，ofo的订单已经超过了
2 000万，每天的使用次数超过了50万，用户量超过200万。根据网络的最新报道，
ofo于 2017年2月22日，宣布与中国电信、华为达成全面合作，三方将共同研发基于
新一代物联网 NB–IoT 技术的共享单车智能解决方案。根据合作内容，中国电信将为

ofo 提供国内覆盖最广的无线网络资源；华为将为 ofo 提供 NB-IoT 芯片，并提供网络技术支持。[①] ofo小黄车此前一直被诟病不能定位，锁是老式车锁，缺乏技术含量。如今吸取摩拜的优势经验，已迎面赶上。更让人不容小觑的是，ofo目前已经实现8轮融资，包括滴滴、小米在内都参与了投资，特别是滴滴的加入，更是让各界人士对于ofo的前景更加看好。而相对于摩拜"制造+互联网"的重型模式，很大程度上，低成本是ofo的最大优势（表4.2）。

表4.2　摩拜单车与ofo共享单车比较

	摩拜单车	ofo共享单车
车辆特点及定位	高科技自行车+自动解锁	传统自行车+手动解锁
成立时间	2015年	2014年
单车定位	自带GPS定位功能	依靠用户手机GPS功能
市场定位群体	普通上班族，文艺青年，社会人士	主要集中在高校
单车成本	Lite版本1000元、经典版3000元	350元
使用押金	299元	99元

除了ofo以外，登陆杭城的骑呗实力亦不容小觑。它采用同摩拜、ofo一样的共享单车模式，吸收了阿里的投资，携手芝麻信用打造完善的便捷出行体系，目前已经在杭州布下了10万余辆车。而在2017年2月，共享单车品牌"永安行"也宣布获得蚂蚁金服等的A轮融资，背后就是阿里。随着骑呗和永安行携手阿里，摩拜、ofo所需要的押金注册的原有模式正在被挑战，芝麻信用只要达到750分就有机会免除押金，更是受到了用户们的热捧。

"摩拜最大的优势在于一直关注用户最细节方面的感受，2016年发布的第三代改良版更是听到了摩拜粉的声音。我们推出了轻骑版，上路更轻松。添加了车篮，

[①] "ofo要和电信、华为一起玩票大的"，经纬创投微信公众号，2017年2月22日。

坐凳更是增加了调节功能。”在被问及面对竞争对手要如何应对时，胡玮炜说：“婴儿成长期的摩拜感谢用户们在社交软件上的互动，向摩拜单车提的要求我们都尽可能满足，因为我们需要这些声音。”2016年11月，ofo正式推出新一代小黄车ofo3，希望能从校园走向城市；另一边，摩拜也在北京、上海两地高调宣布改良版车型面式。改版后的摩拜轻骑从经典版的25公斤改版到17公斤，毫无疑问，面对最大的竞争对手，摩拜保持了原有的智能锁，保证Lite版也能联网智能化，同时在外观上更倾向于普通自行车——用ofo的方式迎战ofo，这可能就是摩拜的应战方式。

来自市场力量的共享单车的快速发展，也推动或倒逼一些城市本来已有的地方政府背景的公共自行车系统不断升级完善。杭州市公共自行车系统（俗称“小红车”）曾经被《今日美国》评为世界最佳城市公共自行车系统。一直以来，杭州公共自行车都是采用“常规服务为主，24小时服务为辅”的运营模式，常规服务时间为6:00—24:00，并设置200个24小时服务点。2017年3月10日，杭州公共自行车公司推出5大更接地气的出行服务，全面提升现有服务，其中包括主城区所有2 838处服务点改成24小时服务点，做到全天不打烊。此外推出APP2.0版本，优化扫码租车服务。新版APP的保证金也由原来的500元下降至200元，和刷卡租车保持一致。共享单车让它们意识到“提升用户体验才是王道”。

摩拜能走多远？

骑出国门

随着摩拜在中国本土的路越走越稳，其开创的中国模式也受到了外国投资者的青睐。2016年11月，摩拜单车把业务拓展到了新加坡，并且发布了要覆盖全球100个城市的规划。胡玮炜介绍说：“除了李克强总理提到的哥本哈根外，美国的几十位议员也于2016年11月15日来到我们摩拜总部参观，希望摩拜能够尽早入驻美国的城市。他们还试骑了一下呢，我印象最深刻的是有一个叫埃米·特纳的议员骑车时穿套裙，她说斜杠设计对于女性也十分便利。当初我们设计摩拜的时候这些细节也考虑了进去。”美国目前是第三代有桩一代，而摩拜是属于无桩的智能第四代。随着摩拜单车的日益壮大，价值观的对外输出也势在必行。"当然摩拜也并不是共享单车唯一的代言人，听说ofo也已经宣布将在硅谷、伦敦等地开启城市服务试运营。"

海外市场的拓展、中国模式的输出更是要契合当地的出行习惯、行业标准与政策环境，同时也要考虑其他国外竞争者。据美国的媒体报道，在明尼苏达州明尼阿波利斯市于2016年6月10日启动迄今为止美国规模最大的"自行车共享"计划，掀起了新一轮自行车出行热潮。而明尼阿波利斯也只是美国"自行车共享"计划的一个缩影。科罗拉多州丹佛市也于2016年5月启动了"自行车共享"计划，华盛顿、纽约、波士顿、芝加哥等10余个城市也正在酝酿加入或拓展"自行车共享"计划。相对于美国日渐兴起的"自行车共享"热潮，共享单车在欧洲早已推出多年。2002年，奥地利首都维也纳和西班牙科尔多瓦率先推出了"自行车共享"活动。法国巴黎也于2007年推出超"自行车共享"计划，投入使用的自行车数量超过1万辆。因此，如何选择自行车出行环境良好、自行车群众基础扎实的海外城市，如何打造更贴合当地居民使用习惯的App应用平台，如何规划更满足当地消费者喜好的营销方式，都成为共享单车出海发展需要考虑的因素。摩拜的海外之路才刚刚开始。

政府关系

"我们也一直积极寻找与当地政府合作的可能性，我们每入驻一个城市前都会和当地政府接洽。目前与政府合作一直都很愉快，只有一座城市受到了一点点阻挠。"当谈及政府合作时，胡玮炜也回答得非常诚恳。"我觉得城市骑行是一种很好的减排方式，绿色环保，政府方面态度也很热情。"

摩拜与政府的关系一直是比较融洽的。摩拜在上海、深圳都与当地政府有了非常良好的合作，几个重要地区的项目在当地政府的帮助下也运行得风生水起。其中，上海市普陀区真如镇街道是摩拜与当地政府深度合作的全国第一试点区。"摩拜将通过区域内共享单车使用的大数据分析，研究社区居民出行规律，为社区公共交通资源配置提供依据；还将把运营管理中积累的用户信用记录与政府信用征集系统对接，在普陀区打造全国首个'智能共享单车用户行为精细化管理样板城区'。"胡玮炜言语间透露着与政府合作的喜悦。摩拜从一开始就走与政府合作良好的路线，也再次证明了摩拜单车的使命——让自行车回归城市。

摩拜模式，想象无限

谈及未来的计划，胡玮炜表示："我们只有大方向，只知道3个月内要做的事情，至于未来如何盈利，我觉得这应该是产品逐渐完善之后考虑的问题。"经历过当年滴滴和快的打车之战，有专家表示，各种可能都会有，经过市场的筛选和角逐有可能日后摩拜和ofo就合并为一家了，有可能摩拜就把小黄车收入旗下，当然也有可能被小黄车打败。

2017年2月23日下午，摩拜单车与腾讯微信联合宣布，通过微信"扫一扫"的功能，用户只要打开微信扫取摩拜单车的二维码，就可以利用微信小程序扫码开锁即刻轻松开启摩拜之旅。与微信的合作又是助力摩拜合作的一大步，背后的意义非凡。

摩拜与微信小程序的率先合作，让我们对于共享单车似乎又有了更大的想象空间。当滴滴注资小黄车ofo时，也有可能另一种现象会发生，以后你有很大可能性在滴滴平台上叫到一辆小黄车。当你习惯用滴滴叫车时，我们也能在滴滴平台上骑到一辆小黄车。

尾声

摩拜单车的代表颜色是橙色，对此胡玮炜的说法是："橙色，在城市里显眼但又不突兀，让人感觉积极、阳光又温暖。"带着这个橙色的温暖之梦，摩拜单车的产品正在快速迭代，开通的5个微信公众号和3个微博账号每天收到无数摩拜粉的热烈回馈。

摩拜单车的共享之路究竟能走多远，骑行的梦想是否能回归城市，让我们拭目以待。

查看有关摩拜单车的更多图表资料，请扫描右侧二维码。

阅毕请思考：

·结合案例分析胡玮炜当初为什么要做摩拜单车？她身上体现了创业者的哪些特质？

·结合摩拜单车的创业发展历程和创新管理知识，试分析摩拜单车迄今为止有哪些创新？

·请结合商业模式画布分析摩拜单车迄今为止的商业模式现状及机会与挑战。

·你对摩拜单车和包括ofo在内的主要竞争对手的竞争怎么看？你认为摩拜单车下一步发展的前景如何？未来发展会有哪些可能性？

·假如你是摩拜单车创始人，面对虎视眈眈的众多竞争对手，你认为下一步摩拜单车应该如何依靠颠覆式创新保持持续竞争优势？

·假如你是摩拜单车创始人，在城市扩张中，你会采取何种策略与地方政府打交道？

网络视频资源：一席　胡玮炜，"膜拜"单车

参考文献：

[1]〔美〕蒂尔、马斯特斯著，高玉芳译：《从0到1：开启商业与未来的秘密》，北京：中信出版社2015年版。

[2] 李开复："两位竞争者需要尽快把成本降下去、回报提上来"，动点科技，http://cn.technode.com/post/2016-11-15/kai-fu-lee-talks-about-startinga-busine/，2016年11月15日。

[3] 周路平："摩拜推新车成本骤降，变回普通单车摩拜你还会骑吗？"，i黑马，http://www.iheima.com/zixun/2016/1019/159309.shtml，2016年10月19日。

[4] "过去三年中国最牛逼的商业创新模式：摩拜单车，还能走多远？"，搜狐财经，http://business.sohu.com/20170215/n480826189.shtml，2017年2月15日。

[5] "ofo要和电信、华为一起玩票大的"，经纬创投微信公众号，2017年2月22日。

[6] "2017年共享单车行业研究报告"，行业研究报告微信公众号，2017年2月15日。

[7] 韩大鹏："都说共享单车大战年内见分晓，这场仗会怎样结束？"，新浪科技. http://tech.sina.com.cn/i/2017-02-09/doc-ifyamkzq1182051.shtml，2017年2月9日。

[8] "从滴滴到摩拜，共享经济要翻越两座大山"，虎嗅网微信公众号，2017-02-15

[9] 陈劲、郑刚：《创新管理:赢得继续竞争优势》（第2版），北京：北京大学出版社2013年版。

[10] Victor W. Hwang, Greg Horowitt, The Rainforest—The Secret to Building the Next Silicon Vallay, Liqhting Source Inc.,2012.

[11] 余峰：《精益创新：企业高效创新八步法》，北京：机械工业出版社2015年版。

[12] 孙黎、杨晓明："迭代创新：网络时代的创新捷径"，《清华管理评论》，2014年第6期。

[13] Clayton M. Christensen, Michael E. Raynor, and Rory McDonald. What is disruptive innovation. *Harvard Business Review*, 2015,93(12)

[14] 〔瑞士〕亚历山大·奥斯特瓦德，〔比利时〕伊夫·皮尼厄著，王帅等译：《商业模式新生代》，北京：机械工业出版社2010年版。

[15] 胡玮炜："我送世界一辆单车，世界送我更多美好"，摩拜北京微信公众号，2016年12月10日。

[16] "摩拜单车CEO：凭什么认为我会输？"，混沌研习社微信公众号，2017年2月21日。

[17] "在四线城市做共享单车是什么体验"，B座12楼微信公众号，2017年2月21日。

[18] "多个共享单车品牌一月内齐聚，公共自行车体系成熟的杭州，凭什么吸引他们？"，蓝经天下微信公众号，2017年3月1日。

[19] "摩拜、ofo的单车大战2.0：靠烧钱无法烧出另一个'滴滴'"，虎嗅网公众号，2017年3月10日。

[20] "共享单车持续增长，用户黏性不断提升"，艾瑞网，2017年2月14日。

第二篇

全面创新：

变革时代创新管理

新范式

第 **5** 堂课

"互联网+坚果"：
三只松鼠如何凭借创新异军突起?

　　三只松鼠，这家以坚果为主营业务的食品电商企业，2012年6月才正式上线，65天后就在天猫商城同类销售中排到了第一，同年"双十一"一天就实现了3 500多万元的销售额。随后，三只松鼠通过商业模式创新以及以极致用户体验为核心的服务创新，拥抱"互联网+"时代。2016年，三只松鼠全网销售额高达55亿人民币，领跑互联网坚果品类的销售。本案例以三只松鼠公司为例，介绍其依靠创新快速崛起的历程，并探讨其现阶段面临的机遇与挑战。本案例对其他并没有很强研发投入与技术创新能力、但依靠多样化创新模式异军突起的广大中小企业，具有重要的启发借鉴意义。^①

关键词： "互联网+坚果"　　三只松鼠
　　　　　商业模式创新　服务创新　用户体验

①　本案例由浙江大学管理学院的郑刚、郑青青撰写，版权归作者所有。未经允许，本案例的所有部分都不能以任何方式与手段擅自复制或传播。本案例授权中国管理案例共享中心使用，中国管理案例共享中心享有复制权、修改权、发表权、发行权、信息网络传播权、改编权、汇编权和翻译权。由于企业保密的要求，在本案例中对有关名称、数据等做了必要的掩饰性处理。仅供讨论，并无意暗示或说明某种管理行为是否有效。

"三只松鼠能够崛起，原因也很简单：第一是更低的价格（比线下便宜20%到30%），第二是更好的产品，第三是更优的体验。"

——章燎原　三只松鼠品牌创始人、CEO

"亲爱的主人，萌哒哒的'松鼠小箱'已经满载坚果，快马加鞭地朝着您所在地狂奔而去了哟；主人稍候哟，好吃的话一定要打5分哟!"小明看着手机上的短信，开心地笑了。这是他第一次买三只松鼠的坚果。

收到短信后的第三天，小明就收到了快递小哥的电话，包裹拿到手他就迫不及待地用箱子上附赠的开箱器划开了这份礼物。箱子里除了各色包装的坚果产品外，还有果壳袋、分享袋、保鲜夹、湿纸巾和几样周边小礼品。出乎意料的是，还多了一张生日贺卡，上面写满了来自三只松鼠送来的祝福。此刻，小明的脸上流露出一丝感动。

如此，三只松鼠用实际行动让"主人们"感受到超越产品的体验，这种亲切的购物体验吸引了顾客一次又一次地购买，三只松鼠因此能够顺利登上全网渠道坚果销量第一的宝座，并保持销售额连年快速增长。

三只松鼠股份有限公司于2012年2月在安徽芜湖注册成立，是一家以坚果、干果、茶叶、休闲零食等食品研发、分装及销售的新型互联网企业，也是中国第一家定位于纯互联网食品品牌的企业，短短几年时间已经成为中国当前最大的互联网食品品牌。2012年，章燎原带领三只松鼠在淘宝天猫商城上线，65天后就成为中国坚果类电商食品的第一名。2013年销售额突破3亿元。2014年，三只松鼠单月销售额超过1.6亿元，"双十一"当天创造了1.02亿的销售新纪录，当年全网销售额达到10亿元（根据三只松鼠2017年4月提交的上市招股书披露，实际营收9.2亿元，利润–1 417.4万元）。2015年，三只松鼠实现全网销售额25亿元（实际营收20.4亿元，利润1 547.8万元）。2016年，三只松鼠年销售额突破55亿元大关（实际营业收入44亿元，利润3.2亿元[①]）。2014—2016年的营收保持了高达118.72%的年复合增长率。

创办刚5年的三只松鼠，为何能够如此快速崛起？其背后成功的秘诀是什么？对其他传统行业的"互联网+"转型升级有哪些借鉴意义？

三只松鼠的诞生

"松鼠老爹"其人

章燎原，三只松鼠创始人，人称"章三疯"，1976年出生于安徽省绩溪县。章燎原从技工学校毕业的毛头小伙成长为全网坚果销量第一的企业掌门人，成长历程可称得上传奇了。

章燎原年轻的时候，学历不高的他抽烟打架，生活得像个痞子一样。1994年，还在上技工学校的章燎原到武汉的表哥家玩，表哥带他一天就消费了3 000块钱。看到他手脏了，就给他买了五六瓶售价为3元的矿泉水让他洗手，而当时在他们身边一个40多岁的拾荒男子正等着他们手中的空矿泉水瓶。这一场景对年少的他触动极大："我是要做表哥这样的有钱人，还是在40多岁时拾矿泉水瓶？事后，章燎原心中有了个'改变自身环境'的梦想——创业。"

技校毕业后，章燎原进入了当地一家国有企业，成为一名工作稳定的工人，但是他知道日复一日的枯燥工作不是他真正想要的，之前那一幕的记忆使章燎原不断问自己："真的就这样下去吗？"

就在之后七八年的时间里，章燎原摆过地摊，开过冷饮店，卖过VCD……前后换了十几份工作，结果均以失败告终。

章燎原发现自己在26岁时还是一事无成，既没有更高的学历，也没有赚到钱。可是一向喜欢折腾的他并没有放弃，反思之后他选择回到安徽宁国，走进了一家主打坚

[①] "三只松鼠2016年销售额超50亿，有近四千万主人"，搜狐网，http://mt.sohu.com/2016 1212/n475667002.shtml，2016年12月12日。

果产品的食品企业——安徽詹氏食品股份有限公司。可能因为之前遭遇过多次失败，进入詹氏的章燎原比任何员工都要拼，与他一同进入的11个人，此后几年因为各种原因陆续走掉了10个，而章燎原却从一名一线销售员一路做到了公司董事总经理。

开始"触电"

章燎原的首次"触电"始于2003年，当时他在一家塑胶公司做营销员。在那家公司，章燎原用中文写好邮件，找人翻译成英文，用在线英文翻译软件登录英文网站，给几百家与塑胶销售有关的网站都发了邮件，结果一两个月后很多人打电话到公司里谈生意。当时他就意识到电子商务的巨大潜力，但后来很长一段时间却没有充分施展的机会。

2010年，詹氏的年销售额已达2亿元，而此时，细心的章燎原从公司员工热衷网购的行为中嗅到了新的商机。随后，2010年10月，章燎原创立淘品牌"壳壳果"。2011年1月1日，章燎原精心筹划的壳壳果旗舰店在淘宝登录。凭借细分坚果品类及15天新鲜坚果的概念，在不到一个月的时间，就赢得了不错的销售业绩与市场口碑。上线8个月，销售收入突破1 000万元，他也由此获封"壳壳老爹"。

从给人打工到创业

2011年年底，上线近一年的"壳壳果"已经实现了1 800万元的销售额，对未来满怀憧憬的章燎原在董事会上建议，将电子商务作为集团第一战略要务，加快将"壳壳果"做大做强的步伐，并引入股权投资，站牢第一的位置。但是，当时詹氏董事会的其他成员却显得有些保守，担心失去自己在壳壳果的话语权，不肯在股权上做出让步，并且认为电子商务暂时只能作为詹氏线下市场的补充。最终他的提议遭到了股东的否决，章燎原因此萌生去意。

2012年1月11日，章燎原发表博文《写给詹氏同事们以及壳壳果的辞职信》，宣告正式离开詹氏，开始去实现自己的创业梦想。当时章燎原已经36岁了，经过了18年的摸爬滚打，他终于开始创立属于自己的品牌。一个月以后，章燎原带着三只萌翻众人的松鼠重出江湖，他用1份PPT、10个页面、30分钟的演讲，获得了IDG资本150万美元的天使投资。

　　三只松鼠最初是由5名创业团队成员组建，包括曾经在同个公司打工的"鼠阿M"（客户满意中心副总监明珊珊），章燎原发小；做过厨师、开过饭馆的"鼠大疯"（工厂制造中心总监胡厚志），毕业于福建三明学院；在派代网认识的口音很重的"鼠小疯"（品牌中心总监郭广宇）等。他们租下芜湖都宝花园一套三室两厅的民居做办公室兼住房，房租每月一千多元。

　　2012年6月19日，三只松鼠在淘宝天猫商城试运营上线，"壳壳老爹"摇身变成"松鼠老爹"。正式上线之后，第一位客户姓黄，男士。鼠阿M激动得叫了起来，全办公室的人都跑来围观。章燎原亲手打包，鼠阿M自己还写了一封信给对方。

快速发展

　　刚开始创业时，看起来三只松鼠并没有太多机会：货源上，尽管这家公司靠近山核桃的原产地安徽省宁国市和浙江省临安市，但产品跟其他商家比并不能完全拉开差距；在互联网上卖坚果也不是一个新鲜生意，新农哥、百草味等大卖家在2010年都已起步，在淘宝聚划算活动中订单量也曾过万；而在线下有上千家门店的"来伊份"在淘宝上也是一个热门店铺。章燎原寻找的创业突破点，是怎样打造出一个"有生气、有灵魂的品牌"。

　　三只松鼠定位于热衷网购的"85后""90后"。章燎原认为得先搞人气，让图便宜的人到处去传播，影响白领决策："这次做三只松鼠，互联网上什么人传播最快？是学生和刚走上工作岗位的人，小恩小惠他们都会开心地发微博。这群18岁到24岁的人，接受新生事物能力强，参与感强，心里没有品牌，白纸一张。等这些人的品味拉升起来之后，产品价格也就理性回归了，让客户为满足感而付费。"

　　2012年8月25日，三只松鼠上线第65天，跃居天猫坚果类目销售第一名。

　　2012年天猫"双十一"购物节，三只松鼠斩获766万元销售额，当年实现销售收入3 000余万元。

　　2013年，三只松鼠发布主打茶叶产品的"松鼠小美"子品牌，同时建立了北京和广州两家物流中心以保障发货速度，并再次获得今日资本和IDG资本的617万美元的B轮投资，继续保持快速增长势头。继"松鼠小美"之后又发布了"松鼠小贱"休闲零食品牌，而且还推出了松鼠动漫，以配合三只松鼠的品牌宣传。

2013年天猫"双十一"，三只松鼠单日销售额高达3 562万元，当年全网销售额突破3亿元。

2014年"双十一"，三只松鼠全网销售额突破亿元大关，创下1.02亿元的销售纪录。

2015年9月16日，三只松鼠宣布获得总金额达3亿元人民币的第四轮融资，投资方为峰瑞资本（图5.1）。至此，三只松鼠估值达40亿元，成为互联网上估值最高的电商品牌。

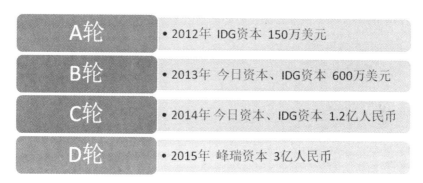

图5.1 三只松鼠融资情况

2015年"双十一"，三只松鼠单日全网交易额达到2.66亿元，成为全网坚果销量第一，当年全网销售额突破25亿人民币。

截至2016年11月11日24时，三只松鼠"双十一"全渠道日销售额突破5.08亿元。

截至2016年年底，三只松鼠全国雇员超过3 100人，年销售额突破了55亿元大关，已经成长为中国销售规模最大的食品电商企业。

商业模式

在红海中挖掘蓝海产品市场

在三只松鼠刚刚成立时，整个坚果类食品市场是个红海市场，但是如果细分，碧根果（松鼠家的主打产品）却还是个蓝海市场，离市场饱和还很远。因此在三只松鼠发展前期，碧根果市场本身的扩大是支撑其业绩的第一个关键原因。逐渐地，在淘宝这样的平台电商增速放缓的大环境下，前期靠"爆款"坚果来增长的策略还是走入了困境。于是，在2015年，三只松鼠进行了一次战略性品类扩张，品类数量扩展到300多种。

锁定消费升级的主力客户

"三只松鼠的发展得益于一个机会，即"80后""90后"的消费升级带来了品牌需求的升级。过去人们满足于买瓜子吃，现在有钱了，觉得要吃更好、更高端的坚果。当他去找这个产品的时候，他发现这些高端坚果都是沿街的小店铺在卖，并没有一个品牌。"章燎原这么认为。

于是，三只松鼠顺势出击，抓住了这次机会。接着，在2012年的"双十一"，三只松鼠在淘宝疯狂地投广告以吸引流量。那时的广告价格比较低，但敢像三只松鼠这样花钱的竞争对手几乎没有。就这样，三只松鼠以最快的速度，在对手还没反应过来的时候做到第一年的销售冠军，优先获得了包括用户、媒体、阿里生态对它的关注在内的各种资源，达到了快速提升品牌知名度的目的。

互联网+坚果

三只松鼠开创了"互联网+坚果"的传统食品纯电商模式。这种特有的商业模式缩短了商家与客户的距离，确保让客户享受到新鲜、美味的食品。

同时，为了支持其纯互联网的运营模式，三只松鼠很好地利用了大数据思维构建其核心竞争力。第一，利用大数据工具实现精准化营销。三只松鼠利用软件识别、筛选目标用户，用云数据、云绩效统计每个单品的好评率，对用户体验指数和用户购买偏好进行实时分析，以此增加顾客的好感和回头率。第二，建立独具特色的客户服务中心。三只松鼠吸引"主人"历来是强项，方法就是在每一个环节上完全地人格化，寻找所有可能的沟通机会。"主人"写一条微博，几个官方微博会立刻形成互动调侃；在微信上给松鼠"闺蜜"留言，"闺蜜"会马上跟"主人"回话；在客服上咨询一个产品，"小清新组"或"重口味组"会即刻启动聊天模式。

喊客户"主人"

三只松鼠的所有员工代号必须以"鼠"为开头，章燎原自称"鼠老爹"，这是三只松鼠萌式营销最显著的体现。

2012年创业后，章燎原悟出一个道理：口碑营销是最好的营销。公司需要有很好记的名字，要让人愿意为你传播。那么，怎样才能让大家喜欢，同时又拟人化、互动性强呢？章燎原认为没人会拒绝可爱的小动物，因此最后选择了松鼠。

为什么选择"三"呢？"就因为'三'这个数字中国人都很喜欢，三个火枪手、三只小猪，于是就有了三只松鼠。"今日资本创始人兼总裁徐新做过调研，90%消费过三只松鼠的用户都能记住这个品牌。

对电商品牌来说，在线客服是品牌和顾客沟通的关键，因为见不到面才有想象空间。创业初期有天半夜里，章燎原在公司QQ群里突发奇想：我们该对客户喊"主人"，松鼠是宠物，让萌宠给客户提供服务，甚至可以撒娇，会起到意想不到的作用。团队员工大多表示觉得怪异、肉麻，章燎原说："那我来第一个叫吧。"于是，一个37岁的大叔坐在电脑旁用"鼠小儿"的账号与客户聊天说："主人记得表扬一下，么么哒。"对方不仅回复"小松鼠好乖"，还发了一张摸头的动图。一开始包括鼠阿M在内，都不习惯用这个词，后来就都慢慢适应了，"主人"成了三只松鼠的标准用词。

"当你在淘宝购物时被喊一声'亲'，一定不会记得是哪家店，但是叫主人的一定只有三只松鼠一家。"章燎原说。

接下来，章燎原定下两个原则：一是所有的客服必须把自己当作小松鼠，称客户为"主人"，为"主人"提供萌式个性化的服务。二是三只松鼠的所有员工代号必须以"鼠"为开头，在潜移默化中培养这种独特企业文化的形成。

看过三只松鼠标志的消费者，都对三只松鼠的卡通形象过目不忘，它们不只是色彩鲜艳、灵动可爱，而且每只都有自己的名字，同时被赋予了一种典型性格：松鼠小美，松鼠家族最受宠爱的公主，温柔娴静、美丽大方；松鼠小酷，拥有知性气息的新一代男神，同时还是带给你知性问候和贴心关怀的暖男一枚，是松鼠家的门面；松鼠小贱，吃得了美食也吃得了苦，耍得了贱也玩得了深沉，并且乐观向上。这三只松鼠的个性涵盖了当下"85后""90后"中最主要的几大人群。除了赋予他们鲜明的人物形象外，三只松鼠还邀请专门的动漫公司制作"松鼠萌动漫"，松鼠动漫并不涉及产品信息，只是单纯作为和顾客情感沟通的平台，已聚集了大量的粉丝。

低成本社会化营销

在三只松鼠刚上线的头两个月，在淘宝上每个月的推广投入大约有一两百万，主要用在购买淘宝直通车、搜索广告位及参加聚划算等活动上。用章燎原的话说是"烧了大把的钱"。在这两个月以后，"就没怎样烧过了"。

"三只松鼠"在2014年的"双十一"中，以远低于传统广告的成本，创下辉煌战绩：三只松鼠社交广告平均互动率高达近2%，CPE（单次互动成本）却保持在1块钱以下，而总的社交广告花费仅是淘宝网内平均水平的1/10~1/5，与其社会化营销的成功运作密不可分。

三只松鼠经常设计优惠和转发送奖品活动，并借助"#不玩虚才是真狂欢#"的话题，通过微博向目标用户精准定向推广，并鼓励转发，吸引尽可能多的粉丝参与。

在常规推广基础上，为粉丝提供"三只松鼠"优惠券赢取攻略，既有趣又有利，极大地激发了粉丝参与热情。

三只松鼠把团队分成后端和前端，与客户接触的前端员工约有500人，其中客服团队300人左右，他们不单单是接电话，而是在线上和消费者做沟通；另外200人中有1/3做自己品牌内容和消费者社区运营，1/3做电商运营，另外1/3做客户体验管理。[①]

三只松鼠最重视的两大指标，一个是重复购买率，一个是口碑转化率。他们会通过用户购买以后在淘宝上的评价、微博上的抱怨中找到需要改进的地方，比如关

---

① "三只松鼠2016年销售额超50亿，有近四千万主人"，搜狐网，http://mt.sohu.com/2016 1212/n475667002.shtml，2016年12月12日。

于产品口味、送货及包装等。根据三只松鼠的回访和出售计算，其重复购买率约为30%，口碑转化率超过20%。这些本钱并不高的创新，帮三只松鼠撬动了市场。

品牌IP化

"我们过去的四年中，不是做出了一个品牌，而是做出了一个品牌文化，或者现在流行的词汇叫IP（Intellectual Property，即知识产权），我们做出的是一个IP，其实我们已经品牌化了，也更不能说它是一个电商机构。"章燎原在一次演讲中提到。

"IP化"本身已经成为一个全新的商业概念，好产品的终极目标不是畅销，而是"IP化"：有独立人格，有粉丝社群，有参与感，变现转化率高。①

作为三只松鼠的首席品牌官，鼠小疯郭广宇更愿意把自己称为"松鼠天团"的经纪人。他说："在新消费时代，什么是IP？我们需要的是文化与商业完美融合的一个产物，所以IP只有能够变现，且文化能够持续不断地产生，形成闭环，这个才能称为这个时代真正意义上的一个IP。"

如何完成品牌更高层次的提升？郭广宇提出了自己的三点规划：②

（1）"松鼠×明星×内容"。近几年是影视植入广告的红利期，借助明星和内容作为载体，将松鼠和IP捆绑起来。三只松鼠不投硬广，只投有IP、有内容的广告，章燎原说："我们觉得未来不是硬广的时代了，而是属于那些真正有内容属性的、能激起国民话题的有效营销的时代。"

除了电视剧的植入，三只松鼠还和二次元"人气歌手"初音未来进行跨界合作，推出首支跨次元明星MV《好吃歌》，歌曲由拥有55万微博粉丝的中文VOCALOID虚拟偶像洛天依担任演唱，动画中三只松鼠伴随着"好吃好吃好吃"的魔性旋律摆出萌萌的舞蹈动作。邓紫棋在"双十一"当天翻唱了三只松鼠的这首《好吃歌》发微博，转发量超过7万。

---

① "2015年度关键词：IP化"，中金在线，http://news.cnfol.com/it/20160102/22046290.shtml，2016年1月2日。

② "不做迪士尼，也不是星巴克，三只松鼠要靠 IP 变成国民品牌"，天下网商，http://i.wshang.com/Post/Default/Index/pid/248345.html，2016年11月15日。

（2）"生活+Q"：三只松鼠所提倡的周边，并不是纯粹把产品加上一个动漫形象的衍生品，而是一个生活文化的概念。

"一个IP能否变现，取决于它是否能够跨品类"，郭广宇说，未来三只松鼠的线下体验店，不仅仅有食品，还有居家、周边，甚至是和别的大牌做合作款，比如三只松鼠和佳洁士牙膏、立顿茶包、九阳豆浆机等品牌的跨界合作，会变出多种新的形态，让消费者的生活更有意思。

（3）"做内容"。一个IP必须要源源不断提供有意思、有价值的内容，并且提供的内容一定是大于商业化变现的程度，才能在信息爆炸的时代保持经久不衰的地位。2017年，三只松鼠自己筹备的大电影、全剧集的动画片等都将陆续上映。

被章燎原再三提及的松鼠城也将投建。松鼠城是一个城市公园的升级版和一个主题商业的结合体，章燎原说："我们把它当成一个快消品来做，是一家巨型的实体店。"

同时，郭广宇还提出"新文化众创"的概念，即一家具备商业化变现能力的众创工场，引入更多有价值的团队和有能力的人才进入园区，服务于IP商业化变现。

优质的产品是基础

如果三只松鼠的产品没有过硬的品质，那么它的快速崛起将是不可持续的。良好的产品品质和口味是最好的营销。松鼠家夏威夷果香浓的味道给了吃货们很多惊喜，碧根果、巴旦木味道也不错。但最重要的是新鲜，毕竟他们省去了大代理商、经销商、商超等中间环节，可以做到只卖15天的新鲜干果。

首先，三只松鼠在全国范围内寻找产品的原产地，统一采取订单式合作，并坚持三道检验：原料检验、过程品控、出厂检验。原材料收购之后，委托当地企业生产加工成半成品，每一家厂商生产不超过两种产品。合格的半成品被送回位于芜湖高新区的2万平方米的封装工厂或低温仓中完成最后的分装工作。到2016年年底为止，三只松鼠已经建立了芜湖、北京、广州、成都等大物流中心，开发应用ERP系统来提高物流和产品的响应速度，现在已经可以保证全国80%的城市实现"次日达"，更大程度上保证了产品的新鲜度，为消费者提供了更具时效性的产品体验。

其次，为了保证优质的产品，三只松鼠构建了一套产品质量和服务可追溯信息系统，将客户、供应商、股东和合作农户联系起来，使客户能够准确地掌握产品生产、销售、运输的每一个环节。在产品卖出后，利用其云质量平台，用户体验部门会把所有平台用户每天超过几万条的评价，统一到管理平台并及时分析消费者意见和建议，尤其注重物流、质量、服务这几个板块，分析后结果及时反馈给供货商，从源头改进产品品质。C端（客户端）数据的反馈分析加强了客服、工厂质检、工厂员工、物流员工的连接关系，保证产品质量和降低成本的同时，实现了消费者体验可追溯化。

公司还设置了产品经理管理制度，由产品经理对其所负责的产品门类进行直接管理，包括和消费者建立直接沟通渠道，通过持续的反馈和改进不断优化产品。

优化供应链降低成本

相较传统渠道而言，三只松鼠的产品因为不用在门店里积压库存，其库存周转期只有15天，因此更"新鲜"。而且因为在原产地采用订单式合作，省去了传统企业在中间分销渠道的盘剥，所以成本得到了降低，价格也就更亲民。章燎原在2016

年"双十二"后接受采访时说："毫不夸张地说，我们的产品相对商超等传统渠道的产品成本降低了30%以上。换一个算法，从创业到现在，我们卖出了大概价值40多亿的坚果，我们在这一项替用户省了10个亿。"新鲜的产品配上实惠的价格，当然会得到消费者的欢迎。

而且，三只松鼠利用数据分析技术可以更加快速地捕捉到消费者消费趋势的变化，并及时做出调整，基本可以实现按订单生产产品，避免出现库存大量积压的情况，在这个过程中节省的费用又可以反过来支撑它采用更灵活的定价策略来吸引消费者。

服务创新与用户体验

"互联网顾客体验第一品牌"

"产品100分，体验150分"是三只松鼠能够吸引千万级用户的法宝。顾客口中常常称道的卖萌其实只是手段，"追求极致的用户体验"才是三只松鼠的核心，他们想为顾客提供的，是一场全方位的消费盛宴。

三只松鼠的核心战略是"互联网顾客体验第一品牌"。为了提升用户体验，三只松鼠不放过每一个能获得用户好感的细节。例如，在货品中附赠开箱器、果壳袋、湿巾等小礼品，让用户在收到快递的那一刻就被其贴心的服务打动。

"互联网要口碑相传，必须要让顾客得到喜悦和尖叫，而这一定是从产品之外得到的。"章燎原发现，细节和意外收获是让用户尖叫的原因所在。

《松鼠服务秘籍》

在章燎原亲自编撰的《松鼠服务秘籍》中，他推出了"客服十二招"，目的就是要教会客服"做一只讨人喜欢的松鼠"，让所有工作人员都熟悉顾客的需求，并保证将顾客的需求实现到位。在顾客购买过程中，三只松鼠客服与其充分互动，根据客人的需要给出真诚的推荐，尽可能弥补线上销售的缺陷。

"让客户爽"

三只松鼠内部不但设立了全球客户满意中心来专门处理售前和售后的问题，而且在对客服人员的考核方面，并没有采用传统的销售业绩考核，而是以"让客户爽"为目标。章燎原自豪地表示："这样的结果就是，会有很多主人与松鼠客服成为朋友，他们不开心了就会找松鼠客服聊一聊，甚至会给松鼠客服寄礼物。"

而且三只松鼠还有一个特点：员工平均年龄仅为23.5岁。章燎原说："这一点是我们有意为之。互联网本来就是新生事物，对于一个'70后'来说，很多东西需要从头来学，'80后''90后'也一样。这个时候就不如用'90后'，因为他们不局限于既有经验的束缚，能跑得更快。"

及时响应与互动

除了带给买家全方位的购物体验外，三只松鼠还利用微信、微博、"松鼠萌动漫""寻找最主人"等平台，与消费者进行实时互动。例如，一旦有买家发微博提到"三只松鼠"，三只松鼠的几个官方微博就立刻转发并评论，调侃互动；买家在微信上给"松鼠"留言，"松鼠"会马上给"主人"回话；卖家想要咨询产品问题，"小清新组"或"重口味组"会即刻启动聊天模式。三只松鼠"用户体验至上"的理念换来了大量粉丝，其在天猫上的粉丝数高达400万，二次购买率达到30%，其中28%的客户会向周围的亲友推荐三只松鼠的产品。

提升全流程服务体验

三只松鼠的包装箱也是创意十足。包装箱以原木色为主色调，并印有松鼠的笑脸，箱子外面还配有"主人，快抱我回家""主人，开启包装前仔细检查噢"等温馨标语。打开包裹，里面每一袋食品都有牛皮纸袋独立包装，而且不同的食品，包装袋上的松鼠漫画形象也不同，顾客每次收到的包裹都不同。这些细微的服务，让三只松鼠走进了客户的内心，因此增加了顾客黏性和二次购买。

不仅仅是销售环节的贴心服务，三只松鼠还考虑到了消费者购买、食用的各个环节，尽可能给予方便和优化。在顾客购买时，三只松鼠会根据顾客购买的客单价、二次购买频率、购买的产品类别、购买产品中打折商品的比例、购买的次数等数据，充分了解消费者的购物偏好，提供个性化的服务。比如根据主人的购买次数来搭配"鼠小箱"中的物品等。在顾客购买后，客服人员会化身为"松鼠星人"，专门为顾客"主人"递送"鼠小箱"的包裹，里面装有赠品袋"鼠小袋"，顾客拍下产品称为"领养一只鼠小箱"。同时，在顾客买完产品后，可以在手机应用上追踪"鼠小箱"的整个出品和物流过程。

风险与机遇并存

三只松鼠的第一个五年已经过去，成绩斐然，已经成为中国互联网休闲食品第一品牌。但是，章燎原一点也不感到轻松。

竞争对手快速跟进模仿

三只松鼠已经成为其他品牌纷纷模仿与山寨的对象。同行们也迅速在赠送果壳袋、封口夹等服务与用户体验细节上快速跟进与模仿。比如，新农哥和百草味的外包装变得更加美观，不输三只松鼠；也有森林家族、波波猴这样的卖家开始使用卡通形象卖萌。此外，三只松鼠15天的库存周转期，以及跟供应商一个多月的结账周期，与传统公司两三个月的账期相比，不需要压占很多资金，能保持非常好的现金流。但是，其他的互联网同类商家也同样享有这种优势。

现在三只松鼠的产品价格跟淘宝其他店铺基本一致。章燎原承认，三只松鼠还不是一个能让用户多掏钱、付出品牌溢价的"品牌"。

食品安全风险

2016年2月，有媒体报道，经第三方检测机构检测显示，三只松鼠品牌有批次奶油味瓜子被检出甜蜜素含量超标。3月1日，三只松鼠发布声明回应此事，向消费者致歉，并下架全部相关产品，办理退款。

对于此次甜蜜素超标的原因，章燎原表示：首先，检测方法不一样可能会导致不同的结果；其次，坚果炒货传统工艺中拌料不均也可能导致这样的情况发生。因此，章燎原强调："我们是目前行业内检测环节投入最大的企业，我们还建立了食品安全研究院、松鼠云质量系统，通过质量大数据的分析，可实现终端质量问题的追根溯源，质量问题解决进程实时可视化，食品质量安全预警，同时将云质量系统植入上游供应商生产环节，从根源上减少食品质量安全问题。下一步我们要争取做到全品类、全批次、全项目检测。"

章燎原曾总结了三只松鼠的几种死法："最大的风险是食品安全，这里面不排除存在一些媒体过度炒作等因素影响，我也认为，导致食品安全的风险在中国没有人能彻底地解决，但是我希望用互联网信息化、数据彻底解决，这需要一个过程。"[①]

四"大"战略

谈及三只松鼠未来的发展规划，章燎原也毫不掩饰他的野心，宣称将"去坚果化"，未来要做全球零食。"我们计划下一个五年跻身中国500强行列，未来15到20年，进入世界500强，三只松鼠的发展路径将通过品牌IP，线上销售，线下体验，同时贯穿松鼠文化实现。"

章燎原在2016年"双十一"前的媒体见面会中首次披露了未来发展的四"大"战略——大健康、大娱乐、大品类、大消费。他是这样阐述的：

大健康："当前我们提出首先要解决食品安全问题，好吃的问题，在此基础上，我们要加一个健康的问题。"

大娱乐："品牌大健康、大娱乐并不是看到红利而去做，而是一个国家的经济条件达到一定水平后自然转型，所以我们也将持续投入'大娱乐'产业，但现在的影视剧植入仅仅是个开始，我们还要自制自己的松鼠影业、自制影视剧以及投资大电影。企业内部'松鼠化'、娱乐化，这些都是大娱乐的一部分，最终目的是要给予主人爱与快乐。"

大品类："基于大娱乐成功之上，将来人们的一瓶矿泉水，一把牙刷、一管牙膏、一条毛巾，都可能会在松鼠的体验范围之内。"

大消费："围绕消费者身边整个消费产业的整合，包括吃、住、玩、买。"

这四"大"构成的是松鼠未来的新消费主义。它是全新的消费主义，不仅提供给顾客产品，更多的是提供给顾客快乐，给每一个人在生活当中带来不一样的娱乐体验。

---

① 何天骄："三只松鼠出问题：代工模式现隐忧"，第一财经日报，http://tech.sina.com.cn/i/2016-03-02/doc-ifxpvysx1811673.shtml，2016年3月2日。

四"新"举措

在四"大"战略下，章燎原还提出了四大举措——新消费、新商业、新零售、新制造。

新消费："投食店的发展折射出消费者对未来多元化体验和强烈的多元化需求，人们已经不仅仅单纯地希望买一点坚果，而是在这一系列的过程中获得的多元化的体验。可以享受周边乐趣，享受休闲饮品的惬意，享受K歌的互动参与，享受一声声'主人'的萌服务，可以拍照，可以唱歌，可以聊天，这就是一种多元化的体验。"

新商业："新商业不再是过去专一的商业模式，而是贯穿一条线实现跨界融合，未来的新商业是真正的跨界融合。举例来说，你带着孩子去一家羽毛球馆，孩子不一定打，但他可以在一边打游戏，你累了的时候也可以享受到一杯好喝的咖啡。"

新零售："新零售是在零售的过程中融入娱乐化，也就是娱乐化零售。"

新制造："就是全面的数据化，真正打通工厂与消费者。"

四个"新"结合在一起，促使三只松鼠在坚果品牌和品牌IP外，部署了线下投食店、松鼠城及松鼠影业等。

线下开实体店

在线上高举高打3年后，2016年，章燎原又有了新的目标：到线下去。其线下体验店"投食店"于芜湖、蚌埠、苏州等城市相继开业，未来3到5年将在全国开设1000家店，预计单店平均年销售额在1200万元。在章燎原看来，零售全渠道肯定是必然趋势，因为消费者在哪里，三只松鼠就要到哪里。

"我们过去认为三只松鼠并不会进入线下。但是现在，我们可以直白地讲：三只松鼠一定会进入线下。但对于我们这种互联网品牌跑到线下去，它的核心原因是什么？我个人认为，第一是相对过去传统线下模式，线上转到线下要能在产品架构上体现出竞争力，成本更低，价格更有优势。其次，通过'一城一店'、社区推广，送货到家等模式，'线上+线下'的服务和体验比纯线上更好。当覆盖完全国所有的城市后，我希望70%的交易来自线上，30%来自线下，这样我就平衡了成本关系。线下渠道本质上是一个体验点，核心目的是服务上的升级。如果你从线上跨界到线下，或者相反，却不解决成本和服务升级的问题。'全渠道' 只是一种假的全渠道。" 章燎原这样说。①

重视产品研发与知识产权

虽然三只松鼠是一家卖休闲食品的公司，但三只松鼠其实也非常重视产品开发、供应链管理、质量控制及信息系统技术的研发和积累。截至2016年12月31日，公司专职从事产品开发及 IT 技术研发人员数量为63 人。2016年研发投入1 184.34万元，占营业收入比重为0.27%。这一比例虽然不高，但考虑到行业特点及投入产出比，还是可圈可点的。截止到2017年3月，公司拥有专利 70 项，其中已授权发明专利7项。此外还拥有计算机软件著作权6项，作品著作权28项 。

尾声

三只松鼠近年来抓住了传统产业"互联网+"转型的机遇，依靠商业模式创新、服务创新、用户体验创新等异军突起。在电商红利期过去之后，三只松鼠将何去何从？是否还能延续前几年的迅猛发展的势头？品牌IP化如何经由商业路径变现？原来专注互联网电商的三只松鼠线下扩张的策略是否是正确选择？实际效果是否会达到预期？把三只松鼠打造成年销售额突破50亿元的互联网食品第一品牌的"松鼠老爹"章燎原感到自己的压力与责任更重了。

查看更多有关三只松鼠的图表资料，请扫描右侧二维码。

阅毕请思考：

·有过多次工作和创业失败经历的章燎原，为什么要从发展势头看好的詹氏辞职创办三只松鼠电商品牌？

---

① 峰小瑞："李丰×章燎原：把小生意做大的'三只松鼠'，为什么要开实体店了？"，36氪，http://36kr.com/p/5042002.html，2016年1月7日。

· 三只松鼠短短几年快速崛起的关键成功因素有哪几点？

· 三只松鼠的商业模式有什么特点？其他行业可复制性如何？

· 快速发展的三只松鼠可能会遇到哪些风险和隐患？如何预防和规避？

参考文献：

[1] 丁弋弋："萌式营销促成全年销售收入11亿，坚果电商三只松鼠再获3亿融资"，《IT时代周刊》，2015(10):22–23。

[2] 陈俊林，温韬："'互联网+'背景下企业的服务营销思维"，《经营与管理》，2015(11):42–44。

[3] 黄荣："三只松鼠的成功秘诀"，《中国商界》，2014(7):99–101。

[4] 林靖玲："从互联网思维看'三只松鼠'的品牌形象设计"，《卷宗》，2016, 6(6)。

[5] 张圆圆："互联网思维：'三只松鼠'营销模式评析"，《北京市经济管理干部学院学报》，2015, 30(2):51–54。

[6] 峰小瑞："李丰×章燎原：把小生意做大的'三只松鼠'，为什么要开实体店了？"，36氪，http://36kr.com/p/5042002.html，2016年1月7日。

[7] 谢丹丹："三只松鼠:把用户思维推向极致"，《中外管理》，2015(4)。

[8] 俞雷："关于三只松鼠的三个传统问题"，《商界评论》，2013(3):135–135。

[9] 孟奇："章燎原：4年卖出59亿坚果的奇迹缔造者"，新食品，http://www.newfood.com.cn/Home/Show/35924，2016年10月23日。

[10] "三只松鼠创始人：给你一个亿，烧不出三只松鼠"，新浪科技，http://tech.sina.com.cn/i/2015–09–27/doc-ifxifmki9557848.shtml，2015年9月27日。

[11] "最萌的商业模式：三只松鼠"，多商学院，http://baike.ecduo.cn/article-6237.html，2014年9月27日。

[12] "双11销售额突破5.08亿元！三只松鼠这一逆天成绩背后隐喻着什么"，中

国风险投资论坛，http://mt.sohu.com/20161112/n473023819.shtml，2016年11月12日。

[13] "三只松鼠下一个五年如何跳得更高"，芜湖日报，http://epaper.wuhunews.cn/whrb/html/2016-11/13/content_329681.htm?div=-1.2016年11月13日。

[14]陈劲、郑刚：《创新管理：赢得持续竞争优势》（第3版），北京：北京大学出版社2016版。

第 **6** 堂课

启奥科技：
B+2C商业模式创新之路

　　在当今互联网越来越成熟的时代，行业环境快速变化，市场竞争日益激烈，顾客需求趋于个性化，给企业的创新和发展带来了很大的挑战，企业的当务之急就是要探索出新的适合本企业的商业模式来保持持续竞争的优势。本案例以唐山启奥科技股份有限公司（以下简称"启奥科技"）的创立及其发展历程为主线，描述了该公司根据市场环境和用户需求的变化做出快速反应，及时进行两次业务剥离，最终建立了自己独特的商业模式，成为全国血站信息化行业的龙头老大，由原来的软件企业转变成为软件互联网企业。①

关键词：启奥科技　血液管理　创业　商业模式创新

---

① 本案例由河北工业大学李凤华、马朝红、石会、蒋石梅、于赛飞、宋海娟共同撰写完成，作者拥有著作权中的署名权、修改权、改编权。本案例授权中国管理案例共享中心使用，中国管理案例共享中心享有复制权、修改权、发表权、发行权、信息网络传播权、改编权、汇编权和翻译权。由于企业保密的要求，在本案例中对有关名称、数据等做了必要的掩饰性处理。仅供讨论，并无意暗示或说明某种管理行为是否有效。

2016年一个阳光明媚的早晨，精神抖擞的员工陆续向启奥科技的办公楼走去，大楼前，喷泉的水流向上冲击着球形汉白玉石不停地旋转，这股水的力量展现着公司的朝气。虽然还没到上班时间，董事长于保田还是早早地来到了办公室，打开电脑，开启了一天的工作。于保田仔细阅读着启奥科技2016年第一季度的财务分析报告："启奥科技的核心产品血站计算机管理系统已经推广到全国30多个省市（包括澳门），市场占有率达到80%，公司目前是全国输血信息化行业的龙头企业。公司的商业模式实现了巨大转型，由原来的B2B模式成功转型为B+2C模式，公司由原来的软件企业转变成为软件互联网企业。"看着这段话，于保田感慨万千，启奥科技走过的20年风风雨雨仿佛又浮现在了眼前……

行业背景

20世纪90年代，国家废掉"有偿献血"改为"无偿献血"，在无偿献血工作的起步阶段，各地血液管理工作存在着较大差异。无偿献血制度的逐渐落实使采供血行业的外部环境发生了很大的变化。采供血机构随之愈加重视自身建设，尤其是加强配套的管理工具和管理制度的建设，不断地要求产品和服务的精准化、柔性化，采供血行业对血液管理的规范性、血液的安全性的关注度逐渐提高。卫生行政部门对采供血行业也提出了更高标准，要求其严格遵守规范制度。与血液相关的机构开始注重血液的及时调度和管理、血液安全的管理，以及人员的柔性服务等辅助管理。无偿献血体制刚刚推行时，很多社会群众对献血仍持有偏见，对献血认识不清、观念模糊，使得献血事业进程较慢。因此，血液管理作为一项工作范围狭窄而管理业务复杂的管理工程，在诸如质量体系的建立、人员的培训、献血招募的开展、全过程控制的执行、批放行和确认概念的引入、实验室管理的提高、物料设备的管理及临床用血的科学合理指导等各个方面都面临艰巨的发展任务。然而，传统的管理模式在很大程度上滞后于血站的管理需要，国内市场上几乎没有能够指导全国大范围采供血机构标准化、规范化的管理工具，即便有也是为数不多的、专门为某几家血站定制的管理系统，其管理模式有待提高。

启奥科技及其创始人

启奥科技始创于1994年，其综合服务园区位于河北省唐山市高新技术开发区，在大型应用软件开发、复杂系统集成和先进软件架构领域处于行业领先地位。启奥科技凭借丰富的系统集成和管理实施经验获得了国家系统集成和信息安全服务的企业认证，确立了行业应用软件、专业IT服务和整体解决方案三大服务模式。启奥科技的主要业务有血液管理、健康管理、信息服务、信息安全、高端实训等，可为企事业单位提供信息化综合解决方案。其中，血液管理业务作为启奥科技的支柱，自1997年第一代产品研发成功以来不断取得累累硕果，产品市场占有率不断攀升，目前全国市场占有率高达80%，启奥科技真正成为全国输血信息化行业的龙头企业，以先入者的姿态在血液管理行业筑起了高壁垒。

启奥科技也称"SHINOW"，有现在立刻闪亮发光之意，意味着作为一家IT企业，启奥人要有一种主动追求卓越的精神和创新意识，如此提供的产品和服务也会更加卓越。公司的logo以"内部代表公司管理风格柔和化，外部代表公司产品标准化"为设计理念，体现了公司海纳百川、有容乃大的管理理念，诚信、务实、创新、共赢的经营理念，以及超越用户需求、实现员工价值、满足股东利益的核心价值。

启奥科技的创始人之一于保田在管理企业上面创新出了自己的一套方法，即大体上采用中西相结合的模式，将中方的人性化管理与西方规范化管理相结合。同时他还提出了"管理三四五"原则：

"三"是针对高层来说，第一抓计划，重视战略的规划、实施与监督；第二对员工进行系统化的长期培训；第三要对公司制度进行不断完善。

"四"是针对中层来说，要统一思想、统一目标、统一行动、统一结果。

"五"是针对员工来说，身为启奥人要具备必要的技能，端正态度，保持一个主动的心态，大胆创新，敢于超越。

在识别人才上，用人不疑、疑人不用是他坚持的方法，高智商、高情商、高德商是于保田所选择高层管理人员的基本要求。他没有接受过正式的管理教育，没有系统地研究过管理典籍，靠的是他善于学习的心态。他还要求启奥人要有小学生的心态，以及从经理到员工每一个人都要有主人翁的负责任的心态，将每一代产品都当成自己的事业去做。

企业初创，一弯新月出东山

邂逅采供血

1994年，于保田带领不到十人在唐山市农科所院内租用了一间30平方米的房子，起名"唐山市现代工程技术研究所"。建所初期，于保田并没有明确而长远的发展方向，为了生存承接了各种各样的业务，包括自动化工程方面，其次就是技术转让和计算机管理项目，主要负责为唐山市陶瓷厂、啤酒厂等工厂做一些企业管理软件。这些对于一个不到十人的小团队来说，工作内容不可谓不繁杂，但是尽管如此，启奥科技还是一步一个脚印认认真真地把每一项业务都做到最好，由此给客户留下了很好的印象，公司从那时起有了技术和资金的初步积累。

1996年一个偶然的机会，在唐山市举行的一次血站信息化开发招标中，启奥科技凭借自己的技术实力与血站开始了第一次合作。在中标之前，启奥科技对于血液管理这个行业并不了解，血液的制备、检验、库存、发血等对于启奥科技来说都是崭新的业务，这对于当时的启奥科技来说是一个巨大的挑战。为了深入了解血站的业务流程，明确用户需求，于保田带领研发人员深入血站，与血站工作人员一起上班，同吃同睡三个多月，事无巨细，共同参与，同时整理血站需求，对需求进行了精准而详细的把控。正如当时于保田所说："我们要目标高远，同时也要脚踏实地，只有一步一个脚印认认真真地参与实施了，我们才能把事情做得尽善尽美。"

同年，国家实施有偿献血政策，当时的血液管理系统大多是局域性不联网的小系统，技术方面千差万别。在这种背景下，启奥科技在技术、选型方面曾面临过巨大的内部争议，有支持保守的旧技术的，也有力挺当时的新技术的。在做最后决议、确定所选新技术的时候，启奥科技的副总经理陈洪利谈道："踏实务实是我们的一贯风格，但是这并不代表我们一味守旧，故步自封。任何事情都是挑战与机遇并存的，新技术的确更有挑战，但是我们也不能否认，经过创新的产品更有价值，而且我对我们的技术有信心！"经过半年的努力，启奥科技于年底成功开发了第一套可以实现从采血到血站主要管理过程的系统化、网络化的管理系统。1997年，于保田与团队成员又进行了近一年的摸索，向市场正式推出了第一代产品。产品一经推广，受到了河北省厅、省血液协会以及血液中心的一致好评，河北省血液中心在整个管理水平和保证血液安全等方面都有了很大的提高。

花开乱世情

1997年11月，启奥科技受邀参加北京亚太会议。于保田还清晰地记得："当时参加会议的企业很多，都是些血站、献血站相关的企业，我们也有了自己的展位以演示自己的软件产品，让我们很惊喜的是有好几个血站对我们开发的产品很感兴趣，希望和我们合作。"

在这次会议上，许多血站都和启奥科技有了合作的意向。启奥科技开启发展的新篇章，并开始在全国范围内和其他血站洽谈合作。血站管理系统软件的偶然成功，让于保田开始思考公司未来的发展方向："如果我们还是继续其他行业的信息化开发业务的话，团队人员的精力和资金有限，软件的质量就得不到保障。要不然就放弃其他行业的信息化开发？但是，团队大多数人擅长做自动化，到底能不能胜任血站管理系统开发这个艰巨的任务呢？"

剥离逢浅滩

由于在血液管理方面进行过长期的摸索，于保田清楚地意识到，血站管理系统的开发是一个附加值很高的好项目，它的规范性要比其他行业的高很多，可以形成一种标准化的产品，未来的市场肯定会比预期的要好。于是，他最终下定决心放弃为其他行业制作管理系统的项目，专注于血站管理系统及软件的研制、开发、销售，踏入血站软件开发这片海洋。

启奥科技本着追求卓越的精神不断探索，时刻关注行业背景和血站的需求。1998年，国家开始实施无偿献血政策，启奥科技便迅速投入到紧锣密鼓的调研之中，公司全员参与并深入全国几十家血站，了解、分析血站的需求和管理特色。在这个行业转型的同时，启奥科技也紧跟着进行了转型，团队夜以继日地修改升级第一代产品。1999年，河北省血液中心引入国外软件"奥斯邦"，竞争者的出现使启奥科技有了巨大的紧迫感。

"奥斯邦"这个软件是按照国外的软件直接翻译过来的，这意味着启奥科技在市场上存在着很强大的竞争对手。公司面临的第一个挑战就是，如何让自己研发的软件不会随着市场上IT技术的高速发展和激烈竞争而被淘汰？对此，于保田没有静观其变，而是主动出击，进行了大量的市场调研，得知诸如"奥斯邦"这类的国外软件的最大优势在于注重品牌策略以及产品的规范化和功能多样化，然而有很多使用国外产品的用户反映"奥斯邦"的很多功能和业务板块都用不上，系统维护和售后服务不到位。吸取国外产品的经验，于保田迅速召集人员开会制定对策，最终采取"服务上，继续保持良好售后、维护升级等服务；责任上，积极参与国内血站行业规范的制定；研发上，完全推翻第一代产品的技术和内容，新产品采用最新技术和最新行业规范"这一决策。

于保田是这么说的，也是这么做的。于是，当卫生部邀请各大血液中心以及各大厂商共同参与组织制定行业标准的会议时，鉴于启奥科技在全国超过20%的市场占有率且预计更好的未来发展，会议最终决定由启奥科技、北京血液中心及上海血液中心三方共同参与制定整个采供血行业的行业标准。公司站在行业角度参与进来，逐渐对行业有了更深入的了解，这次机会无疑又进一步加快了启奥科技的发展速度。

起家踏征程

要想把产品进一步推向全国，就必须成立一个公司。1999年，于保田果断注销了之前的研究所，9月在高新技术开发区正式注册成立了唐山市现代工程技术有限公司。经过6年的发展，基本完成了公司的原始积累，团队也发展到三十余人，公司主要业务也已经十分明确，主要有血站管理软件、血液标签印刷、水力及热力自动化控制等。由于各项业务发展比较迅速，公司需要更多的人员和更大的办公空间。2001年，启奥科技正式入驻高新技术开发区，建立了公司自己的办公楼。

在全国唯一一家注册国际SIBT编码标准的武汉血液中心寻找符合国家标准的血站管理系统开发企业时，启奥科技成为首选的合作对象，因此参与了血站信息化编码标准的制定工作。此次合作标志着启奥科技的软件研发水平已经达到了血站行业标准化的前列。2001年，启奥科技迎来了第二代产品的成功问世。公司推出新产品的同时，十分注重为客户提供系统的维护升级、软件安装培训等附加服务，"质量是生命，质量是效率"这个口号深入了每一位员工的心里，第二代产品于是在大大小小的血站中心之间口口相传。

成长之路，燎原星火再越步

喜迎剥离再脱胎

于保田回忆："公司的三大业务从管理方面来讲是不同的，我们将普通员工安置在标签印刷部门中，懂自动化控制的员工分配到自动化部门中，血站管理系统开发部门则聘用了大量的技术开发人员。而公司想要各个业务部门的管理趋于一致，在员工管理上用一套方法制度便会导致三大业务相互束缚、相互制约。"本着"术业有专攻"的思想，于保田决定让其"各自为政"。2008年，公司进行了第二次业务剥离，将血液标签印刷和水力及热力自动控制两大业务从唐山现代工程技术公司中剥离出去单独成立了相应的公司，于保田带领团队开始专注做软件及信息化业务。

2006年国家出台新的法规，卫生部督导检查深入进行，血站的管理发生了巨大变化。启奥科技顺应市场大背景，在血站管理信息系统的质量体系建立和运行、状态标识、过程控制、持续改进等各个方面提出了更高的要求，以确保血液质量和血液安全。之后紧接着于2009年又有了自己的"拳头产品"，即第三代产品，该产品一经推出，市场占有率便迅速增长，达到80%。

经过两次业务剥离，公司整体发展方向、主营业务更加明确，为了公司的长远发展，公司开始创立自有品牌。因此，2010年公司正式更名为"唐山启奥科技有限公司"，同时建立启奥信息产业综合服务基地来提升启奥科技的综合实力，创造了高新区项目建设时期的最快建设速度的新纪录。

上市改革五脏全

为了将公司利益与员工利益紧密联系在一起，并实现上市目标，2014年5月，启奥科技顺利完成了股份制改制，由有限公司变为股份有限公司，目前公司的股东由最初的2人增加到42人。同年11月，公司成功实现了新三板上市，公司对未来发展业务方向又做了新的梳理，制定了"二五规划"战略目标。

初期启奥科技公司规模小，公司采用传统的层级式管理模式，员工沿着员工—小组长—部门经理—销售经理—区域经理路径向上级进行工作汇报。在信息传递过程中，源信息的准确率逐级下降，致使最终传达到的意思出现偏差，部门之间存在沟通障碍，对用户提出的问题反应不及时。所以，公司针对这类情况做出了结构调整。为了解决部门数量多，员工分工不明确，部门与部门、员工与员工、员工与部门之间的信息沟通效率低下、互相之间的屏蔽大等问题，启奥科技坚持"统一规划、分步实施"的经营管理方针，采用事业部型的组织结构，在成立的"四个平台一个中心"（血液管理平台、健康管理平台、教育培训平台、信息服务平台及信息安全中心）分别成立事业部，由各个事业部的领导者负责本部门决策问题。这样，公司由多层管理转向扁平化管理，每个事业部的领导再互相协调，对整个公司的战略决策问题进行探讨，提高公司决策效率和沟通效率。假若沟通出现问题，为避免部门之间工作的协调不顺畅，则强制领导者做出决策，对下属部门下达指令，并且公司由之前的领导者解决问题转变为如今的部门内负责人解决部门间产生的矛盾，有时遇到特殊情况也会临时抽调员工配合整体的工作。

蓬勃发展，商业模式又创新

　　"启奥科技的创新是一个习惯，公司在发展过程中一直不受别人的制约，不在意其他人的看法，坚持走自己的创新之路，每天都从一点一滴中改变。启奥人对于创新绝不是停留在纸面或者是嘴上，而是真正表现在行动上，融入思想中。"营销部经理王国栋陈述道。2015年，启奥科技由以往的B2B模式逐渐转变形成了一种B+2C的商业模式（图6.1）。B2B模式即企业直接服务于血站，B+2C模式即启奥科技为了突破市场容量的限制，与血站合作共同为献血者和用血者提供产品、技术、咨询、增值等全套服务，实现新兴市场开拓共赢的互动模式。

　　在启奥科技里面，其产品的整个生命周期并不仅仅包括产品的设计、研发和测试，还包括研发之前的销售环节、研发之后的实施环节及安装实施之后的远程售后环节，启奥科技将这几个大环节视为一个整体，在这方面也有相关的机制来保证整个流程、各个环节的流畅。因此，启奥科技紧抓血液信息化事业部，主要将其分为三大板块：龙头销售、技术服务和产品研发。

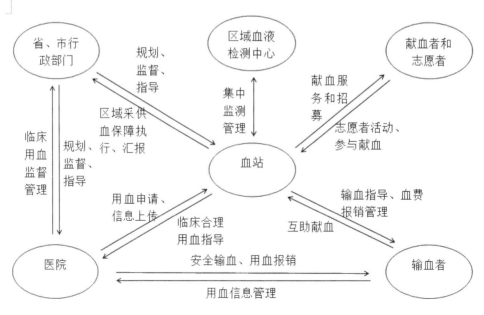

图6.1　启奥科技B+2C商业模式

精准化定位

凭借多年的服务经验和领导地位，启奥科技已从满足客户需求阶段发展到引导客户需求、提供附加服务的阶段。简单来说，启奥科技主要实现了三个方面的创新：卖给谁，卖什么，怎么卖。

首先是卖给谁。

启奥科技过去的市场主要定位于血站信息化，从成熟市场辐射到未成熟市场，引导各省市的血站购买公司产品。而全国的血站只有400多家，为了打破容量限制，启奥科技扩大了服务对象，市场定位在卫生行业信息化，用户不光是血站、医院，还包括无偿献血事业的参与者，如献血者、用血者及与献血相关的部门单位等，现公司已掌握着全国上亿献血者的信息。启奥科技由单向模式转向发散模式，借助成熟市场为各级卫生行政主管部门、采供血机构、医疗单位、社区卫生服务中心、社区卫生服务站、乡镇卫生院（站）等主要服务对象开发信息化管理系统，提供信息化服务。

具体来讲，启奥科技将全国的献血者作为公司与血站的第一类服务对象，在"无偿献血、有偿使用"体制下，社会整体素质空前提高，献血源不断增多，为了提升献血行为的价值感和献血者的使命感，提高用血者献血积极性，启奥科技建立了血液跟踪系统；重点关注细分献血人群和重复献血者比例，长期招募服务于"心"，短期招募服务于"情"，给首次献血者以"勇气"，给重复献血者以"关注"，给所有献血者以"关爱"，建立了献血者招募系统。将患者作为第二类服务对象，启奥科技认为身为潜在献血者的用血者也是最好的潜在宣传者和爱心传递者，信息公告平台实现从献血者到用血者闭环走向，在献血者和患者之间搭建桥梁，解决社会上的用血偏见。

同时，启奥科技对全国血站进行细分，在血站部分有三大客户群体：普通血液血站、脐带血相关血站及血浆相关血站。其中，启奥科技的服务对象覆盖了超过90%的普通血液血站。

其次是卖什么。

例如在医院方面，为了解决患者用血报销麻烦的难题，启奥科技开发了医院直接报销系统，节省了用血者与医院、血站之间在报销上的费用和时间；通过信息化的手段，启奥科技将献血者、血站和医院的关系打通，在献血招募方面启奥科技设计了两套方案：在血袋上插入ISIM卡以及在献血屋和血站中建立信息公告平台，这两套方案用来实现血液的来源和用处公开透明，打通了献血者和用血者之间的桥梁；促使患者及其家属成为潜在献血者，建立了用血者关爱平台。由于用户的个性化需求不断增加，他们希望能够得到更好的服务，启奥科技在卖产品基础上增加了卖服务。例如，培训用户使用和安装产品系统、定期为用户的系统进行维护升级、检查和备份，以及在用户使用过程中及时处理问题等。

最后是怎么卖。

启奥科技以服务和关爱为核心，采用O2O的经营模式，以产品与服务为依托共同打造血液管理平台。启奥科技还模仿了战场上"军区改革"的作战方式，将全国市场分为东、中、西三个销售战区，采用一对一直销方式，特殊情况下大区经理会负责两三个省的全面工作管理和重点客户维护。公司并不只在总部设立营销、研发、技术服务等部门，还在三个销售片区分别设立了关键部门，按区域分配一定数量的研发人员和技术服务人员，每个部门负责该区域的相关业务实施，实现对问题的快速反应。

启奥科技细化销售流程，将其分为售前、售中及售后服务。对于售前服务来说，在以前，销售人员需要给客户演示招投标的环境条件、招投标的技术方案编写等内容，这些内容需要经过"现场销售人员—销售经理—大区经理—研发部主管—产品经理"的流程来实施；而现在已经彻底改头换面了，成立事业部之后，启奥科技逐渐形成了产品经理"售前支持"的完整流程，现场销售人员或者销售经理直接与产品经理联系，在销售与研发二者之间如何配合，由谁发起，到什么时间结束等内容上形成了完整的"闭环管理"。

售中服务，即产品安装实施环节，其主要由技术服务部负责。安装之后可能会发现很多的问题，包括现场反馈的客户需求，甚至是产品本身的问题等。针对由于技术服务人员出差时间久导致收集到的许多问题无法及时与研发部门进行交互这一问题，启奥科技在沟通桥梁的搭建方面建立了一个完整的"需求沟通流程"，目的是始终保证客户需求只对应一个入口、一个出口，绝不会出现客户提出需求，公司内部各部门之间互相推诿，导致客户不知道到底谁可以为自己解决问题的情况。

对于售后服务来说，启奥科技设立了完善的"技术支持流程"，针对客户反馈的问题，公司内部有普通技术支持、应急技术支持、专家技术支持来解决业务问题和日常的客户咨询问题。

管家式服务

启奥科技根据用户问题的类型在技术服务部门内设立小组，包括需求审核组、数据移植组、9.0产品组、5.0产品组、合理化用血组、远程服务中心、现场服务中心（分别负责"中、东、西"三个片区）等，用户无法配合远程服务的，就需要现场来解决配合。按照以前，不同的片区现场员工原本是亲自上门提供服务，判断问题，解决问题，远程服务部门则负责服务一个或者多个省份的用户。然而远程部门某员工一直反映困扰他的难题："我们在日常工作中有时会收到很多客户上报的问题，有时一天都忙不完。比如在有时差的地方，新疆、四川等地上班晚、东北地区下班较早，我们很难把握用户提问题的时间规律性，因此我们处理的速度比较慢，这不仅影响了我们员工自身的绩效，还让用户产生很大的不满。"

于保田了解到服务部门遇到的瓶颈，为了解决部门难题，他决定从用户角度入手，以及时响应用户反馈、提升客户满意度为出发点，秉着"服务可视化"原则，于2013年将服务部门细分为前台和后台两个板块。具体表现为：先由前台确定工作量及工作难度，解决时间被判定为6小时以上的，立刻向用户反馈大概需要多久解决，并且前台主要处理较为简单的问题，对于相对复杂的问题则转交给后台与问题相关的专业技术人员处理，后台将解决办法再经原路径反馈给用户。在整个问题处理期间，员工每两小时追踪一次，分析业务难点，与用户共享工作进程。对普通用户反馈的问题按照能否解决、何时解决、何时能交付使用这三个问题，先后与研发部门和营销部门交流协调，再配合远程服务部门做进一步服务。如若遇到紧急的用户，公司则先提供远程服务缩短用户等待时间，再请示上级寻求解决办法。

整个过程下来，后台会将反馈的问题进行归纳总结，很大程度上听取用户的意见和要求，为未来产品的更新提供现实依据。启奥科技为公司内部专门研发了呼叫中心智能导航系统，将问题用户根据他们所处的地理位置迅速分配到"东、中、西"相应的片区，直接转交给该片区的负责人员解决。启奥科技有自己专门的营销QQ，用户还可以通过QQ与公司交流，后台会自动分配在线员工解决问题，避免用户重复添加QQ、员工QQ不在线等麻烦，为用户提供不间断的服务，以减少后面用户的等待时间。同时，启奥科技还开发使用个性化的办公平台系统，功能主要有记录客户出现的问题、操作员工的信息、上级审核情况等信息，以保证员工工作效率，提高客户满意程度。

于保田基于用户量大、同行业竞争者不断增多的现象，明确地将远程服务定为被动服务。倘若一再使用被动服务将有可能导致用户流失，因此，他在之前的服务体系中又提出了改善办法，针对服务器检验、下载错误等敏感性问题向用户提供定期有计划性的主动服务，即上门服务。员工会站在客户的角度考虑问题，通过QQ、电话、回访等方式基于系统安装、培训、调试、维护等方面对所有用户定期跟踪，倾听用户的心声，判断被动服务质量。启奥科技还总结客户的历史问题以各种形式告知用户，避免他们发生类似问题。这一系列的服务体系，于保田称之为"管家式服务"。

精细型研发

于保田在公司的一次年会上这样概括道："人们往往都是从研发部门来了解整个企业发展的全貌，研发部门是企业的救心丸，是企业的拓荒者，它能够给企业再创生机。企业竞争的关键因素之一便是产品差异化，只有通过研发才能达成此目的，因此，启奥科技将自身的经营核心要更加寄托在研发业务上面。启奥科技的短期目标是获利，长期目标是成长，不论是获利还是成长，公司都会将产品研发的创新和改进作为目标实现的先决条件。"

对于研发工作来说，启奥科技在开展研发工作前会逐案、逐年制定研究发展计划，内容包括规划、执行和控制三个方面，以保证研发计划能够生产推广。在规划阶段，启奥科技首先就技术、生产和经济做可行性分析，在技术方面了解关键技术来源并自主研发，在生产方面了解市场有无设备、材料和公司内部管理等生产上的瓶颈，在经济方面了解公司的资金能力。一旦可行则开始拟定计划书，内容涉及分析工作单元、制定工作顺序及时程、指派主持人和研发人员，然后编制预算和预计研究成果，最后进行计划审议、核定及通知。当计划开始执行时，启奥科技会成立专案性质的组织，专职人员、兼职人员和例如大学、研究机构和技术顾问等外围技术人员做支援。为了保守公司机密，启奥科技委派公司内部专职人员参与研发。启奥科技在研发控制阶段依次进行进度与预算控制、期中报告检讨、提交成果报告和绩效评估。在产品开发完成并向市场推广稳定后，工作便会转交由销售部和技术服务部负责进行定期的维护。研发部门在实施工作过程中还会与血液信息化事业部中的商务中心紧密合作，商务中心负责招、投标，即在网上查询招标信息、制作标书和报名，拟订合同和汇总工作以及硬件采购、返修、发放等工作，研发部门与商务中心相互配合共同提高工作进度。

市场上存在两种质量管理体系：ISO 9000的管理体系和CMM国外软件体系认证，启奥科技要求研发部门要结合实际情况，充分发挥这两个体系的价值，将其应用到实际工作当中。同时还要求研发工作不能脱离目标，更不能脱离市场，要多了解市场需求状况进行中长期预测，在不断变化的市场环境下，公司要保持弹性，根据产品计划调整组织来迎接市场的挑战。

尾声

2015年，启奥科技完成了一个发展阶段，但是于保田认为这只是个开始，于是他提出"二次创业"的理念，对公司商业模式的进一步转型提出构想，即公司将要拓宽血液产品的实体市场，如加强与政府的合作。同时他还要求从经理到员工每个人都要有一种"归零"的心态，将企业视同一家刚刚成立的小公司，每个人都要朝着远大目标不懈努力。那么，启奥科技"二次创业"能否成功实现？公司员工能否

以一个"归零"的心态从头开始？B+2C商业模式能否被市场所接受从而持续稳定发展？这无疑成为于保田以及所有启奥人共同面临的挑战。

查看更多有关启奥科技的图表资料，请扫描左侧二维码。

阅毕请思考：

·结合本案例，简述启奥科技商业模式转型与演进过程。

·结合本案例，分析启奥科技的B+2C商业模式有哪些特征？

·结合商业模式的九大构成要素，深度思考启奥科技商业模式创新点体现在哪？

·结合本案例，探讨启奥科技的商业模式创新给其他企业的创新发展带来哪些启示？

第 **7** 堂课

从追赶到"超越追赶"后，

海康威视创新之路该怎么走？

海康威视成立于2001年，它立足于自主创新，抓住产业升级转型的机会，不断突破自我，从生产技术含量较低的压缩板卡，到有一定技术含量的监控设备，再到成为全球领先的中高端视频监控综合内容服务商。海康威视为什么能在短短十几年时间实现从追赶到"超越追赶"？实现"超越追赶"后，海康威视下一步又该如何创新发展？[①]

关键词：技术追赶　超越追赶　自主创新　海康威视

---

① 本案例由浙江大学管理学院的郑刚、陈箫撰写，版权归作者所有。未经允许，本案例的所有部分都不能以任何方式与手段擅自复制或传播。作者感谢中电海康集团董事长陈宗年博士、章威博士等对本案例开发的支持与贡献。本案例授权中国管理案例共享中心使用，中国管理案例共享中心享有复制权、修改权、发表权、发行权、信息网络传播权、改编权、汇编权和翻译权。由于企业保密的要求，在本案例中对有关名称、数据等做了必要的掩饰性处理。仅供讨论，并无意暗示或说明某种管理行为是否有效。

当我们见惯了国外高科技公司主导产业升级换代时，在视频监控领域，情况却有些不同。2015年，杭州海康威视数字技术股份有限公司（以下简称"海康威视"）位列安全自动化全球安防50强，居全球第二、亚洲第一。2014年，海康威视连续4年蝉联全球视频监控行业第一位。其中，DVR数字视频录像机（Digital Video Recorder）、NVR网络硬盘录像机（Network Video Recorder）、监控摄像机等多个核心产品位居全球第一位。在外贸整体不景气的情况下，海康威视却亮出了优异的外贸成绩单：2015年出口额10.4亿美元，同比增长64%，稳坐全球视频监控设备市场份额头把交椅。

十多年来，这家中国企业的营收从最初的3 000万元蹿升到2015年的253亿元，秘诀何在？其实，在多个细分领域已经成为"隐形冠军"之后，海康威视也面临着"幸福的烦恼"：过去一直在追赶行业巨头，但一不小心自己成为行业巨头和被别人追赶的对象后，一时还不太适应角色的转化。下一步的创新之路又该如何走？具有儒雅学者气质的陈宗年董事长紧锁着眉头，站在海康威视大楼顶层办公室向窗外眺望……

背景介绍

海康威视目前是领先的视频产品和内容服务提供商，面向全球提供领先的视频产品、专业的行业解决方案与内容服务。同时也是全球视频监控数字化、网络化、高清智能化的见证者、践行者和重要推动者。"萤石"是海康威视旗下的安全生活业务品牌，为家庭和小微企业用户提供以可视化安全为基础的关爱、沟通、分享服务。萤石业务涵盖萤石云视频APP、萤石云视频服务平台、系列互联网产品（摄像机、硬盘录像机、视频盒子、报警盒子、云存储）等。

杭州海康威视数字技术有限公司于2001年11月成立。2008年5月，海康威视有限公司经商务部批准，整体变更为杭州海康威视数字技术股份有限公司。其控股股东是中国电子科技集团公司第五十二研究所（简称"五十二所"）。五十二所是一家集电子信息产品研究、开发、生产和服务于一体的研究所。20世纪90年代末，我国的监控领域正孕育着从模拟技术向数字技术发展的范式革命。海康威视的高层敏锐地察觉到了这一变化趋势，他们通过对我国监控行业特点和自身能力的分析，决定进入数字监控领域。同时，把自身的产品定位在数字监控系统的关键产品——音视频压缩板卡上，该产品的关键技术是视频压缩算法的实现技术。

2001—2004年间，海康威视业务重点是生产安防所用的视频压缩板卡，采用了德州仪器（Texas Instruments，TI）的DM642、DS-4000板卡系列，解决了海康威视基本的生存问题。2005—2007年，除了继续巩固视频压缩板卡市场的领先地位之外，海康威视开始进行嵌入式DVR研发，采用ARM DM6442的DS-8000系列经典产品帮助海康威视成为国内最大的DVR厂商，将海康威视的知名度和影响力推向了新的高度，目前公司依然是全球最大的嵌入式DVR供应商。2008—2010年，公司向前端延伸扩展产品线，从单一的产品供应向系统级延伸，海康威视成为安防产品综合供应商。2011—2013年，海康威视主攻行业高清解决方案。2014年至今，海康威视专注于视频内容提供，并在多种智能技术、大数据技术上取得了突破和进展。

截至2015年年底，公司及全资子公司在任人数为15 222人，其中研发人员7 181人，占总人数的47.18%，是全球安防产业中最大的研发团队之一。目前海康威视已在中国（含香港地区）36个城市设立分公司及售后服务站；在境外的荷兰、南非、印度、迪拜、美国、加拿大、巴西、俄罗斯、新加坡、意大利、澳大利亚、法国、西班牙、波兰、英国、韩国等国家和地区设立了20个子公司。海康威视的产品和解决方案应用在100多个国家和地区，在北京奥运会、上海世博会、新中国成立60周年国庆大阅兵、美国费城平安社区、韩国首尔平安城市、巴西世界杯场馆等重大安保项目中发挥了极其重要的作用。

2010年5月，海康威视在深圳证券交易所中小企业板上市，股票代码为002415，长期位居中小板市值前3位，是中国安防行业上市市值最大的公司。基于创新的管理模式、良好的经营业绩，公司先后荣获"中国中小板上市公司价值十强""央视财经50指数""金牛上市公司百强"等重要荣誉。

海康威视的技术追赶

视频压缩板卡（2001—2004）

海康威视成立之初，视频监控行业正处于由模拟到数字的范式转变之中。基于MPEG-1压缩标准的压缩板卡已商品化两年左右，来自新加坡的德加拉在2000年推出了压缩板卡，成为国内首家推出压缩板卡的公司。

海康威视的总工程师胡扬忠等人通过对压缩算法发展趋势的分析，认为压缩算法应该遵循MPEG-1—MPEG-4—H.264标准的发展轨迹。公司高层就此确定了技术跨越道路的战略。为了快速实现技术追赶，公司从国外购买了MPEG-1硬压缩方案，并充分利用公司多年来积累的嵌入式板卡的开发经验，于2001年3月成功开发了基于MPEG-1的压缩板卡。海康威视的压缩板卡优质价廉，在市场上大获成功。2002年5月，海康威视公司率先成功研制基于MPEG-4的压缩板卡，其性能高于MPEG-1，市场反响很好。2002年年底，海康威视实现了全年销售收入3 500万元，压缩板卡的市场占有率已然超过德加拉并且位居全国第一。

2003年5月，海康威视的技术团队在全球率先把数字视频压缩算法从MPEG-4升级到了H.264，开发了基于H.264的压缩板卡和嵌入式压缩设备，并于2003年下半年开始批量销售，至此，海康威视真正实现了路径创造性的技术跨越。到2003年年底，公司实现销售收入1.6亿元，利税4 500万元，国内市场占有率超过50%。海康威视作为后发者，已在技术、市场销售等方面取得了领先地位。此后，海康威视的战略逐渐向前端延伸，但它并没有放弃后端市场，而是进一步巩固，并且在2008年推出了新一代板卡DS-4100及智能板卡。

嵌入式DVR（2005—2007）

DVR在视频监控从模拟向数字化发展的进程中扮演了极其重要的角色。DVR采用的是数字记录技术，在图像处理、图像储存、检索、备份及网络传递、远程控制等方面也远远优于模拟监控设备，代表了电视监控系统的发展方向。

海康威视准确把握了VCR盒式磁带录像机（Video Cassette Recorder）向DVR的转变时机，较早地进入DVR领域，解决了最核心的硬盘录像的问题，从技术上攻克了硬盘检索丢失的问题。2002年，海康威视就推出了第一款嵌入式DVR，2007年海康威视推出了DS-8016HF-S，这是全球第一台16路D1实时DVR。2009年，海康威视发布了视频综合平台DS-8100HS-S系列DVR。2011年6月，海康威视推出全新一代网络DVR产品DS-9116HF-ST/DS-8116HF-ST。海康威视HC系列DVR产品奠定了其在硬盘摄影机中的地位，目前海康威视已经成为全球最大的硬盘录像机厂，至今无论是在技术上还是市场上都保持着绝对领先的地位。

随着视频监控行业网络化的趋势，NVR也在逐渐普及。它与DVR的不同在于，其前端可以接入网络摄像机（IP Camera）、视频服务器等更加丰富的设备。海康威视在NVR领域表现也很抢眼，2012年之后，配合高清录像机的发布，海康威视发布了多款NVR产品。新款DVR\NVR产品采用了TI的NETRA平台，这是海康威视极其重视的一个产品平台。它既是DVR的产品平台，也是NVR的产品平台。这个产品平台能保证海康威视未来几年在DVR/NVR中高端市场上的竞争力，也是海康威视解码器、大屏控制器、视频综合平台的基础产品平台。

数字监控综合产品服务商（2008—2010）

随着安防技术的整合与发展，监控产品的前端产品和后端产品的界限变得越来越模糊，客户希望一家供应商就可以满足多样化的需求。这样的需求趋势推动着海康威视朝着综合型CCTV（闭路电视监控系统）产品供应商发展。海康威视在这一阶段全面进军前端产品领域，致力于成为数字监控的综合产品提供商。前端监控摄像机正在经历从标清到高清、从模拟到数字的转换，海康威视敏锐地察觉到行业转型期是弯道超越的最好机会。

海康威视在2008年推出了多款前端高清摄像机和网络快球，包括：最高支持200万像素CCD（Charge-coupled Device，电荷耦合元件）的876/976系列，最高支持500

万像素COMS（Complementary Metal-Oxide Semiconductor，互补金属氧化物导体）的886/986系列的网络摄像机，以及高清智能球机系列等。其中，876/976系列在200万像素模式下可以实现全天候实时视频监控；886/986系列最高分辨率达到500万像素，最高帧率可达8帧/秒，特别适用于那些需要超高清晰度的监控场景，例如远程样品展示、食品生产线等。此外，公司推出的系统智能高清摄像机特别适合道路卡口、电子警察等的应用。CCD技术主要掌握在日本企业手中，主要供应厂商有索尼、夏普、松下等公司。国内如CCD、CMOS影像传感器的技术发展主要取决于国内芯片的制造技术。目前海康威视不拥有自主芯片技术，并且暂时没有研发芯片的打算。如果海康威视未来要对芯片进行研发，那么如安讯士这样拥有自主芯片的公司就是海康威视技术追赶的对象。

至此，海康威视完成从单一产品制造商到综合产品制造商的转变。从监控各产品线增长情况来看，摄像机等前端产品增速明显高于硬盘录像机、网络存储等后端产品。后端市场经过行业洗牌，已经形成高度集中的竞争格局，而前端市场格局相当分散，海康威视公司的市场占有率仍然有很大的上升空间。

安防产品及行业解决方案提供商（2011—2013）

2008年以来，随着编码功能的前移，云计算、网络存储的发展使后端硬件的功能逐渐削弱。Turnkey Solution的模式使设备厂商的技术门槛降低，设备商面临行业地位被削弱的风险。海康威视深刻认识到竞争环境所发生的巨大变化，所以提出了由产品供应商向产品和行业解决方案提供商转变的战略。国际上，霍尼韦尔安防集团拥有先进的技术并可以提供系统集成方案。

时至2010年，视频监控行业在经历了模拟、数字、网络的发展阶段之后，海康威视敏锐地察觉到"高清和智能"悄然成了行业的新诉求。因此，海康威视适时地推出了高清监控整体解决方案，包含了200万实时CCD高清网络摄像机、高清解码器、高清智能交通产品、单兵执法系统、车界取证系统、ISP（图像信号处理）技术，以及金融、公安、司法、交通、电力等行业解决方案、智慧城市整体解决方案、智慧楼宇行业解决方案等。

海康威视在高清技术上的突破源于对ISP技术的掌握。在国内，监控领域摄像机的芯片主要是用夏普、索尼等芯片组来做，监控企业主要完成的是参数的配置和信号的处理，并没有深入到摄像机的ISP技术。这个技术可以对CCD输出的信号进行后期处理。海康威视从2004年开始组织人员对ISP技术进行研发，这使得海康威视在高清摄像机方面获得了技术优势，可以更好地匹配后端压缩及功能的开发，增强了自主性和灵活性。2009年，海康威视的摄像机收入达到2.87亿元，2010年增长了两倍多，整个前端产品的收入超过11亿元，遥遥领先国内同业厂商。

可以看得出，海康威视每一个成功的背后都离不开其对于行业前景的把握。正是由于海康威视早年对于ISP技术的投入，才有可能造就其在高清解决方案上的成功。

视频产品及内容服务商（2014年至今）

2014年，海康威视推出了全球首款"高性能、大容量、大集成、高可靠"的视频综合交换控制设备——视频综合平台，成为视频指挥中心、视频运营中心的核心设备。利用它可以进行模拟和数字信号的切换，视频图像行为的分析，视频信号编解码，视频压缩数据集中管理存储和网络实施预览等，此外，视频综合平台同时还兼备各种网络功能和日志功能。

视频图像行为分析过程中必不可少的就是智能视频分析技术。海康威视已推出了多种具有自主知识产权的智能算法和产品，应用在多种智能监控解决方案上，功能涵盖了行为分析、ATM防护、车牌识别、人流量检测、跟踪分析、单球跟踪等，并针对司法行业、金融行业、商场、博物馆、石油化工行业等推出了适合用户个性化需求的解决方案。其中，一些相关产品已经系列化，包括了行为分析智能网络硬盘录像机、行为分析智能视频服务器、行为分析智能编解码卡，以及网络自动跟踪高速智能球形摄像机等众多优秀的智能产品。

海康威视的超越追赶

海康威视的自主创新模式

海康威视董事长陈宗年曾说："海康威视是华为最忠实的学生。"优秀的榜样是海康威视不断进步的动力。这在海康威视坚持"以市场为导向，研发为中心"的理念上有所体现。华为强调以客户为中心，海康威视则注重市场方向，始终致力于为客户提供优质的产品和服务。2008年前后，监控产品的前后端界限逐渐模糊，客户希望在一个供应商处买到多种产品，面对这种需求，海康威视努力让自己成为视频监控领域的综合供应商。随着安防产业细分化、行业化，海康威视又关注细分市场发展，结合客户的不同需求，提供了创新性的定制化服务。此外，海康威视还建立了端对端的电子化流程，努力为客户提供更好的服务。

华为对研发的重视众所周知，高投入的研发策略帮助华为构建了强大的全球创新能力。仅2015年，华为从事研究与开发的人员约79 000名，占公司总人数的45%；研发费用支出为人民币596亿元，占总收入的15.1%。近十年累计投入的研发费用超过人民币2 400亿元。海康威视亦是如此，自成立以来就不断增强研发投入，坚持自主创新。如：从2011年到2015年，海康威视研发投入约占营业收入的比率分别为6.5%、8.4%、8.5%、7.5%、6.8%，平均比率约在7%左右，持续的研发投入使得海康威视具备了强大的持续研发实力（表7.1）。截止到2015年年底，海康威视拥有专利（含专利申请）已达1 222项，软件著作权409项。

表7.1　2011—2015年海康威视研发投入

年份	研发投入（万元）	研发强度（%）
2011	340.75	7.01%
2012	606.47	8.41%
2013	921.88	8.58%
2014	1 722.64	7.55%
2015	1 300.70	6.82%

资料来源：杭州海康威视数字技术股份有限公司2009—2015年度报告。

海康威视是博士后科研工作站单位，在全球设有五大研发机构，拥有九大核心技术及大数据、云计算、云存储、双目识别等前瞻技术，提供视频采集、传输、存储控制、报警、中心管理软件等千余系列近万款产品，并针对金融、公安、电讯、交通、司法、文教卫、能源、楼宇等众多行业提供专业的细分产品与IVM智能可视化管理解决方案。

面对视频监控技术数字化、网络化、智能化的趋势，海康威视凭借自己的研发积累，以自主研发为主，推出了多样化的智能产品，涉及的技术有人脸识别、车牌识别等。海康威视目前已掌握了业内领先的自主核心技术，其技术进步对业界有着很大的贡献。海康威视是业界首家将H.264引入安防行业的企业，也是业界首家大规模实现云计算技术的企业。海康威视拥有的九大核心技术，如流媒体网络传输和控制技术、大数据分析技术、视频图像处理技术、嵌入式系统开发技术、云计算技术、视音频编解码技术、视频分析与模式识别技术、视音频数据存储技术及专用集成电路的应用技术等，持续引领着产业的发展。海康威视对这九大核心技术全部拥有自主知识产权，且可提供软硬件定制服务。随着视频技术在各个行业的全面和深入应用，智能分析、云计算、云存储和大数据等核心关键技术开始发挥出极其重要的作用。海康威视在持续保持技术研发高投入的同时，更把核心关键技术的发展提高到战略高度，针对不同的技术方向组建专门部门，建立了规模化的专业研发队伍，持续进行前瞻性技术研究开发，形成了雄厚的技术积累和可持续研发能力。

海康威视自主创新模式中不可或缺的一环是强大的人才培养体系。海康威视拥有全面的人才评鉴中心，会专门针对核心人才、业务骨干进行评价，根据每个人才不同的情况开展一系列培训和提升，为核心人才量身定制成长计划，如"鹰系列——飞鹰计划、鹞鹰计划""孔雀翎——翎眼、翎心、翎羽"等。公司通过这一体系培养了大批核心人才。此外，公司还会根据综合平衡长期战略目标、年度发展计划、岗位职责和绩效改进的需要，以及员工自身能力差距和职业发展的需求，使员工的学习和发展既能促进海康威视整体目标的实现，又能满足员工个人能力和职业发展的需求，实现公司和个人的双赢。这种多层次、全方位的人才培养体系，使得海康威视能够人尽其才，发挥每个人的最大作用。

　　海康威视坚持自主创新之路，历经前几个阶段的创新之后，其理念和多项关键技术已经与国际行业巨头不相上下，甚至部分领域已经走在了行业前沿，前面已经没有了可以继续追赶的标杆。在这种情况下，近几年来，海康威视正在进行战略调整，以适应从追赶到"超越追赶"（beyond catch-up）的转变。

"超越追赶"后的创新战略探索

　　基于多年的探索和积累，海康威视形成了具有自己特点的自主创新模式，技术合作与自主研发紧密结合。针对视频监控的不同细分领域，我们看到了海康威视的技术追赶，甚至超越追赶。过去，海康威视是以一个后发者的身份去追赶先发者。未来，海康威视更多地会以一个引领者的身份去探索行业发展的新动向。目前，海康威视对于视频监控行业的趋势把握是"高清化、智能化、家居化、行业化"，基于此，海康威视已进行了多方拓展和探索，目前主要分为三大战略方向：智能领航、数聚未来和助力"中国制造2025"。

智能领航

　　在职能监控方面，海康威视推出了全系列Smart IPC，这是基于Smart理念的IPC，体现的是专业、智能、便捷、开放的监控水平。此外，海康威视的高清摄像机、透雾摄像机、行业级无人机等使得监控更加全面、立体。海康威视还在业界首推"智慧前端、智慧存储、智慧应用"的"全程Smart监控解决方案"，率先在平安城市建设中得到应用，开启智慧监控时代。

　　在智能家居领域，海康威视开辟了新的产品线——萤石系列民用安防产品。这是一个安全生活业务品牌，为家庭和小微企业用户提供可视化安全为基础的关爱、沟通与分享服务。萤石业务涵盖萤石云视频APP、萤石云视频服务平台、系列互联网产品（摄像机、硬盘录像机、视频盒子、报警盒子、云存储）等。萤石视频分享等业务还可以与海康威视的智慧社区整体解决方案结合，为老百姓提供现代化、智能化、舒适化的智能家居生活。

　　在智能仓储领域，海康威视2016年推出了机器人智能仓储系统——"阡陌"，适用于有多品种、小订单分拣需求的仓储作业环境。海康威视正是依靠自己多年在人工智能、图像传感等方面的技术积累，研发出了智能仓储系统。这个系统可以降低人工劳动强度，提高生产效率和质量，并依靠大数据来优化仓储布局，大大提升仓储作业水平。

数聚未来

海康威视提出了SDT（security data technology）——安防大数据的概念。SDT专注于安防领域，核心是视频监控，关注的目标包括视频中的人、车属性和行为以及各类传感信息，采用视频结构化、云计算等先进技术，提取出人、车、物的信息，并以这些数据为基础展开深度应用。

海康威视将大数据方面的应用分为了三个层次，分别是"感、知、用"。在"感"的层面上，海康威视利用鹰眼家族全景摄像机、云台家族等高尖端的产品全面采集数据。在"知"的层面上，海康威视提供了四种云存储解决方案和猎鹰等大数据服务器，把数据结构化。在"用"的层面上，海康威视开展了大联网建设和云中心建设，提供新的联网解决方案和视频云应用。海康威视首推业内"高性能、高密度、高可靠"的视频云结构化服务器，能够实现视频内容解析服务应用，开启了规模结构化的新篇章。这同时也解开了传统视频存储的枷锁，引领存储模式的新变化。

助力"中国制造2025"

2016年5月，海康威视发布工业面阵相机。该款工业面阵相机的发布，标志着海康威视进入机器视觉领域，致力于推进信息化与工业化深度融合，推动中国制造向"中国智造"转型升级，为实现"中国制造2025"宏伟目标贡献力量。该产品结合海康威视自主机器视觉算法平台，能够实现机器人定位引导、产品缺陷检测、分类筛选、尺寸测量、条码识别等功能，可广泛应用于工厂自动化、3C制造、电子产品加工、物流运输等场合，极大地降低企业人工成本，提高生产效率。

"超越追赶"后的创新之路何去何从？

海康威视为什么能在短短十几年时间实现从追赶到"超越追赶"？实现"超越追赶"后，在当前变革时代，海康威视下一步又该如何创新发展？海康威视目前所计划开拓的这些方向和所采取的这些举措究竟是否是正确的？

这些问题似乎很难一下子有确定答案。创新永无止境，海康威视的自主创新之路还会坚定地继续走下去。

查看更多海康威视的图表资料，请扫描右侧二维码。

阅毕请思考：

· 海康威视为什么能在短短十几年时间实现从追赶到"超越追赶"？背后的原因有哪些？

· 实现"超越追赶"后，海康威视下一步又该如何创新发展？你认为海康威视近几年所探索的这些创新战略方向和所采取的这些举措究竟是否正确？为什么？

网络视频资源：创新进行时——海康威视

参考文献：

[1] Dosi. G..Technological Paradigms And Technological Trajectories : A Suggested Interpretation of the Determinants and Directions, *Research Policy*,1982.Volume 11, Issue 3: 147–162.

[2] Eisenhardt, K. M. and J. A. Martin. Dynamic capabilities: what are they?*Strategic*

Management Journal 2000,21(10–11): 1105–1121.

[3]Teece, D. J., et al.. Dynamic capabilities and strategic management. *Strategic Management Journal* 1997,18(7): 509–533.

[4] 吴晓波："二次创新的周期与企业组织学习模式"，《管理世界》，1995年第3期。

[5] 吴晓波："二次创新的进化过程"，《科研管理》，1995年第2期。

[6] 吴晓波，章威，陈宗年："高科技企业技术跨越战略研究"，《研究与发展管理》,2006年第2期。

[7] 于海波，方俐洛，凌文辁："组织学习及其作用机制的实证研究"，《管理科学学报》，2007年第10期。

[8] 刘刚，刘静："动态能力对企业绩效影响的实证研究——基于环境动态性的视角"，《经济理论与经济管理》，2013年第3期。

[9] 海康威视官方网站，http://www.HIKVISION.com/cn/index.html。

[10] "海康威视：监控行业探索者的成长历程"，中国安防展览网，http://www.afzhan.com/news/detail/19902.html。

[11] "海康威视：站在产业跨越升级的每一个历史潮头"，千家网，http://www.qianjia.com/html/2015–12/11_256494.html。

第三篇

创新战略：
变革时代如何寻找
新蓝海

.

第 **8** 堂课

基于跨国并购的创新之路：

吉利汽车的"走出去"和"引进来"

　　中国汽车企业在发展中往往经历了先模仿创新、后自主创新的过程，吉利也不例外。在合资企业主导的中国汽车市场,市场份额的瓶颈制约了中国自主品牌汽车企业的突破式发展,同时也加速了中国自主品牌汽车企业进军海外的步伐。吉利在发展过程中创造了属于自己的"吉利模式"，尤以资本并购为手段，完成了"引进来"和"走出去"的两个阶段。说是两个阶段，但是在"吉利模式"下，更像是一个阶段，或者说更像是"引进来"的阶段。在一系列并购后，吉利又及时地调整品牌战略，多品牌发展重归一个吉利。[1]

关键词：自主创新　并购　吉利模式　品牌战略

2015年，吉利博瑞在北京钓鱼台国宾馆举行了首批50台外交礼宾车的交车仪式，一贯低调的吉利控股集团总裁安聪慧，这次也无法掩饰自己的兴奋。因为国宾馆卖掉了200台原来用的豪华车，购买了吉利博瑞。吉利，这个在以前连小市民都看不上的品牌，怎么就变成了代表国家门面的礼宾车了呢？据说，吉利博瑞被称为"最美中国车"和"最安全中国车"，这些美称是不是和吉利并购沃尔沃汽车有关呢？到底这些年的并购为吉利带来了什么呢？

吉利控股集团

中国汽车市场行情近几年一直成上升态势，销售额逐年增加。然而,在中国汽车市场扩张的过程中，合资汽车企业起到了非常重要的作用，中国汽车市场的版图更多的是被合资汽车企业占据着。尽管市场规模不断增长,但近两年中国完全自主品牌的市场占有率持续小幅下降，不仅没能抓住中国汽车市场快速发展的机遇，反而原有的市场还在被合资企业慢慢地蚕食。中国自主品牌汽车在国内市场占有率仅在30%左右，在拥有本土汽车工业的主要国家中，中国的本土整车制造商市场份额最低。据2011年6月2日《第一财经日报》的报道，日本本土整车厂在当地的市场份额最高，达到96%；其次是韩国，达到95%；而中国则排在德国、法国、美国、俄罗斯、意大利、印度之后。市场份额的瓶颈，使得中国自主品牌汽车企业无法充分实现汽车产业的规模经济。①

吉利概况

浙江吉利控股集团始建于1986年，李书福以冰箱配件为起点，开始了吉利的创

---

① 刘霞："中国汽车与品牌本土市场占有率仅29%"，新浪财经，http://finance.sina.com.cn/roll/20110602/01029933784.shtml，2011年6月2日。

业历程。1989年，吉利转产高档装潢材料，研制出第一张中国造镁铝曲板。1994年，进入摩托车行业，当年生产出中国第一辆豪华型踏板式摩托车。1996年5月，吉利集团有限公司成立，自此走上了规模化发展的道路。1997年，吉利进入汽车行业，成为中国第一家民营轿车企业。

吉利多年来专注实业，专注技术创新和人才培养，取得了快速发展。2013年的资产总值就已超过1 000亿元，连续10年进入中国企业500强，连续8年进入中国汽车行业10强，是国家"创新型企业"和"国家汽车整车出口基地企业"。吉利控股集团总部设在杭州，在台州、宁波和兰州、湘潭、济南、成都等地建有汽车整车和动力总成制造基地，在澳大利亚拥有DSI自动变速器研发中心和生产厂。现有10多款整车产品及1.0L～2.4L全系列发动机及相匹配的手动/自动变速器。浙江吉利控股集团现有员工18 000余人，其中工程技术人员2 300余人。拥有院士3名、外国专家数百名，在册博士30余名、硕士500余名、高级工程师及研究员级高级工程师数百名；有5人入选国家"千人计划"，成为拥有"千人计划"高端人才最多的民营企业。此外，吉利还投资8亿多元创建了全国最大的民办大学——北京吉利大学。

吉利的使命是"造老百姓买得起的好车,让吉利汽车走向全世界"。吉利进入汽车行业后率先去完成第一个使命——造老百姓买得起的好车，开始生产低端轿车。在相当长的时间内，中国最便宜的汽车都是吉利制造的。用低价车进入市场，这也使得吉利汽车落下了廉价低端的印象。吉利要完成自己走向全世界的使命，当然不会只生产低端车。在后来的发展中，吉利控股集团通过并购等手段使自己完成了转型，成为高、中、低端全面发展的汽车企业。在国内，吉利控股集团并购上海华普汽车便是吉利品牌升级的第一步，举世瞩目的跨国并购沃尔沃汽车公司则是吉利汽车跨入高端豪华轿车的关键一步。

李书福其人

一个优秀的企业往往有一个优秀的领导人，李书福正是吉利汽车的优秀"驾驶员"。李书福，1963年出生在一个农村家庭，在家排行老三，由于时代环境的影响，刚刚高中毕业的李书福没有继续求学，19岁就下海经商。1982年，他拿着父亲给的120块钱就做起了照相生意，掘到了第一桶金。但是，在后来的发展中，遭遇了几次失败，尤其是1992年前后海南房地产热潮正猛，李书福带着数千万元赶赴海南，结果全部亏掉。失败后，李书福感到自己知识不足，分别到深圳、上海、哈尔滨等地的大学进修学习。对于投资海南房地产的失败，李书福总结得到的一个教训就是：自己只能做实业。这也奠定了吉利专注实业的基础。

李书福是一个典型的浙商，敢冒险，而且目标远大。李书福被人叫作"汽车疯子""汽车大炮"。他创造了很多中国自主汽车行业的第一次，而且敢于靠自己的力量去抗衡国外品牌。他认定的事情往往没有做不到的。2006年年初，李书福在网上贴出了自己的一首诗《奋战十年变大雕》：

寒冬去，春天到，埋头苦干静悄悄。

不要吵，不要闹，自主品牌撑大腰。

欧美风，韩日潮，崇洋媚外何时了？

中国车，飞多高，奋战十年变大雕！

以诗言志，李书福憋着一股子劲，要向"欧美风，韩日潮"叫板，向"崇洋媚外"的消费心态叫板！

有人把李书福称为"中国九大财经愤中"之一："也许他们中的一些人并不是'商战'中的精英，但是他们却足可称财经界的英雄！中国缺乏的可能正是这样的人物"。这是对李书福的一个褒奖。李书福也确实做出过很多大胆的行为：他开创性地将"足球宝贝"带到中国足球场，从此风靡全国。他将中国足协告上法庭，结束了中国足协不当被告的历史。他曾试水中国足球却又愤然退出。现在中国各大富豪，如王健林、马云、宗庆后、许家印等，都在投资中国足球，"恒大模式"更是被人叫好，其实李书福早就是过来人了，吉利十几年前就曾经借助足球效应身价倍增。1999年，吉利集团的销售额不到30亿元；随后介入足球，直到离开足球两年后的2004年，吉利集团销售业绩已经接近100个亿。在广州足球身上投入的2 000万元，不仅为吉利赢得了声誉、提升了知名度，更为李书福创造了非凡价值。

吉利的跨国并购之路

中国民族企业进行海外投资，两个最关键的驱动因素是海外出现的并购机会和国内政府的支持。但是，出现并购机会时，大部分本土企业并没有考虑自身的战略目标和后期的消化措施，总体而言事先缺乏明确的战略规划。中国本土企业的跨国并购多数属于被动的行为，而不是出于企业战略发展的考量，很多企业跨国并购的目的不明确，最终变成了为"并购而并购"的结果。很多企业在并购前没有进行认真翔实和全方位的调查与分析，在选择并购目标上存在较大的偏差。从目前的案例来看，中国本土企业多喜欢并购发达国家的知名品牌企业，但兼并后才慢慢发现，这些企业实际上已步入衰退期，并购后难以扭转其衰退的命运，更成为拖累母公司的累赘。吉利控股的三次并购对象虽然也体现了这一点，但是，吉利公司并没有像大多数中国企业一样，而是结合企业战略目标，对后期发展进行了细致的布局，进而才进行了并购。尽管并购的三个企业在并购后有好有坏，但吉利还是都达到了并购的初衷。

跨国并购的试水——并购英国锰铜公司

英国锰铜公司成立于1899年，是英国传统且最著名的出租车生产商。黑色出租车堪称英国制造业遗产的一部分，锰铜公司于1948年生产的黑色出租车被公认为是伦敦街头一道标志性的风景线。由于经营不善，锰铜公司陆续卖了很多业务，最终只剩出租车制造和零售这一业务。但由于规模太小、产品单一，在汽车业这个竞争激烈、规模为王的领域，锰铜公司的实际业绩却表现不佳，2006年上半年在英国仅仅销售了1 106辆"黑色出租车"，生产线每日产量不到60辆。由于英国本土出租车市场容量有限，债务问题也愈演愈烈，于是锰铜公司为了摆脱困境，开始寻找和国外制造商的合作，以便在世界范围内扩大自己汽车产品的市场。

针对消费者喜爱"国际名牌"、讲究"豪华品位"的现象，李书福气愤地对媒体说："我全身都没有什么贵的，我的品位是实实在在，也许我年龄大了、过时了，看不懂现在的人。我天天坐个吉利汽车，虽然没有什么豪华的享受，但是我觉得很踏实，我跟这个世界联系得很紧密，跟这个现实联系得很紧密。"

但是，这种倔强没能坚持多久。由于人民生活水平的提高，从2006年下半年开始，小排量、经济型汽车的销量明显下降，很多吉利的老用户在更换新车时，毫不犹豫地选择了国外品牌。吉利辛辛苦苦打造的"让老百姓买得起"的低价车，并没有得到应有的回报。李书福坐不住了，痛定思痛之后，在2007年5月宣布战略转型。他说："要摆脱造廉价车的影子，从此以后我们就不是低成本造车了。"

要转型，谈何容易，最便捷的方式就是入股已有的国外品牌，为自己注入高贵的血统。吉利公司在2006年开始接触英国锰铜公司。当时初涉海外收购市场的吉利汽车，还是很谨慎小心，并没有全资并购，只是购得英国锰铜控股19.97%的股权。为降低英国锰铜的生产成本，吉利将其部分生产任务移至中国。为此，2006年，吉利汽车、上海华普与英国锰铜控股公司成立合资公司英伦帝华，共同生产TX4车型。TX4系列车型在英国拥有60多年的历史，是与劳斯莱斯、宾利齐名的英国品牌，是英国王室的指定用车、2002年英联邦运动会的礼宾车、2012年伦敦奥运会的指定用车。除整车制造TX4车型外，英伦出租车大部分零部件也在中国生产，然后运至英国锰铜的英国工厂进行组装。但在全球金融危机和欧债危机下，TX4车型产销量无比惨淡。2012年11月产量仅为1辆，前11个月累计产量为514辆。[①]最终，英国锰铜进入破产程序，上海英伦帝华也持续亏损。

尽管英伦帝华、英国锰铜持续亏损，但吉利仍表示看好其未来。2013年，吉利按"零现金/零债务"模式以1 104万英镑的价格收购了英国锰铜控股的业务与核心资产。收购通过浙江吉利控股集团的子公司吉利英国集团有限公司完成，收购资产包括厂房、设备、不动产、全部无形资产（包括知识产权、商标、商誉等），以及锰铜与吉利在中国设立的合资工厂中48%的股份和所有库存车辆。吉利董事长李书福称，这一模式下，吉利不提取英国锰铜账上任何现金，也不承担其任何债务。吉利制定了锰铜公司未来的发展计划，凭借其在汽车行业的经验，最大限度地为伦敦出

① "吉利全资收英国锰铜，李书福重塑品牌未来"，新华网，http://news.xinhuanet.com/auto/2013-02/07/c_124333708.htm，2013年2月7日。

租车带来协同发展效应，并提供商业机会。与此同时，吉利还研究伦敦出租车未来的市场发展需求，在目前TX4车型的基础上开发新的车型，提升伦敦出租车的能源效率和环保性能，并探讨进入私人租赁市场的潜在可能性。

2015年3月，浙江吉利控股集团宣布将投资2.5亿英镑(约合人民币23亿元)，为伦敦出租车公司建设一座高技术、现代化的全新工厂。新工厂的年设计产能将达到3.6万辆，将有望于2017年投产，主要用来生产下一代纯电动及超低排放的伦敦出租车。在完成收购仅2年后，吉利便宣布了对伦敦出租车公司的大规模投资计划。有英国媒体分析，如果新工厂建成，将不会生产原有的TX4车型而是升级后的TX5车型，以满足伦敦市政府对出租车的新排放标准的要求。在此之前，伦敦市长鲍里斯·约翰逊宣布了一项计划，要求自2018年1月1日起，伦敦市内所有新增出租车必须具备零排放能力，积极鼓励生产纯电动车、插电式混合动力车等，希望这些车辆可以在市中心等一些空气质量较差的地方，自动启动零排放模式。新政的实施，将会是吉利伦敦出租车的一大机遇。

跨国并购的过渡——并购澳大利亚DSI公司

DSI自动变速器公司是澳大利亚一家集研发、制造、销售为一体的自动变速器专业公司，是全球仅有的两家独立于汽车整车企业之外的自动变速器公司之一。DSI公司有一批世界级的优秀工程师，其产品覆盖了4速和6速前后驱动及全驱动大扭矩自动变速器。DSI还在研究开发世界领先的8速前后驱动自动变速器、双离合器自动变速器（DCT）和无级自动变速器（CVT）。DSI为福特、克莱斯勒及韩国双龙等世界著名汽车公司生产配套。在2008年，受全球金融危机的影响，福特等客户在市场上受到严重冲击，导致对DSI产品的需求急剧下降，公司订单减少，DSI公司的正常运营受到严重影响，公司效益下降明显。因此，DSI公司在2009年2月中旬不得不进入破产程序，公司存续面临重新选择。在这一情况下，吉利公司考虑到自己有小排量小扭矩变速器，但缺少大排量大扭矩的变速器，认为如果能把DSI纳入麾下，则无疑将补上吉利在高端变速器领域的短板。

在接受《南方周末》记者采访时，李书福伤心地说："我们的产品没有尊严，售价总是比人家便宜，但也总是被人家低看一眼，这个局面我接受不了。"据说，有一回李书福与同事喝酒后号啕大哭，说："我一不偷、二不抢，每天从早晨6点半工作到晚上11点，辛辛苦苦办企业，为什么别人总嘲笑我？"他决定"用世界上最先进的设备、工艺，开发高技术、高品质的汽车产品"。

事实上，吉利在技术上真下了功夫，而且也取得了不俗的成绩。比如它自主研发的CVVT发动机，这是一种非常领先的发动机技术。但当吉利在中央电视台打出"世界先进、中国领先"的广告时，却引起了轩然大波，质疑和批判之声不绝于耳。很多人质疑，发动机是汽车最核心的技术，国有汽车企业都没有自主研发出世界先进的发动机，一个只生产低档廉价车的吉利，真的能够自主研发出"世界先进、中国领先"的发动机吗？2008年年初，吉利在底特律车展上发布了自主研发的爆胎监测与安全控制系统(BMBS)，并将这一技术运用在远景等几款新车上。但是，就在性能、质量、服务都提高的情况下，售价却只能标到同类产品的50%。消费者对吉利推出的新车仍然不太买账，吉利还是被国人瞧不起。

当时恰逢DSI公司即将倒闭，吉利公司认为并购世界第二，能够极大地扭转自己的形象。吉利副总裁赵福全等抵达澳大利亚的那一天，正是DSI宣布破产的日子，经过对工厂的考察和对当地政府及托管公司的拜访，初步信息反馈到吉利杭州总部："DSI的产品和吉利目前自主研发的产品有很大的互补性。"确定并购之后，吉利只用40天便闪电并购了DSI公司，此举被称为国际金融危机后国内企业的"海外抄底第一单"。吉利一直在瞄准国际上的先进技术，在DSI因为金融危机而即将倒下时，吉利抓住了机会，果断进行了收购，并在不到半年时间内实现扭亏为盈。

吉利收购DSI以后将DSI自动变速器研究开发团队、技术数据库、生产工艺和关键零部件供应商全部纳入吉利。当前，吉利在山东济宁和湖南湘潭的DSI自动变速器生产已经起步，正在进一步推进过程中。吉利DSI6AT已经投产，吉利帝豪系列车型都用DSI6AT，吉利DSI6AT市场保有量有两三万台，现在月产量在3 000台左右。吉利原有4AT也还在生产。7AT、8AT是吉利的战略发展产品，随着中国市场发展，吉利将研究开发7AT、8AT，吉利7挡DCT将在2016年上市。对待CVT，吉利将利用公共平台进行社会化配套，不打算独自开发生产。

吉利汽车成功收购DSI自动变速器公司后，给DSI提供了一套适合全球发展的新战略。首先，恢复对福特的供货。然后，迅速在国内实现了量产，陆续建成了多个生产基地，大规模生产DSI自动变速器，把DSI的产品和技术引入中国汽车行业，向中国汽车企业提供世界先进的自动变速器产品。除了已在自己的产品上搭载，长城等中国汽车品牌也陆续搭载了吉利的DSI技术。同时，吉利为DSI在中国寻求低成本采购零部件的途径，为DSI的新产品研发提供资金支持，确保DSI公司在国际市场上的领先地位。在自动变速器这一核心技术领域，吉利不再受制于人，他们还造福其他中国汽车品牌。因为作为过渡阶段的对象，在充分吸收了DSI技术及拥有了沃尔沃技术后，吉利并不打算再全资拥有DSI，正在考虑出售DSI的部分股权，这也是为了利用公共平台进行社会化配套生产CVT。

跨国并购的冲刺——并购沃尔沃轿车公司

沃尔沃轿车公司是沃尔沃集团旗下的子公司，沃尔沃轿车生产豪华车型，具备全球最安全品牌的称号。1999年，沃尔沃集团将旗下的沃尔沃轿车业务出售给美国福特汽车公司。近几年，福特在沃尔沃品牌上的投入并不少，但沃尔沃的销量并未因此增加，反而在逐年减少，并且一直处于亏损状态，这对福特来说无疑是一个沉重的包袱。另外，从福特自身而言，由于品牌过多、战线过长，各品牌之间的个性化因素已不再明显，福特在与日系、欧系厂商的竞争中渐处下风，并且从2005年开始陷入连年巨亏，而2008年的金融危机更是雪上加霜。出于改善自身债务和打造"一个福特"的战略，福特出售沃尔沃相当于抛掉了一个包袱。不过，沃尔沃对于中国市场很有吸引力，多年来其品牌影响在国外汽车品牌中居前五名。

中国穷小子迎娶瑞典公主

2009年，吉利董事长李书福第一次与沃尔沃的工会见面，被问到第一个问题是："你能不能讲三个字来形容为什么我们要把沃尔沃卖给你们？"面对这高高在上、冷冰冰的质问，李书福轻轻地说了句"I Love you"。李书福的回答一下子化解了对方的质疑，拉近了双方的距离。

　　收购沃尔沃是吉利并购之路上最令人关注的事件，也是中国企业跨国并购中浓墨重彩的一笔。2010年3月28日，在瑞典哥德堡，吉利和福特就收购沃尔沃品牌一事达成一致，吉利最终以18亿美元的代价购得沃尔沃汽车公司100%的股权及相关资产。在获得美国、中国、瑞典和欧盟等相关监管机构的批准后，吉利于2010年第三季度完成交易。自2008年12月福特发表考虑出售旗下沃尔沃品牌的声明、传出吉利竞购沃尔沃的消息以来，为期一年多的这个热门事件终于尘埃落定。一个是刚刚经历金融危机冲击、志在打造"一个福特"的北美汽车巨头，一个是年销量刚刚突破30万辆关口、同比增长高达59%的中国民营汽车企业，这一桩看似"蛇吞象"的买卖，实则对双方都有重大意义。更何况，在全球经济复苏的背景下，汽车市场格局正在经历新一轮的洗牌，中国汽车企业此时收购国外豪车品牌，就像迎娶公主，也许真能使自己一跃成为豪门了。

　　先盈利再国产

　　在收购沃尔沃品牌时，李书福说"吉利是吉利，沃尔沃是沃尔沃"，这主要讲的是商业方面的品牌关系。为了促进双方的有效沟通，李书福创新设立了一个全新的职位——企业联络官。这个职位选取富有亲和力、工作经验和经历适合且丰富的人员担任，没有多大的权限，也并不属于企业的管理层，主要作用是传播吉利的"基因"，即主要职责就是沟通。品牌是沃尔沃最核心的资产，也是吉利与沃尔沃差距较大的地方。在低端品牌与高端品牌的对接中，吉利采取了双方独立运作的方式，最大限度降低互相的干扰。在巩固和稳定沃尔沃现有欧美成熟市场的同时，积极开拓以中国为代表的新兴市场，在收购后一年便让沃尔沃转亏为盈。另外，据英国《金融时报》2015年2月27日报道，沃尔沃2014年创纪录地销售了46.6万辆汽车，同比增长近10%；另外，中国首次成为其最大的单一市场（紧随其后的是瑞典和美国）。

　　实现盈利后，再考虑的就是实现国产化了。实现国产化，目的有两个：一个是达到国家公车采购标准，再有一个就是充分利用沃尔沃的汽车技术。根据资源基础观，技术是企业的重要资源。吉利提出了"造最安全、最环保、最节能的好车"的总体战略，技术战略必须同企业战略保持一致，并购沃尔沃的最主要的目的在于提高吉利的技术能力和品牌形象。通过对沃尔沃的整体并购，可突破以往合资企业的技术壁垒，接触沃尔沃轿车公司现有车型的所有技术，以及正在研发的技术。吉利和沃尔沃联合开发的新一代中级车模块架构CMA上的产品，将搭载双方共同开发的先进动力总成系统，包括先进的变速箱系统、CMA平台，在未来很长一段时间内，都将会是吉利和沃尔沃共用，在此平台上，下一代的V40、V60，甚至S80和S90，都已经在规划之中。吉利博瑞便是在吸收沃尔沃的专利技术后制造出的一款安全性能极佳的汽车。吉利汽车集团总裁安聪慧称，"博瑞的研发历时5年，既是吉利研发能力提升的一个体现，同时也标志着吉利与沃尔沃间的技术共享也达到了一个全新的高度。"博瑞是一款完完全全自主研发的车型，但也采用了包括城市预碰撞系统等由沃尔沃研发的七位一体主动智能安全系统，并在设计、安全和车内空气质量管理方面借鉴了沃尔沃的理念，可以说是吉利整合全球资源打造出的一款标杆之作。吉利在收购沃尔沃一年后，中国首个有关汽车车内空气质量的指导性标准开始实施。李书福的两会提案指出，目前由于缺乏控制车内空气污染的国家标准，国内主要汽车厂商对车内配件、车内装饰材料，以及生产中所使用的胶水、油漆等污染源的控制不够，导致车内空气污染严重，所以必须制定相关标准并逐步强制推广。吉利有底气提出这一提案，而众多汽车大佬却成为阻挠者，正是因为吉利收购了沃尔沃。除了安全，沃尔沃另一张王牌就是环保。沃尔沃曾经提出了"零排放""零伤亡"的努力目标，并且已经研发出不少直接应用的成果。此外，吉利还在持续深化与沃尔沃之间在安全、车内空气质量、先进动力总成和小型高效发动机领域的技术合作，推动吉利汽车驶上快速、可持续发展道路，使吉利的产品品质和品牌形象实现跨越式发展。

沃尔沃带给吉利的不仅仅有技术和品牌，同时还有沃尔沃在国际市场的销售渠道，吉利利用沃尔沃汽车的销售渠道可以更快地实现"走出去"。

吉利并购的独到之处

吉利的跨国并购在中国汽车行业中并不是独创，上汽入主韩国双龙，上汽、南汽竞购英国罗孚，北汽收购瑞典萨博，都先于吉利的跨国并购，但是这几起并购无一例外都带来了巨额的亏损。这些企业都具有国有成分，而大部分中国民营汽车企业对外直接投资是与当地汽车公司合作，或在东道国独资新建，直接控制旗下车型在当地的组装和销售。对外直接投资的东道国也大多是乌拉圭、巴西、伊朗和马来西亚这些南美、中东和东南亚等汽车业发展相对落后的发展中国家。吉利作为民营企业，他的对外投资策略并没有采取新建投资，而是选择并购这一屡屡让国有企业亏损的方式。吉利对外直接投资的东道国均是欧洲、澳大利亚这些汽车业发展相对先进的发达地区。相比发达国家汽车业不具有竞争优势的吉利,正是通过并购来获取技术和知识性优势。

吉利相比国有汽车企业，为什么会取得跨国并购的成功呢？因为吉利的跨国并购不仅是一个"走出去"的故事，还是一个"引进来"的故事。通过跨国并购，吉利引进了技术、商誉、销售渠道。吉利的并购模式可被称为"反向并购"——并购的目的不在于扩张，而在于固本；不在于获得市场，而在于获得影响；不在于获得人才，而在于获得技术。吉利的这种"反向并购"，完全绕过了跨国并购中通常难以回避并导致大部分并购失败的陷阱——一味地争取市场，一味地选择扩张。通过并购的"引进来"，吉利汽车研究院在中国汽车业首次创造性地提出并推行产品平台战略和通用化建设，完成了5大技术平台、15个产品平台和40多款车型的整车产品规划和相应的动力总成规划。

吉利的"一个品牌"战略

多还是专

2009年，吉利推出多品牌战略，推出了帝豪、全球鹰、英伦三个品牌及诸多车型，打算利用子品牌扭转消费者对吉利的低品牌定位。但是几年过去了，当初的战略推广并没带来"多生孩子好打架"的局面，反而陷入"多生孩子打乱仗"的僵局。众多的新品牌真正有不错反响的仅有帝豪EC7和全球鹰GX7。尽管吉利的整体销量处于上升态势，但实际上多品牌、多平台的战略让研发资源有些吃紧。多品牌的推行并没有明显提升吉利产品线差异化定位，反倒加剧了产品和品牌之间的内耗，更有用一个品牌的盈利弥补另一个品牌亏损的情况。在不断恶化的生存环境面前，自主品牌已经开始意识到此前的不足，并准备加以改变。奇瑞便在2012年宣布要进行品牌整合，那么吉利的多品牌战略该怎么走？中高端战略该怎么做？在当时，吉利给出的答复是不效仿奇瑞，要继续实施多品牌战略。

但是，多品牌势必会分散企业的实力。对吉利这样一个年轻的民营企业来讲，多品牌意味着没有一个品牌的投入可以与合资企业的洋品牌匹敌，而回归于一个品牌后形成合力再参与市场竞争显然胜算更大。尤其在进一步消化吸收沃尔沃的品牌、技术后，吉利也意识到了品牌整合的重要性，进而由多品牌战略回归一个品牌战略。

回归一个品牌

由多品牌回归一个品牌，背后是品牌架构的变化。品牌和渠道由多到少的转变并非是一夜之间的产物。早在2012年6月，吉利汽车就已经对营销体系做出改革，将帝豪、全球鹰、英伦三大品牌营销事业部调整为北区、中区、南区三大区域营销事业部，各区域营销事业部在管辖区域内统管三个子品牌的宣传推广和销售。当时，在吉利还声称不会调整品牌战略的情况下，这被认为是吉利渠道网络下沉、组织下沉、人员下沉的举措，实际上这也无形为现在的品牌整合埋下了伏笔。2013年开始，吉利开始在营销活动中强调吉利母品牌，弱化子品牌的宣传。在吉利旗下的三个子品牌中，帝豪在市场上的表现是最优异的，吉利的品牌回归并不是完全推倒重来，因为那样无异于自断其臂，损失了帝豪优异的品牌效应。所以，吉利基于帝豪这一子品牌对三个品牌进行整合，并在此基础上加入属于吉利的新元素。

吉利曾经做过很多努力，但实现品牌的提升和突破一直是个难题。不过，一直专注于实业的吉利，正在稳扎稳打地向品牌提升的目标迈进，收购沃尔沃、英国锰铜等在国际市场上的大手笔，加上帝豪在国内市场上的优异表现，正慢慢颠覆吉利长期以来给人的低端品牌印象。回归一个品牌，并凭借帝豪的好形象，加速扭转消费者对于吉利的印象。

在推行一个品牌战略后，吉利推出的第一款重磅车型——吉利博瑞，已经纳入公车采购行列，并且成为国家外事礼宾车，更有某地方政府一次性采购500辆吉利博瑞。1 000辆礼宾限量版博瑞轿车在网上仅仅用了77分钟就被抢购一空，而且据大数据分析其大部分购买者为高端人群。2014年，国务院刚刚明文规定，公车采购向国产车倾斜，2015年才上市的吉利博瑞就火了一把。可以说，吉利的一个品牌战略正是赶上了一个好时机。

未来之路

2013年，李书福说要5年赶超日韩，人们认为这又应了李书福"汽车疯子"的绰号。可是谁又敢保证这真的就不会实现呢？就像当初收购沃尔沃一样，也许这并不是天方夜谭。

发展新能源汽车是整个行业的趋势，吉利也不例外。吉利未来的平台将会形成两套体系。一套体系是整合原有平台形成的平台体系，另外一套则是在沃尔沃技术支持下形成的新的平台体系。因为沃尔沃在环保方面的领先技术，新平台体系将会成为吉利发展新能源技术的主要平台。如果在新能源技术上有所领先，吉利将会一改中国汽车在国际上的弱势地位。吉利本就有新能源技术的基础，再融合沃尔沃的技术，至少现在来说，吉利的新能源技术就有很大的赶韩超日之势，或许将来的某一天，我们还会听到吉利并购新能源汽车巨头特斯拉的消息。

阅毕请思考：

· 吉利汽车的跨国并购经历了几个阶段？

· 跨国并购对吉利汽车技术创新有哪些帮助？

· 如何看待吉利汽车的多品牌战略回归一个品牌战略？

· 战略转型下的吉利汽车如何实施创新战略？

· 吉利汽车案例对于有意走向世界的中国品牌有哪些启示？

网络视频资源：吉利——整合国际资源 提升创新能力

第 **9** 堂课

顺丰嘿客：

为什么没有"嘿"起来？

　　顺丰嘿客是顺丰速运从传统物流向商业服务战略转型时的O2O线下便利店项目，目的在于整合顺丰内部的资源，通过嘿客线下店铺增加对顺丰优选产品及顺丰各项服务的推广，以提升用户体验和用户黏性。2014年5月18日，全国518家门店同时开业，在数月内快速扩张到近3 000家店，但在随后一两年内嘿客的市场接受程度与最初预期相去甚远。其后虽然经历了"顺丰家"和"顺丰优选"两次转型，但绝大多数店仍一直处于亏损状态。嘿客项目至少交了十多亿的学费，教训惨痛。被寄予厚望的顺丰嘿客为什么没有"嘿"起来？从精益创业角度，顺丰这次失败的探索值得处于变革时代中的转型企业和初创企业深刻反思。①

关键词：顺丰嘿客　　O2O电商　　精益创业

战略转型　　商业模式

① 本案例由浙江大学管理学院的郑刚、胡珊撰写，版权归作者所有。未经允许，本案例的所有部分都不能以任何方式与手段擅自复制或传播。本案例授权中国管理案例共享中心使用，中国管理案例共享中心享有复制权、修改权、发表权、发行权、信息网络传播权、改编权、汇编权和翻译权。由于企业保密的要求，在本案例中对有关名称、数据等做了必要的掩饰性处理。仅供讨论，并无意暗示或说明某种管理行为是否有效。

　　B2C是市场未来的发展方向，而顺丰原有的业务优势在于B2B，B2C对顺丰来说是一个新的业务领域。B2C在服务对象、服务标准、服务时长等方面与B2B迥异，布局"嘿客"正是为了探索一种能够更好地服务C类客户的模式。

——王卫　顺丰速运创始人

　　顺丰速运的创始人王卫，在面对快递行业日益激烈的竞争格局时，选择的是布局顺丰嘿客项目，将战略方向从传统物流转向市场终端，试水商业零售O2O（从线上到线下）。作为国内第一个将民营快递业带上天空的公司，顺丰速运一直以高效著称，在行业内也长期保持着持续的领先优势。不过，顺丰嘿客这个尝试多元化拓展、进行战略转型的O2O项目，虽然被公司内部寄予厚望，但实际发展却并没有达到预期。一直顺风顺水的王卫，在试图进行跨界经营、打通用户体验的"最后一公里"处，遭遇了滑铁卢。2015年，在经历一年失败之后，顺丰嘿客改成了"顺丰家"，后又改为"顺丰优选"，但依然没有扭转局面，连续下来产生的巨额亏损高达数十亿。顺丰嘿客为什么没有"嘿"起来？有哪些值得反思借鉴之处？

启动背景

　　顺丰速运一直是国内快递行业的巨头，无论是专业服务水平还是用户口碑，在行业内都遥遥领先，为国内外客户提供了快速、准确、安全、经济、优质的快递服务。顺丰速运网络全部采用自建、自营的方式，经过多年的发展，顺丰拥有36架自有全货机，搭建了以深圳、杭州为双枢纽，辐射全国的航线网络，拥有1.5万多台自有营运车辆，以及遍布中国内地的1.3万多个营业网点。然而看着各大商业巨头的跑步圈地，国内O2O市场的火热，创始人王卫骨子里的危机感被激发了，随即拉开了顺

159

丰战略转型的大幕。2014年，王卫确立了"大力进军B2C市场、巩固和深挖传统快递和积极开拓客制化物流市场"的三大战略方向，他期望顺丰能通过快递业务带来的服务优势、物流渠道带来的商业优势及供应链网络带来的平台优势，实现新业务的扩展和自身的转型升级。王卫称，顺丰过去10年盈利是以物流为主体，未来10年盈利将依靠商业。

顺丰嘿客项目即是在这样的背景下应运而生的，顺丰旨在通过该项目打通用户体验的"最后一公里"，试图通过构建嘿客店铺网络，来形成"仓网—空网—地网—店网"的生态闭环（图9.1）。具体而言，项目的预期是借助于已有的仓储、空运、陆运体系，将全国仓储配送服务网络对接到各地最小的嘿客店铺单元，更高效地提供速运服务，并解决客户的各项生活需求，从而更好地实现全国配送、定制化服务、电商优惠，并控制更大的服务网络，实现更低的成本，获得更多的竞争优势。通过嘿客打通"最后一公里"，使得边际效应最大化，让用户有更好的服务体验。这也能帮助顺丰通过变革，实现价值链延伸，将电商价值从采购、物流、仓储的交易链条，延伸至营销、销售、支付和售后的环节中去，最终实现顺丰速运到顺丰服务的转型和变革。

图9.1　顺丰的扩张逻辑

资料来源："顺丰嘿客介绍"，百度文库，https://wenku.baidu.com/view/581b7b69a8114
431b90dd88e.html。

在这样的转型战略背景下，顺丰嘿客项目于2014年正式宣布启动，5月18日正式在全国铺开名为"嘿客"的便利店，首批共518家，并计划2014年全年要铺开3 000多家店铺，大举杀入国内火热的O2O市场。按照顺丰的计划，这样的嘿客便利店要在全国开到3万家。顺丰试图通过嘿客这个O2O的社区综合服务平台，将线下的社区用户体验带来的流量拉动到线上，将已有的顺丰优选业务和顺丰速运业务与嘿客项目有机结合，实现与线上顺丰优选的O2O联动，抢占社区市场，推动预售模式，打造"零库存"与快速响应的供应链。

定位与商业模式设计

项目概述

嘿客作为顺丰旗下O2O社区综合服务平台，主打社区服务、货品展示和到店网购，店面一般为10～30平方米。试图通过整合渠道资源，为顾客提供更灵活、更便捷、更智能化的线下社区服务体验。嘿客深入社区，单店平均服务半径70米、平均覆盖用户3 200户。嘿客店预期的选址标准希望借助于顺丰速运积累的海量数据，按照区域类型、场地位置、客户群体特征和业务情况实现精准开店。首先，通过顺丰大数据分析，勾勒门店在各大经济板块的配置规模；然后，通过电商交易活跃度分析，圈定目标城市；最后，通过城市社区住户数据研究，锁定店址目标区域。

顺丰嘿客门店的外观与普通便利店类似，但内部却截然不同。在嘿客店里看不到传统的货架，取而代之的是贴在墙上、玻璃上的商品照片，还分为服务区、填单区、试衣试鞋区等。没有仓储压力、省掉了收银员、理货员，还节约了展示空间，嘿客门店的运营成本远远低于普通便利店。用户可以用手机或平板扫描二维码来支付购买选中的商品，店内还提供触控屏供用户操作选购，下单完成后可以回家坐等顺丰送货上门，也可以选择到店自提。

如果只是为了收发快递，解决最后一公里的配送问题，嘿客的价值并不大，很多快递公司与现有的便利店合作已经实现代收代发功能。而顺丰开设嘿客，实际是要利用自己的渠道和大数据挖掘能力进行平台化发展，进而改变现有的零售业态。

作为快递业龙头的顺丰，每天面对庞大的寄送数据，经过分析整理，便可对细分区域的综合消费能力和消费结构了如指掌。这些信息对于电商的精准营销至关重要。而掌握这些信息的顺丰，打算通过搭建嘿客这样的终端平台，吸引电商进驻，把嘿客打造成生活类电商的入口。

具体业务

顺丰嘿客店铺的主要服务内容可概括为四大服务体系（图9.2），分别是：

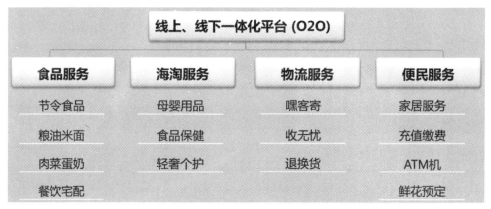

图9.2　嘿客主要服务内容

资料来源："顺丰嘿客介绍"，百度文库，https://wenku.baidu.com/view/581b7b69a8114431b90dd88e.html。

（1）食品服务，包括肉菜蛋奶、节令食品、粮油米面和餐饮宅配等；主要通过门店的海报宣传、PAD等方式展示海量线上商品，客户预付货款即可购买所需商品，并可享用顺丰的高质物流服务。

（2）海淘服务，主要是母婴用品、食品保健、轻奢个护相关产品的体验和购买，主要通过二维码购物、网购商品实物展示等方式实现，客户可以到店体验实物商品，并通过二维码扫描、门店PAD等多种形式下单，可以不上网便享受便捷的网购服务，这部分业务主要面向中老年不经常网购的群体。

（3）物流服务，包括嘿客寄、收无忧和退换货，实现快件自取自寄，嘿客店铺附近的客户可选择到店收寄快件，节省等待收派员上门的时间，保证个人隐私，并可享受一定的优惠。

（4）便民服务，包括家居服务、充值缴费、ATM机、鲜花预订等项目，嘿客门店提供诸如此类的多项便民服务。

顺丰方面称，网上售卖的商品，很多都需要用户进行实际体验，其中最典型的就是家电、3C电子、生鲜、服装衣帽等高体验度品类。针对电商无法通过技术手段解决的触觉、味觉和嗅觉，"嘿客"门店提供预售、试穿等服务。商品在店内不设库存，在消费者选择购买后，通过既有的快速物流进行配送。嘿客便利店，除可以提供快递物流业务、虚拟购物外，还具备ATM、冷链物流、团购预售、试衣间、洗衣、家电维修等多项业务。顺丰嘿客店内的海报、二维码墙放置虚拟商品，可以通过手机扫码、店内下单购买。

具体的业务实现流程是，嘿客店内一般放置三台触控屏，其中一台供店员操作使用，另外两台供用户操作选购，不过内容与在其他平板或者手机上选购无异，相当于为没有电脑、手机、平板的用户准备的设备。另外，店内墙上摆的都是一些宣传单，主要内容还是顺丰优选的生鲜产品，同时也包含一些与麦乐购等在线品牌的合作，并且进行优惠，用户需要扫描二维码来进行购买，这个购买流程需要用户有自己的账号。消费者预约在店内展示的商品后，通过电子触屏板电脑下单后，快递会送货上门。顺丰对合作商家严格过滤，为消费者选择产品质量好的知名品牌，并且为自己销售的产品提供售后保障。例如：某位顾客在嘿客选购了一款手机，在使用过程中，如果发现问题，可以直接到店内享受售后服务。区别于普通电商，嘿客兼备了线上、线下的功能，除了商品销售，嘿客还涵盖了从车(机)票购取、电话充值、水电缴费，到现场网购各类商品、收发信件物品等社区服务。同时，嘿客承担了顺丰老本行的一项重要功能——收寄快件。居民在店内发快件每单优惠2元，门店还可代收快件，当家里没人、快递到家无人签收时，就可放在家门口的嘿客店。

市场定位

顺丰嘿客的市场定义是顺丰实体社区O2O便利店，因此其市场定位就是社区综合服务中心。近年来，大型卖场的数量不断增加，中小型卖场由于商品品类不全、渠道议价能力不强、管理理念落后，加上经营成本居高不下，生存空间越来越小。而便利店主要是为方便周边居民或人群而开设的一种小型超市，是生存于大型综合卖场及购物中心的商圈市场边缘的零售业态。顺丰对嘿客店铺的设想是，依据其积累的海量快递收发信息进行嘿客便利店选址布局，从而占据市场的有利地位。顺丰嘿客便利店是以经营项目齐全及日用快速消费品为主的一种线上线下结合的新型零售服务业态，主要开设于各社区及流动人口多的地方，如学校附近，一般只覆盖周围200米的范围。

近年来，便利店市场竞争明显呈现白热化趋势。由于此前商业地产集中式的投资热，使得部分城市商业地产出现供过于求，国内大卖场发展空间逐渐缩小；同时，电子商务正以无法想象的速度、独特的节奏向各行业渗透，越来越多的资金涌入线下零售市场，各大商业巨头也开始纷纷布局线上线下结合的新零售业态。而随着目前国内城市化日趋深入，便利店前景无疑更加广阔，顺丰嘿客便利店也迎来了发展的历史时机。

商业模式

顺丰嘿客项目借助于布局广泛的末端配送点，可以优化最后一公里的购物和取货体验；嘿客店铺很多功能是基于其快速物流的优势，如顾客不用支付货款即可向商家预约，待商品到店体验后再行购买，无论购买与否配送均由顺丰承担。顺丰还通过已有的冷链物流，在消费者购买水果、粽子等生鲜品类时提供上午下单、下午送达的配送服务，也方便选购生鲜品类的消费者上门自提。同时，还可以有效节约存储成本。

除了传统的"最后一公里服务"外，嘿客零库存的设计也是基于顺丰自身所具备的快速物流。此外，多样化的选择服务也可以给嘿客店铺周边用户带来便利：除快递物流业务、虚拟购物外，嘿客还具备ATM、冷链物流、团购/预售、试衣间、洗衣、家电维修等多项业务，用以完善嘿客的社区网购便民生活平台。除此之外，话费充值、机票预订、水电费缴纳等服务也将是嘿客今后能实现的便民服务内容。顺丰业务负责人表示，店名选用"嘿客"，以高度拟人化的名称体现顺丰对社区服务的整合。另外，还能解决消费者定点送货的需求，顾客可以通过预约选择送达时间或者自提时间，方便用户随时提取。

发展历程

筹备

顺丰嘿客项目的实施与落地并非一日之功，最早在2012年，顺丰就开始了B2C业务的尝试，对商品零售业务开始进行战略布局。2012年5月31日正式上线顺丰优选，实现北京区域全品类配送，积累数据；随后，在低调试水半年后开始向上海、深圳、广州等城市进行扩展，快速布局常温商品的配送，整合仓储基地打造直供平台；在一年的小范围经营后于2013年5月26日布局生鲜业务，并在同年的9月9日开始布局商品配送的全国网络，在年底便实现了常温商品配送覆盖全国。

顺丰优选这个电商平台的建设意图，是在完成顺丰嘿客全面布局后，实现顺丰速运、顺丰优选、顺丰移动端、顺丰金融、社区O2O服务平台和农村物流的全线整合，打造一体化的生活服务平台。其发展规划和实施步骤依次可以概括为以物流为通路，渗透电商；首先试水常温高端食品，再布局低温生鲜；然后通过物流先布局一线城市，再渗透二、三、四线城市，先布局B2C，再布局产地直采的C2B；最后依托平台建设先布局B2C，再启动多平台战略，然后依托顺丰嘿客便利店试水O2O，最后启动开放平台。因此，2014年顺丰嘿客便利店项目的启动，从总体的战略规划上看是顺丰优选O2O战略落地的重要布局，是将线下的社区用户体验带来的流量拉动到线上，将"顺丰优选+嘿客+速运"有机结合。嘿客的启动，与线上顺丰优选一起实现O2O的联动，抢占社区市场，推动预售模式，旨在打造"零库存"与快速响应的供应链。

此外，早在2011年顺丰便开始与现有便利店（7-11、千惠等）合作，积累了一定终端节点的运行经验。但由于依附于他人，自主能力极为有限，除了降低终端配送成本和缓解最后一公里配送难题外，顺丰无法通过该模式创造附加价值，比如温控、产品推广。2012年，顺丰为获得更大的终端节点控制能力，尝试自己运营便利店，这便是顺丰嘿客的前身。但该项目轻视了零售行业的运营难度，且无法满足对人力和管理的要求。小范围试行一阵后，要么关闭，要么变成纯粹的快递收发点，顺丰便利店项目铩羽而归。最后，顺丰索性刨除零售部分，顺丰嘿客便出现了。整个嘿客店零库存，无须考虑上货、补货等一系列需要耗费大量人力物力的部分，只做展示、下单、产品推广，以及之前已有的一些末端物流服务功能，嘿客成了顺丰的一个入口端，为顺丰优选带来一定业务量，摊平成本，为之后"顺丰冷运"的业务运行带来硬件保障。

顺丰对嘿客的规划是"网购服务社区店"，因此嘿客战略真正的落脚点是在"社区"上。通过快速布局，顺丰要抢先深入社区，拉近与消费者的距离。不管是展示、预订还是售后，顺丰希望利用自己的平台来为电商完成线下服务；而当顺丰率先抢占社区资源之后，自然就有了与电商谈判的后盾，也打通了物流向商业扩展的生态闭环。

开业盛况

2014年5月18日，在这个喻义"我要发"的日子里，顺丰快递宣布在全国同时开业518家O2O线下体验店，并号称未来在全国开设3 000家门店。全国518家嘿客店同时开业的盛事占据了当天所有互联网行业的头条，顺丰携着与"黑客"同名的"嘿客"，就这么入侵了电商界。王卫的雄心壮志，似乎又将顺丰带到新的高度。

首批开业的顺丰嘿客总计518家，覆盖青海、西藏以外的全国各省市；这518家嘿客，内部归属顺丰"试运营"系统，并不是最终版，相关负责人表示嘿客门店功能是边开店、边完善。

快速扩张

嘿客向全国全面铺开时，面临着房租、人员、水电等一系列成本上升的问题，且国内尚无哪家便利店可一家独大，面对其他区域连锁商业的竞争，嘿客店铺能否吸引到足够的客流，这一商业模式是否可行，尚未得到理论和实践的明确验证。

面对业界的质疑，创始人王卫表示"B2C是未来方向，顺丰借助嘿客可以探索如何服务C端客户。另外，是选择等待商业模式成熟后再建店，还是先建店再摸索商业模式？顺丰选择后者。"

尽管经营模式未明，但顺丰嘿客并没有在质疑声中停下扩张的脚步，反而迅速攻城略地、广开门店。根据嘿客网站上显示的全国门店的分布情况统计，截至2014年11月末，全国门店数量已经达到2 975家。从省份、直辖市的分布情况来看，嘿客门店网络已触及全国，基本与顺丰速运的配送范围一致。还在探索当中的嘿客，半年多内一口气开了将近3 000家门店，实体店的成本高昂已经令很多零售企业步履维艰，而顺丰这样的开店速度和胆识，不得不让人惊讶，业内直呼"看不懂"和"冒险"。

同时，在布局2 000多家门店之后，嘿客的电商平台(www.sfheike.com)也悄然上线，快递大佬顺丰实现了线下与线上的O2O布局。网站于2014年11月初开始测试并经营，大量商品开始线上销售。嘿客电商显示，网站共分为粮油米面/零食特产、特色生鲜、母婴海淘、3C家电、鞋服配饰5个频道，包括珠宝、服装鞋帽、手机数码、电脑办公、家用电器、家居日用等多个品类，与嘿客线下门店定位社区品类保持一致。不过，网站主打商品仍以生鲜和进口食品为主，售卖商家为顺丰旗下的另一电商平台——顺丰优选。嘿客电商的建立使其与线下门店形成完整的O2O闭环，通过嘿客线上平台下单则会享受和顺丰发货同样的待遇，即随时掌控订单的配送信息。大量的线下嘿客店也可以起到为线上引流的作用，尤其是嘿客店提供收寄快递、缴纳水电费等多种社区便民服务。不过，由于嘿客尚无清晰的盈利模式，各门店也面临着很大的经营压力。

遭遇尴尬

顺丰嘿客从2014年到2015年开业近一年的时间，其很多预期功能设想并没有实现。首先是店铺开店成本奇高、盈利困难，这其实不是顺丰第一次做社区便利店生意，此前2011年就开始的便利店生意已经宣告失败而草草收场。嘿客店是顺丰针对社区便利店的升级版，融入了电商、快递、体验、服务等新概念。具体来说，按照顺丰自己的规划，嘿店提供了涵盖商品订购、产品展示体验、快递自提、ATM机、便民服务等多项业务。

但由于涉及的服务种类太过多样而不专注，嘿客店的开店成本很高。虽然大多数嘿客门店的面积仅有10~40平方米不等，但由于多半都位于大城市较繁华的临街地段，所以店面租金都不低。再加上顺丰要求统一的高规格装修布置及专职员工等，嘿客店开业成本高昂。一个嘿客店开业需要投入的资金大概在20万~30万元。这种投入，显然已经超出了所谓社区便利店的范畴，未来盈利也比较困难。而且，其店铺内展示的商品有局限，难以形成强势的吸引力，以嘿客店现在的经营状况，很难做到收支平衡。另外，顺丰嘿客的品牌建设也不完善，很多用户并不知道"嘿客"这个品牌，市场知名度很低，其营销推广活动没有取得理想的效果，即使是嘿客店周围的社区居民大多数也不知道它具体提供哪些服务。

从2014年开始，顺丰在近3 000家嘿客门店推行O2O，员工1.6万人，并引进大量零售业高管，店内摆放各种商品，采取现场销售取货的模式，即用户在移动端下单后可享受上门配送服务。社区便利店定位使嘿客供应链成本居高不下，限于门店面积，实体展品销售收入过少，即使加上主营快递业务收入，也不足以支撑门店的正常运营。事实上，展品销售与快递业务也有一定冲突，最终嘿客"快递收发站+社区便利店+线下体验店"三位一体的定位呈现四不像，有媒体报道这个项目一年下来共烧掉30多亿。

同时，顺丰嘿客店铺的定位是实体社区O2O便利店，但事实上称不上便利店，店铺内几乎就没有实物商品，一家标准店里，除了两台用来供顾客上网选购下单的平板电脑外，只有墙上的带有二维码的各种商品宣传图，而因为空间限制和自身定位，展示商品的效果也不太好。不仅如此，其展示的商品品种也少得可怜，基本上就是些数码产品、食品、鞋包等，以及少量并不实用的礼品，网上主要还是顺丰优选的商品以及部分合作商家的商品，这些种类的商品，用户完全可以通过网购的形式实现，在嘿客店进行购买并没有多大的优势，反而操作更为烦琐复杂。另外，其便民服务也没有切合社区用户的实际需求，顺丰嘿客店宣称的便民服务包括衣服干洗、飞机票预订、话费充值、缴水电费、金融服务等多项服务，但从嘿客店的实际运营来看，还未能提供这类服务，与最初的市场定位有所偏离。

虽然顺丰嘿客自成立之日起并未对外公布过其亏损的金额，但根据顺丰借壳上市的鼎泰新材上市公司所披露的财报数据显示，顺丰"已剥离业务商业板块"自2013年至2015年亏损分别是1.26亿元、6.14亿元、8.66亿元，3年总计亏损达16.06亿元，亏损的原因主要是因为顺丰商业自2014年开始集中铺设线下门店所致。顺丰员工也从2014年年底的13.81万人降至2015年的12.18万人，下降幅度为11.75%，主要原因也是将"顺丰电商、顺丰商业两家子公司100%股权转让，其员工不再属于顺丰控股自有员工"。披露的这组数据，让顺丰的线下店业务被批评得体无完肤，也被行业判定为亏了十几个亿的失败案例。

有媒体评论指出："两年的时间，十几亿元的投入，近两万人的努力，顺丰嘿客最后竟然赔个精光，什么都没留下。一没留下像样的固定资产，二没锻炼出像样的队伍，三没探索出成熟的商业模式，最后，甚至连个像样的教训都没总结出来，真可谓败得一塌糊涂，输得莫名其妙。"有人问嘿客一个高管：嘿客最失败之处是什么?他直言嘿客没有失败，如果嘿客没有失败为何要修改战略?但嘿客的确处在一个巨大的尴尬中。

转型"顺丰家"

2015年5月18日，在嘿客成立周年之际，顺丰宣布将此顺丰嘿客O2O项目"升级"为"顺丰家"。虽然顺丰否认失败，但外界普遍认为这是嘿客因消费体验差而落幕的象征。顺丰嘿客转型为顺丰家，转型之后的顺丰家有了几个变化。首先是形象升级，走向了更有亲和力的品牌风格。其次是社区服务升级，开始提供雨伞、充电宝之类的租借服务。最后，对于最大一块的商品购买服务，则对产品类别进行了细化升级，相比之前商品目录做了比较详细的分类，分成了当季美食、全球直采、母婴海淘等区域，产品目录也新增了生鲜产品；部分商品开始摆放实物作为展示，但是与嘿客一样不允许当场提货，只能送货上门；到店提货折扣优惠停止。据了解，顺丰家的定位就是作为顺丰优选的线下实体店，嘿客已经转型为顺丰优选的落地服务店。

再次转型"顺丰优选"

到了2016年9月，线下实体店"顺丰家"再一次改名为"顺丰优选"，以后线上线下统一品牌叫顺丰优选，代表的就是顺丰商业。这是顺丰开展线下门店业务以来的第二次改名，所有原来线下的顺丰家、嘿客的店头招牌统一更改为"顺丰优选"，新开的线下门店则直接叫"顺丰优选"。2016年9月初，全新改名后的第一家顺丰优选实体店已经在深圳方鼎华庭开业。转型后的顺丰优选门店多为原来的顺丰嘿客和顺丰家门店改造而来，新门店以生鲜商品为主。而与此前的顺丰嘿客不同，新的顺丰优选店并没有强化"门店下单、线上配送或者线上下单、门店提货"的O2O概念，所有的商品也均为真实陈列的实体商品，而在此前，嘿客则是借助电子屏幕、商品照片等虚拟陈列以增加门店的商品数。

这是一家更加"真实"的实体零售店，与此前的嘿客相比，业务更加聚焦。此外，与过去公司自营不同，新的顺丰优选门店都采用委托管理模式，即创业者承担房租和人工费，顺丰承担门店的装修和商品供应，并对人员进行培训。在顺丰优选的网站首页上，可以清晰看见店铺委托管理创业招募的轮播广告"顺丰优选创业首选，零加盟金、零装修成本、零设备投入"，但加盟的创业者需要交纳30万元的履约保证金，在无违约的情况下，合同期满可全额返还。对于没有实体店经营管理经验的人，顺丰称同样可以申请开店，顺丰公司会进行培训和扶持。

新开的顺丰优选门店有着清晰的定位，即聚焦社区和中高端人群。顺丰优选线下店定位于社区，满足居民消费的一日三餐。顺丰优选的内部人士介绍称，实体店进口商品占70%以上，400~500个SKU（stock keeping unit，库存量单位），主要为食品和生鲜，分为酒水饮料、饼干糕点、休闲零食、冷冻冷藏、进口商品等几个部分；同时，顺丰优选实体店还保留了收发快递的传统业务。消费者则可以在顺丰优选的线上下单，部分生鲜商品也可从与顺丰优选合作的基地直接发货。在利益分成方面，顺丰优选实体店的收入来自两块：一是商品销售的收入，这部分收益由加盟商和顺丰按照约定比例来分成；二是快递寄件、取件的收入，这部分则根据派件数量和单价来进行核算。

目前的顺丰优选实体店和线上商城为平级部门，都隶属于顺丰商业。虽然顺丰涉足商业板块也已多年，但从目前的实际效果来看，尚不能算得上成功。顺丰嘿客转为托管模式可以降低亏损，并将门店持续运营下去。这一模式从每位经营者处收取30万的保证金，可以有效缓解开店的资金压力。但是，从实际的经营情况来看，与同行业的零售企业对比，无论从商品种类结构、陈列方式、价格竞争力，还是品类管理来看，顺丰优选线下门店与国内主流超市仍有不小差距。在当前如此激烈的市场竞争环境下，顺丰优选线下门店想实现零售业务的盈利并非易事。

顺丰嘿客的成与败

目前来看，整个顺丰集团最能赚钱的就是顺丰速运业务，顺丰就是靠时效和服务起家，但速运现在也面临很多新的问题，如成本太高，利润减少；面对EMS和"四通一达"的竞争，顺丰速运这项业务现在面临的压力很大。同时，随着业务量突破百亿大关，我国快递行业已走到新的路口，转型现代物流综合服务商是行业未来的发展趋势。顺丰嘿客作为顺丰速运从传统物流向商业服务战略转型时的重要项目，商业模式和逻辑假设听起来很完美，然而发现实际经营情况和市场接受程度与预期相去甚远。

有业内人士也指出，顺丰嘿客的市场定位——"顺丰实体社区O2O便利店"，提供的服务和功能本身就有很大的局限性。从业务的特点来看，O2O的本质是消费升级，O2O的落点应该是效率的提升，而不仅仅是成本的驱动，O2O对于用户来说有两个目的：优化购买成本和提升体验效率。对于运营者来说也只有两个目的：降成本、提效率。与传统便利店不同，顺丰嘿客门店几乎没有任何实物商品，所有的商品信息均是以打印的图像或者通过电脑浏览来获取。在商品品类上，门店虚拟陈列的商品多数是数码产品、手表、皮鞋及一些礼品等，不超过300个SKU，通过嘿客门店电脑浏览的商品信息以顺丰优选为主，并且联合了35家商户提供商品。由于没有实体商品，在嘿客店购物时，首先得通过电脑或者扫描二维码进行下单，支付成功之后，嘿客门店人员便可根据客户需求，快递到消费者指定地址或者存放于嘿客门店，让消费者自提。尽管顺丰嘿客从门店设计、购物体验都采用全新的模式，但多数消费者认为，采用这种模式购物并不方便。

不少消费者认为，顺丰嘿客其实是把简单的事情复杂化了。有部分用户抱怨道，"如果把嘿客视为一个便利店，它连基本的便利店功能都没有，购物不方便，下单费周折，甚至口渴了买瓶水这样基本的需求都无法满足。但如果把它视为一个网上购物平台，完全可以坐在家里或者在办公室进行，没必要跑到实体店再去上网购物。"在电子商务和线上直接消费占比越来越高的今天，以线下门店展示商品图片，再附加线下物流匹配的模式，并不能很好地提高购物和消费的效率，反而显得累赘以及对盈利模式的思考有所欠缺。嘿客在产品数量和价格上也基本是不占什么优势的，同样开在社区的超市基本都可以满足客户的需求，而且不需要等待就可以买到实物。而顺丰嘿客"快递收发站+社区便利店+线下体验店"的三位一体并没有实现一个良好的互动，反而让用户觉得不知所云，商业逻辑背离了用户逻辑，再合理的推理也是无益。嘿客门店的物流、食品、海淘及便民服务等内容，相比传统的纯线下服务和网购体验相距甚远，既不便捷也不高效，成本方面更不占优，居高的成本和并不高效率的运营使得盈利十分困难。

而在顺丰内部人士看来，顺丰优选由于要做生鲜电商，铺设线下门店是合理的，生鲜非常考验终端配送能力，顺丰在这方面颇具优势。但现在的问题是顺丰优选的消费者有限，在市场渠道并没有打开的情况下，顺丰门店布局太快，根本产生不了那么多订单来维持门店的盈亏平衡，预想的"金融+数据"的生态闭环盈利手段难以实现。生鲜电商本身都还处于萌芽期，而且竞争也非常激烈，就算顺丰多了一个门店，也未必能吸引消费者一定选择顺丰优选。不过反过来看，如果线下门店能提升顺丰优选的服务能力，或许可以让顺丰电商更有优势，然而现在仍然没有定论。

也有专家从精益创业视角对顺丰嘿客进行了反思。精益创业的概念由硅谷创业家埃里克·莱斯（Eric Rise）于2012年在其著作《精益创业》一书中提出。精益创业的核心思想是：小步快跑，快速迭代。先在市场中投入一个极简的原型产品，然后通过不断学习和有价值的客户反馈，对产品进行快速迭代优化，以期适应市场。精益创业方法论指出，新创项目的很多失败就在于过早地去复制和放大一个没有经过验证的商业模式假设。当产品的价值主张和商业模型尚未得到验证的时候，切忌投入营销资源，强行拉动用户增长，这种做法是自杀行为；只有当产品的价值主张和商业模型被验证成功以后，才能逐渐导入营销资源，根据测量效果进行反馈改进，如此循环迭代，总结和积累"经证实的认知"。对比顺丰嘿客的发展历程，它的商业模式和逻辑假设在并没有经过充分的用户探索和验证的情况下，就在短时间内大规模复制和过早扩张，脱离用户的实际需求，造成了巨大的浪费。

尾声

"2014年是顺丰成立20多年以来创新变革最多的一年，成立了很多事业部，开创了很多新业务，同时业务总量也有了一个爆发式的增长。不过，虽然创新很多，但是在我看来，差不多有一半是不成功的。"王卫在回顾2014年顺丰的发展历程时总结道，由于人才准备不足、战略实施承接落地出现偏差，导致新业务发展失控受挫，造成了较大损失。嘿客项目的成与败自有公论，无论如何，王卫应该也从这十多亿的学费中吸取了惨痛的教训。

不过作为顺丰创始人的王卫，考虑更多的是公司的当下与未来，他仍然表示，靠出卖劳力搬货不是顺丰的终极宿命，要做具有互联网思维的服务型企业。"永远要在'富则变'，而不是在'穷则变'，就像嘿客一样，应该在还有资本和资源的时候试错。任何事情都要在还没有遇到问题之前，在还有本钱、还可以任性的时候去尝试。在这个过程里面，十样东西里有一样成功了，可能就是规避未来风险的重要业务。"

然而，嘿客项目的不成功浪费了大量的资金和资源，面对新业务开展的连续不利及持续亏损，在不断的质疑声和裁员风波中的顺丰，未来又该如何变革？顺丰嘿客为什么没有"嘿"起来？到底错在何方？顺丰优选业务后续又该何去何从，这些是摆在顺丰团队面前的重大难题。同时，顺丰以巨大的勇气拥抱互联网，也经历了

 互联网转型的大坑，在这个变革的时代，这些失败的尝试更值得传统企业认真研究并引以为戒。

查看更多有关顺丰嘿客的图表资料，请扫描右侧二维码。

阅毕请思考：

· 顺丰为什么当初要做顺丰嘿客？有什么战略意图？

· 如果假定顺丰王卫进军O2O的战略意图是正确的，那从顺丰嘿客的发展历程和推进步骤看，有哪些值得反思之处？

· 根据精益创业方法论，假如你是顺丰王卫，你会怎样推进顺丰嘿客项目，从而能够低成本科学试错？

· 从顺丰嘿客项目举一反三，传统企业在当前变革时代进行O2O战略转型升级，有哪些值得吸取的经验教训和借鉴之处？

网络视频资源：

顺丰嘿客模式为什么受质疑？

顺丰商业凭何立足社区？

参考文献：

[1] 埃里克·莱斯：《精益创业:新创企业的成长思维》，北京：中信出版社2012版。

[2] 龚焱：《精益创业方法论:新创企业的成长模式》，北京：机械工业出版社2016版。

[3] 徐亮："顺丰嘿客经营现状及改进措施，"《经营管理者》2014年第21期。

[4] 丁哲，悦生："顺丰嘿客：必然背后的哑然"，《商界（评论）》，2015年第3期。

[5] 王莹，吴春珍，李榕芳："基于O2O的顺丰嘿客便利店的商业模式分析"，《湖南商学院学报》，2015年第2期。

[6] 潘晓霞，何铭强："顺丰嘿客校园店O2O模式的运营研究"，《福建质量管理》，2015年第10期。

[7] 王亚男："顺丰嘿客模式对速递物流企业的启示"，《物流工程与管理》，2016年第3期。

[8] 杨洪："顺丰嘿客10亿元换来四点经验"，《中国连锁》，2015年第10期。

[9] 思雨："顺丰嘿客试水生鲜，四面埋伏难以突围"，《中国食品》，2016年第4期。

[10] 张南燕："顺丰嘿客转型之路不顺畅"，《国际商报》，2016年10月17日A08。

[11] 段战江："顺丰商业之战略复盘：嘿客是如何坠落的"，虎嗅网，https://www.huxiu.com/article/151962/1.html?f=index_top1，2016年6月12日。

第 **10** 堂课

快速崛起的小米：
国际化战略与挑战

　　小米公司由雷军等7位联合创始人共同成立于2010年4月，在短短5年时间里，它不仅成功闯进全球智能手机厂商前三名，也一度成为估值最高的非上市企业之一。小米全球化的雄心自谷歌Android产品团队前高管雨果·巴拉加盟开始，已然昭示天下。然而，面对国际化的战略机遇和挑战，小米的国际化战略决策是否正确？对其他后发企业的国际化有哪些启示借鉴？本案例描述了小米近年来的迅速崛起，以及其国际化战略与面临的挑战。[①]

①　本案例入选斯坦福商学院案例库和哈佛案例库。版权归斯坦福大学商学院所有，案例编号：SM262，已经获得授权在本案例集使用。浙江大学郑刚、郭艳婷和斯坦福商学院罗伯特·A.伯格曼教授合作开发了本案例。仅供讨论，并无意说明某种管理行为是否有效。作者感谢约翰·托马斯提供的有益意见，也感谢中国国家自然科学基金资助（71232013）。本案例通过哈佛商业出版社在hbsp.harvard.edu和www.jd.cnthecasecentre.org发布。未经允许，本出版物的任何部分不能被以任何手段复制或利用，包括电子、机械、影印、录音等。有关版权问题请联系斯坦福商学院案例开发办公室：businesscases@stanford.edu，Case Writing Office, Stanford Graduate School of Business, Knight Management Center, 655 Knight Way, Stanford University, Stanford, CA 94305-5015。

我们做的就是优衣库、无印良品和宜家的事，我们整个目标就是把东西做得又好又便宜。

——雷军　小米联合创始人、CEO

我加入团队的目的是帮助我们走出中国，尽快找到市场、进入市场。

——雨果·巴拉　小米副总裁

2013年年末，曾负责Android产品的谷歌高管雨果·巴拉突然宣布离职，加盟中国市场的"新星"小米公司，这一举动震惊了业界。现在，作为小米公司的副总裁之一，他负责管理全球业务部，掌管中国之外所有市场和产品的运营。

小米公司于2010年4月成立于北京，由CEO雷军等7位联合创始人共同创办。在短短几年内，小米异军突起，如今已成为中国智能手机行业成长速度最快的公司之一。雷军说："小米想成为世界一流的智能手机制造商，并且我们最终的目标是构建完善、健康的市场体系，促进智能手机行业的良性发展。"

5年后，小米不仅一举成为全球前5的手机供应商之一，还在2015年年初第5轮融资后实现了450亿美元的估值，刷新了全球非上市公司最高估值的纪录。

随着中国智能手机市场逐渐饱和、增长呈现放缓迹象，国际扩张计划似乎已成为小米未来必要且关键的一步。雨果·巴拉的加入也昭示了小米希望跻身全球行业佼佼者的雄心。

然而，小米的国际化战略却面临着多重挑战。例如，小米总裁林斌认为，定制满足不同市场的MIUI操作系统需要投入大量的时间和资源，而且市场准入资格的获得也并非易事。此外，与其他大型竞争对手相比，小米的专利组合十分薄弱，这一问题随着小米进入不同市场而愈发凸显，因为随时可能招致竞争者的诉讼。其他挑

战还包括小米的渠道管理、产能控制及跨文化管理等多方面。此外，在经历了
2011—2014年的快速增长之后，小米与华为、OPPO和vivo等国内厂商的竞争也愈发
加剧，其增长速度在2015年明显放缓。截至2015年年底，小米的全球市场份额位居
第5，落后于三星、苹果、华为和联想（表10.1）。

表10.1　2015年全球智能手机销售量

公司	2015年销量（千台）	2015年市场份额 (%)	2014年销量（千台）	2014年市场份额 (%)
三星	320,219.7	22.5	307,596.9	24.7
苹果	225,850.6	15.9	191,425.8	15.4
华为	104,094.7	7.3	68,080.7	5.5
联想*	72,748.2	5.1	81,415.8	6.5
小米	65,618.6	4.6	56,529.3	4.5
其他	635,368.5	44.6	539,691.3	43.4
合计	1,423,900.3	100.0	1,244,739.8	100.0

* 联想销售数字包括摩托罗拉。

资料来源: Chuck Jones. Apple's iPhone：Market Share Vs.Profits. *Forbes*. 2016.02.21。

庆幸的是，大量潜在的新兴市场还有待探索。此外，小米手机MIUI系统的基
础——Android仍是目前全球主流的操作系统。

展望未来，小米高管不得不仔细规划其国际化战略，以适应日新月异的全球智
能手机行业。

小米的发展史

飞速成长的"新星"

2010年创业后仅3年，小米就成为最受瞩目的智能手机"明星公司"之一。2013
年，小米共售出1 870万部手机，销售额达到316亿元人民币（合51.4亿美元）。2013

年8月，小米估值超过100亿美元，与联想集团的市值相当，是当时黑莓市场估值近两倍。 2014年，小米的表现更加强劲。尽管当年中国市场经济增长放缓，但小米仍售出6 112万部手机，较上年增长227%，同时实现营业收入743亿元人民币（约合120亿美元），同比增长135%。小米也于2014年首次占据中国智能手机市场第一位。2015年，小米手机销售量超过7 000万部（表10.2）。

表10.2　2011—2015年小米年销售量及销售额

年份	销售量(百万部)	销售额(十亿人民币)	估值(十亿美元)
8/2011	0.30	0.55	1.00
2012	7.19	12.60	4.00
2013	18.70	31.60	10.00
2014	61.12	74.30	45.00
2015	71.00	78.00	n.a.

核心产品

小米的增长基于其三大核心业务——智能手机（包括智能手机和平板电脑等）、电视产品（如智能电视和小米盒子）和路由设备。

MIUI系统是小米基于Android开发的操作系统，是小米手机、平板电脑和电视产品的基础。

2011年8月，小米发布了第一款智能手机。2013年9月，推出一款47英寸3D智能电视，随即又在2014年5月推出首款平板电脑。2015年6月，小米推出了内置6TB硬盘驱动器的Wi-Fi路由器，可用于存储用户的所有多媒体内容。雷军在新闻发布会上表示，"6TB磁盘足够大，可以存储一生中可能产生的所有数据。" 其中的硬盘驱动器可以使路由器自动备份相机和智能手机资料，用户还可以用Android和iOS应用程序远程访问存储在路由器上的媒体。小米的目标是建立一个与智能手机所有内容相关联的家庭设备，可以实现智能硬件控制，运行云计算等功能。

小米不仅仅是"中国的苹果"，它还陆续发布了一系列家居生活产品，比如血压计、空气净化器等，这些产品大多来自小米投资的初创企业。截至2016年1月，小米已投资了56家初创企业来构建其生态系统。

商业模式核心

互联网公司与生态系统

雷军表示，要将小米打造成一家拥有"铁人三项"的互联网公司，即硬件、软件和互联网服务。在硬件方面，公司自主设计手机，将制造环节外包出去。在软件方面，开发了基于Android的操作系统及小米商城。所以，小米并不靠卖硬件赚钱，而是通过MIUI及商城上的畅销APP、游戏和互联网服务获利。

雷军还提到，小米硬件产品具有很强的价格优势，将利润压到很低，甚至低于成本。而软件和互联网服务则是小米吸引客户的"法宝"，提供针对用户使用习惯开发的MIUI系统，以及云通讯、设备安全和备份等功能。此外，小米拥有自己的电子商务平台Mi.com，目前中国市场上大约70%的小米产品通过在线销售，其中有大部分通过Mi.com售出。在印度市场，小米约90%的产品也是通过合作伙伴的网络平台销售的。

小米可以从平台双边获益。一方面，在小米平台上发布产品的APP开发商需要根据下载量或者点击量向小米付费；另一方面就是用户付费和间接广告费，他们会在平台上购买一些自己感兴趣的APP和游戏。

投资者们不仅对小米智能手机很感兴趣，其生态系统中的线上服务和智能家居产品也是一大卖点，有助于将消费者变为忠实用户。作为一个"开放的、非排他性"的生态系统，小米尝试在中国和全球构建一个产品、服务和持续营收的网络（图10.1）。

小米生态系统的构想比苹果更有野心。苹果公司主要聚焦于iTunes服务，以及平板、电脑和智能手机等套件。小米的愿景则是更加广泛的物联网。小米的联合创始人兼副总裁刘德曾任北京工业大学工业设计学院院长，他采用"一揽子"的办法尽可能让所有智能设备"适合"小米生态系统。目前，小米已售有耳机、蓝牙音箱和健身手环等产品。其更大的目标是建立一个完整、同步的智慧家庭，希望有一天消费者能够在手机上轻松控制小米净水器、空气净化器、智能灯等整个小米系统。

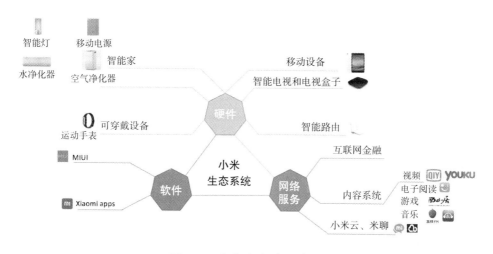

图10.1　小米生态系统简图

打造生态系统的要素之一就是吸引尽可能多的用户。目前，小米约有170人的专业核心团队进行产品开发、设计和供应链管理。与苹果不同的是，小米主要与外部公司开展团队合作，按照雷军的说法，是通过投资百家初创企业的产品来打造"生态系统帝国"的战略。小米并不完全控制这些企业，而是鼓励伙伴冒险创业。小米拥有出售这些产品的独家协议，而作为回报，这些初创公司也能利用小米的供应链、营销渠道和工业工程师等资源。2015年，小米生态系统实现7.5亿美金的销售成绩，但大部分营收因为利益共享协议而归初创公司所有。

低价战略

在中国手机市场发展早期，低价往往意味着产品质量较差，这使得中国产品的名声不佳。小米希望引入价格实惠的高品质产品，通过"价格革命"使消费者意识到良好的用户体验不一定要付出巨大的代价（表10.3）。因此，小米产品并不针对高端客户，"我们的品牌是中端的、年轻且有活力，"雷军说，"我们做的就是优衣库、无印良品和宜家的事，我们整个目标就是把东西做得又好又便宜。"

表10.3　全球前五智能手机厂商平均售价及同比增长率

	2015年平均售价（美元）	2014年平均售价（美元）	年增长率（％）
小米	141	152	-7.6
华为	213	176	20.9
苹果	718	621	15.7
OPPO	231	242	-4.7
vivo	208	229	-9.1

资料来源: IDC press release, https://www.idc.com/getdoc.jsp?containerId=prAP41028416，February 14 2016。

小米能够将产品价格降到接近材料成本价的一个重要原因是其产品的平均生命周期。雨果·巴拉表示，"我们的大多数产品在货架上持续18～24个月，会经历三四轮降价。"例如，小米手机2和2s的销售期分别达26个月，红米手机1在2013年9月发布后，红米手机2于2015年1月推出，其间有16个月。

因为硬件成本随着产品生命周期迅速下降，因此使价格压低成为可能。较长的产品生命周期使小米能与供应商更好地议价。巴拉提到，"我们之所以降价，是因为能够不断与供应商谈判，最终获得比我们预想的更多的利润空间，因此我们坚持更低的售价。"与其他主流Android手机制造商相比，小米较为集中的产品组合进一步扩大了这种效应。

分销渠道

雷军认为，与苹果公司的产品相比，定价策略是小米的特别之处；而小米和国内竞争对手之间的区别则是渠道策略。目前，中国大部分手机都是通过分销渠道进行销售（例如，在零售店直销或通过中间商），但2014年小米70%的产品都是通过其电子商务网站Mi.com或天猫旗舰店售出的，其他30%由中国移动、中国联通等运营商销售。因此，小米不需承担库存、销售人员和管理费用，也避免了分销商和第三方零售商等多环节给价格带来的负担。因此，小米手机的价格能低至竞争对手的近一半。

　　分析师估计，2015年小米在全球有40%的产品（约28万部智能手机）是线下销售。"小米必须调整策略，否则仅通过电商平台无法接触到那些住在乡村等地的目标客户，"Canalys分析师Jason Low评论道。他在评估公司内部文件后表示，小米2016年将发力全球线下销售渠道，实现较2015年双倍的销售量，改变以网上为主的销售战略。具体来说，小米希望通过苏宁、国美等线下零售商实现中国市场5 800万台智能手机的销售目标，以应对线上销售下降的局面。但是，由此增加的成本给本来在硬件上就利润微薄的小米带来了新的挑战。

　　饥饿营销与社交媒体宣传

　　小米并没有采用传统的广告模式，其在营销投入上预算很低。在2013年，该公司的营销费用约占销售收入的3.2%，而相比之下，三星的营销费用比例约为7%。

　　小米的营销创新主要有几个方面。例如，在产品发布之初，小米会控制新品数量，采用"饥饿营销"战略。这样一来，管理的库存量较小，面临的风险也小，也让小米能够逐渐增加产量来降低成本。重要的是，这种策略给市场的信号是：每个人都希望拥有小米公司的产品。

　　小米也依靠社交媒体和粉丝传播营销，借助社交网络吸引了全球各地的粉丝互动，节约了营销成本。例如，小米的新浪官方微博主要用于吸引新用户，微信用于开展用户服务。目前，小米微博账号已经过200万粉丝，微信公众号有256万用户订阅，雷军本人的微博也有800万粉丝。

　　每天，1.3亿小米用户平均使用电话115次，共计4.5小时。2016年第一季度，小米官网在线社区的注册人数已突破4 500万人次。作为小米在国内的主要竞争对手之一，华为手机官方在线社区人数超过2 500万。全球最大PC供应商联想的在线社区注册量只有约400万粉丝。

　　从2014年开始，每年的4月6日成为"米粉节"，通过举办众多线下活动回馈忠实粉丝、发布新产品等。此外，小米还在全国打造了多个"小米之家"，向用户展示、供用户体验新产品，提供售后服务，而非仅仅出于销售目的。更重要的是，让它成为米粉"打成一片"的地方。

作为小米的品牌大使，米粉们经常参与产品的设计和质量反馈。

每周五MIUI系统功能会定期更新，其中约1/3的建议来自用户。巴拉解释道："我们有非常及时有效的反馈渠道，周五发布新版系统，周六、周日用户体验和反馈，周一、周二和周三我们修改代码，周四进行测试，到周五再发布新的版本。"粉丝们非常热衷于改善和定制他们的用户体验，有了这样的良性循环，小米显然比那些廉价的Android手机更具有用户交互性和黏性。

走向全球的准备

雨果·巴拉是小米第一位非中国籍高管。联合创始人兼总裁林斌表示，巴拉是公司海外扩张的关键人物。毕业于麻省理工学院的巴拉拥有计算机科学学士学位、电子工程和管理学硕士学位。对于小米，巴拉表示他非常想让世界上更多的人了解这家称为"中国的苹果"的新创公司，它有可能成为下一个谷歌或亚马逊，"我真的很期待这个全新的挑战，也很高兴能继续推动Android生态系统。"他补充说。

随着中国智能手机市场日趋饱和，小米在中国内地的扩张也遇到瓶颈。由于中国智能手机市场逐渐成熟，未来成长的驱动力将是产品升级。这种减缓极大地影响了小米的业绩，因为许多小米的消费者都是首次使用智能手机，被其性价比所吸引。"我从没见过如此激烈的竞争和充满热情的事业，"巴拉表示，"这里无不充斥着创业精神。"

为了维持快速增长，小米的战略是发展多元化的新产品，以及扩展全球市场。雷军在2014年年初透露，小米国际化的首批目标国家有十个：位于亚洲的马来西亚、菲律宾、印度、印度尼西亚、泰国与越南；位于欧洲的俄罗斯和土耳其，以及巴西和墨西哥两个拉美国家。

战略调整与机遇

挑战

激烈的市场竞争

作为世界第二大经济体，中国市场仍是许多智能手机厂商主要的增长动力。然而，随着市场条件的成熟，未来也愈发艰难。Strategy Analytics的分析师表示："由于市场饱和、库存增加和经济下行等因素，中国智能手机消费的增速逐渐放缓，黄金时期已经过去。"

2015年，小米在中国市场经历了首次"缓慢"增长。公司高管曾在2015年3月表示当年的目标销量为100万部手机，但后来这个数字调整为80万~100万部不等。而事实是，2015年小米最终只售出71万部产品，增长率约为16%。

华为等本地竞争对手的崛起也让市场竞争日益白热化。华为高端产品和入门手机 "双管齐下"的战略在许多市场赢得了成功。2015年，华为智能手机出货量达1.08亿部，销售额较上年增长了44%。因此在2015年第三季度，华为直接超越小米成为中国第一、世界第三的智能手机厂商。

华为扎实的工程实力和品牌形象经过数十年的积累，是小米一时难以匹敌的。此外，华为的海外市场表现也十分强劲。在西欧，华为手机已成功跻身当地高端产品阵营，而小米所主要依赖的价格适中、快销和线上渠道等特色，往往导致其产品需求起伏不定。

除了华为，小米还面对两个关键的本土竞争对手：OPPO和vivo。尽管海外市场可能对这两个名字感到陌生，但在2016年第一季度，OPPO和vivo已分别位居全球智能手机厂商第4位和第5位，仅次于三星、苹果和华为。小米下降至第7位，其最好成绩是2014年位列第3。

2011年，OPPO才正式在智能手机领域发力，但当时它主要关注的还是国内市场，2012年开始走向海外。从泰国开始，逐渐向东南亚其他国家和中东、非洲等国进军，重点发展当地渠道合作伙伴，大力投入广告营销和娱乐赞助活动以增加知名度。在2015年，OPPO海外销售已占近20%，同时在国内依靠强大的线下渠道迅速占领了许多三、四线城市市场。2016年第一季度，OPPO以1 850万部的出货量和153.2%的增长率进入全球前五位智能手机厂商。

vivo也是从2011年开始销售智能手机，但更加专注中国市场，直到2014年才首次在东南亚和印度市场进行尝试。2015年，其海外市场销售额占比低于10%。以音乐手机为卖点，vivo 2016年第一季度出货量1 430万台，同比增长123.8%。

小米的目标是创建一个智慧家居生态系统，然而其背后的挑战是巨大的。华为在从小米手中夺得部分国内手机市场份额后，也开始着手这一领域，还与白色家电巨头海尔集团达成战略合作，共同升级智能家居产业。这是对未来生态系统构建趋势的一个赌注：中国中产阶层的崛起；从单一产品到万物互联的智能化升级；以及以消费者为中心的本土企业走出国门、进军海外的战略。但是，随着小米增长的放缓，越来越多的人开始质疑：没有独特创新技术的创业公司是否能够建立起一个像苹果和Google一样庞大的生态系统？

技术驱动还是商业模式驱动？

小米近几年的快速增长反映了其创新的商业模式，然而缺乏核心技术尤其是高端芯片技术已然成为小米保持增长的一个劣势。2015年1月，小米Note Pro面市，采用了最新的高通的顶级芯片Snapdragon 810。尽管这款芯片较其他高通同款产品更为高端，但发热问题却影响了小米Note Pro的销量。为了避免类似问题，小米声称打算自行开发芯片，而其对手华为已掌握了先进的芯片研发能力。三星也在其旗舰智能手机上采用了Exynos 7420芯片，解决了过热问题。

2014年，小米投资的松果电子有限公司与中国领先的芯片制造商联芯科技合作，开发了LC1860处理器用于红米手机2A。这是一次成功的组合，作为一款售价为599元人民币（约96美元）的低端智能手机，红米手机2A被称为红米产品线上最畅销的设备。之所以价格如此诱人，是因为红米2A没有像大多数Android厂商一样采购高通或联发科的芯片。业内人士指出，高通芯片均价至少8美金，而红米手机2A芯片成本约为4美金。

专利与知识产权

尽管小米手机可能看起来与苹果iPhone有些相似，但苹果并没有在中国起诉小米。这可能是因为中国已成为苹果全球销售的重要市场，而且监管制度等不确定性也让这类诉讼结果难以估计。

小米薄弱的专利组合是其全球化的重要阻碍，尤其是在向印度和巴西等其他亚洲市场渗透时。众所周知，专利组合能够抵御竞争对手的起诉。例如，瑞典电信巨头爱立信起诉小米在没有获得它授权的情况下使用其无线技术，因而小米被迫停止在印度的销售计划。数月之后，小米选择只在印度出售运行高通芯片的智能手机，以规避专利冲突。2015年，该禁令依然存在，这意味着小米无法在当地销售其载有联发科芯片的热门机型。

小米副总裁刘德表示："一些生态系统都可能面临这样的知识产权问题。"其中一个例子是小米投资的初创公司Yeelight，这家60名员工的公司销售一个"智能"调色灯，拥有1 600万种色彩和带有蓝牙功能的灯泡，但售价并不高。如果想在海外市场销售，Yeelight还要获得海外授权的专利，因此可能会使其价格抬升几个百分点。而且，由于小米的电子商务网站以内地市场为主，Yeelight不得不与传统零售商合作，这必将进一步影响定价。当然，也有一些小米的生态产品在国外取得了突破，但多不是高利润产品。换言之，除非小米推出了自己独创技术的产品，否则它必将在海外市场失去价格优势。

小米也在专利上努力补课。2014年，该公司申请了2 045件专利，并在2015年年底取得了6 000多件专利申请。2015年，小米新增1409项专利，其中1 363件来自小米，其余46件通过交易获得。海外申请国主要以欧美日韩为主，占据2015年申请总量的40%。巴拉还表示，这些都是"发明专利"。此外，在2016年6月，小米购买了微软公司约1 500件智能手机专利，这也有助于其手机业务在美国的市场布局和拓展。

品牌形象

2013年，在《纽约时报》的采访中，雷军说："我们不是只会制造便宜手机的廉价中国公司。"但许多人还是如此看待小米，因为它的低定价策略和相似的外形等。

小米手机的平均售价在2015年第三季度降至122美元，而2014年同期则为160美元，且中国智能手机的平均售价由202美元上升至240美元。华为手机的平均价格从

201美元上涨到209美元。小米2015年最卖座的机型是售价76美元的红米2A，那是其最便宜的产品系列。

许多人认为小米手机就是廉价的翻版iPhone。苹果公司设计总监Jony Ive公开表示，包括小米在内的一些公司制造类似苹果产品的都是"偷窃"。雨果·巴拉不同意这个观点，但是他也承认，小米4是受到了苹果设计师的"启发"。

部分小米产品的质量问题也损害了品牌形象。例如，2016年，上海质监局就通报批评了小米的空气净化器。但小米官方表示，净化器"通过了北京监管部门的所有标准"。即使是小米的旗舰手机也曾被曝有质量问题。虽然iPhone制造商富士康等也是小米的供应商，但与成熟的竞争对手相比，小米产品的可靠性仍有待提高。例如，一些小米手机用户抱怨屏幕破损和耳机插槽的问题，以及新款小米手机5温度过热的问题。

对此，小米回应说这些问题都仅仅是"个例"，但产品的不可靠性的确产生了一定影响。其互联网顾问邓肯·克拉克表示，在一次中国手机用户调查中，只有37%的小米用户表示会再选择购买小米手机，而74%的苹果用户表示会继续选择iPhone。因此，他认为"小米的黏性不高，这不是一个生态系统应有的样子。"

MIUI操作系统

"MIUI源于用户、服务用户"。小米的MIUI操作系统是改善和提升用户体验的基础，也是其适应不同国际化市场需求所需面临的关键挑战之一。巴拉作为谷歌的前Android副总裁，将重点解决不同国家地区对软件的设计需求。

在英语国家推出高度定制化的MIUI系统"是一个很大的挑战"，需要修改数百个bug、反复进行本地测试才能适应英文字符。

渠道

中国手机市场的渠道以零售商为主导。手机厂商可以选择是否通过零售商向公众销售。而小米为了降低这一渠道成本，以在线方式销售产品，在国内取得了成功。

然而，在印度等国家，销售渠道受到了严格控制，几乎无法省去渠道费用。美国市场是以运营商为主导，这就意味着小米必须先与本地运营商合作，通过他们的网络销售或授权零售商。在这种模式下，小米就必须首先应对先发竞争者的压力。比如，联想通过收购摩托罗拉而获得了全球运营商资源，华为也与多家全球运营商达成了广泛的合作关系。而小米在中国市场凭借社交媒体和用户交互获得关注的方式，似乎暂不足以支撑其全球战略的愿景。

人才

在经历了一些国际化尝试后，巴拉认为，"一个品牌在新市场建立的关键之一就是要保证用户体验，包括在一个最坏的情况下……显然这一切都需要一个本地团队。"

产品和服务的优化与定制需要投入大量本地的高层次人才。要想将小米的用户社群和交互优势迁移到海外市场，就必须充分了解并满足当地用户需求。这一目标没有本地人才的支持是很难实现的。因此，小米一直在加速人才挖掘的脚步，比如在班加罗尔设立研发中心等。巴拉表示，"无论这里研发中心的目标是什么，如果没有强大的工程师团队一切就难以实现。这里的竞争非常激烈。"

制度差异

企业国际化的过程中经常会遇到监管、规范和认知冲突。2014年7月，当小米计划进入印度尼西亚和巴西时，却由于政府机构的产品认证而不得不推迟发布小米手机3。巴拉表示，这是一个"漫长而痛苦的设备认证过程"。这个流程在巴西可能更长，因为政府要求在当地组装产品，这使重视巴西增长机会的小米受到了一定打击。

文化差异也包括对隐私的敏感性。2014年，小米通过印度当地最大的在线零售商Flipkart进入印度，但就在当年10月，印度空军却发出了一个小米手机的"间谍"警报，声称该手机跟踪用户的位置信息，并向北京发送。小米却反驳说，向北京传输数据是为了利用大数据提供更好的服务。但他们也立即采取行动将北京的印度用户数据传送至亚马逊网络服务器上。此外，小米也计划在印度本地设立一个数据中心，它希望此举将消除印度当局对隐私问题的顾虑。

机会

主流操作系统与商业模式

几年来，MIUI系统积累了大量的用户和粉丝。2016年1月，小米宣布全球有1.7亿活跃的MIUI用户，且操作系统目前已被翻译成三十多种语言。

巴拉加入小米之后，成为基于Android的MIUI系统的全球代言人，带来了一些声誉和优势。这不仅是因为他的专业知识和前谷歌Android产品副总裁的经历，也是由于Android已经迅速成为全球智能手机市场的领导者。IDC预测，至少在2019年之前，Android都能够保持其81%左右的市场份额。雷军认为，Android系统的众包开发模式帮助小米在中国市场的口碑营销和用户交互，这也将在全球范围内持续有益。

巴拉认为，小米的商业模式创新打破了传统的销售方式，并计划采用类似的业务模式扩张国外目标市场。他指出，小米首批国际化名单上的10个国家都是人口密集和迅速发展的经济体，这些潜在用户应该是对价格极为敏感的。"这时候高性价比就能够奏效，从而复制中国市场的成功。"

为了了解一个新市场，小米的计划是从"小"量开始。例如，公司计划2014年年初在新加坡销售3 000至6 000部手机。像印度和印度尼西亚等更大的市场，初始销售量适当上调，但首批产品量仍然较少。巴拉相信，小米坚持以用户为中心的理念，既然能在中国风靡，就也可能在其他市场适用。"我们会不断地调整和改变以实现国际化扩张，但有一件事不会变，就是坚持专注于用户。"

新兴经济体的市场潜力

随着技术的提升，中国4G市场仍具有一定的增长潜力。DigiTimes报道称，目前支持4G的手机"普遍表现低迷，受到了4G处理器和价格等因素的限制"。中国移动投资的大规模4G网络预计将带来更先进的数字平台，触发新的增长点。

根据IDC分析，"中国仍是一个非常重要的市场，但未来重点将更多放在出口而非消费上，因为国内经济增长显著放缓。"截至2015年年底，智能手机占中国移动端约2/3。因此，未来上亿级的智能手机用户更可能来自中国以外的新兴市场，包括亚太地区、中东、非洲、中欧、东欧、拉美等（图10.2）。

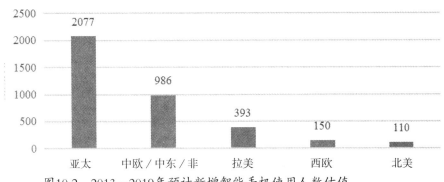

新增使用人数（百万）

图10.2　2013—2019年预计新增智能手机使用人数估值

资料来源：Felix Richter,"Where future smartphone growth is going to come from," June 4, 2014, http://www.statista.com/chart/2326/smartphone-subscriber-growth/。

　　印度成为中国之后下一个最可能发生白热化竞争的市场，因为目前印度仍以功能手机为主，约占71%的销售额。这些消费者或许希望使用智能手机，但价格仍然是一个障碍。

　　这些新兴市场正在抓紧建立通信基础设施，加速向智能手机升级，这与中国几年前的情况类似。在互联网普及率方面，新加坡较为领先，高达70%的民众能够接触互联网。

小米的全球化选择：2016年及之后

　　如前所述，2014年，小米的国际化扩张计划包括了马来西亚、菲律宾等10个国家。这被《福布斯》的戈丹·张称为"从农村包围城市"策略。

新加坡

　　巴拉这样解释为什么小米2014年年初进入新加坡市场是其国际化战略中关键的一步："我们正在试图与用户之间建立一种端到端的互动关系，从他们到网站购买产品的那一刻起，就能体验到我们的客户支持，如果有产品问题，当然希望不会，但即使如此也会体验到我们的维护。这些都需要大量的投入、基础设施和伙伴关系等。这些设想在这里都相对容易实现。此外，如果失败了成本也相对较小，因为新加坡市场规模不大。"

巴拉与林斌都谈到了为什么新加坡是很好的"首站选择"，因为它帮助小米解决物流和售后服务的布局。小米将国际总部设在新加坡，协调该地区的所有活动，包括产品发布。新加坡最大的运营商新加坡电信、StarHub和M1都已与小米达成协议，出售其合同智能手机。林斌表示，最终在新加坡能够售出多少手机并不重要，这是小米规模化扩张的第一步，重在塑造用户对产品的认识，然后不断优化。巴拉强调这是小米第一次为英语国家用户调整MIUI系统，并尝试在当地积累小米的品牌声誉。这些努力将为今后进入更加复杂的市场做好铺垫。

印度

印度是许多大型手机厂商关注的焦点。到2017年，印度有可能超过美国成为全球第二大智能手机市场。雷军在2015年9月接受采访时说，他希望小米在3年内成为印度市场的前三名，甚至第一。

进入印度市场后，小米与印度最大的电子商务Flipkart签订了排他性协议，并在2014年7月发布了小米手机3。其后6个月内，小米售出约100万部智能手机。到2015年4月，该公司接受了当地著名企业家塔塔的投资，并推出了定制化的小米手机4。

小米一开始在印度市场销售由中国组装的手机，但一年后的2015年8月，小米同意由富士康在当地组装产品。推出的首款当地组装产品是红米2Prime，一年内共计售出300万部。

此外，雷军表示，小米打算在印度建立一个研发中心，使海外市场的服务更加本地化。此外，还计划在印度开设100家体验店，以帮助消费者"感受"小米的产品。

巴西

小米在中国市场第一次呈现收缩时进入了巴西。目前，巴西智能手机市场规模大约是印度的一半，但同时也是全球增长第4的潜在市场。这是小米手机走出亚洲之后的第一个市场，也是雨果·巴拉的家乡。

巴拉认为，巴西市场充满了挑战和竞争，三星控制了当地智能手机出货量的一半以上。但小米的卖点之一就是低价，售价160美金的红米手机2与本地竞争对手相比价格至少便宜一半。"巴西经济增长放缓，人们的消费决策会更加谨慎，这对于我们追求性价比产品的理念比较有利。"巴拉说。

依据调查，只有15%的消费者从网上购买手机，因此小米将尝试通过线上线下等多种渠道销售红米手机2。它在巴西全国新增了网上销售，如Pontofrio.com，Extra.com.br和CasasBahia.com.br等。巴拉还表示，小米将不仅通过社交媒体的方式进行营销，还会在巴西各地投放广告和LCD屏等。他们希望通过与当地运营商建立伙伴关系从而实现捆绑销售。巴拉与拉美最大的移动运营商高管私交甚好，因此双方也一直在洽谈协商，并会考虑与其在其他市场拓宽合作方式。出于该国高额进口税的原因，这两款手机的制造是与当地富士康工厂进行合作。

美国

尽管美国不在首发的10个国家名单上，但小米在2015年5月选择进入美国市场，通过官网（Mi.com）销售一些配件，而不是智能手机。这些配件包括移动电源、小米手环、耳机等。这些产品的数量非常有限，而且很快售罄。依据巴拉的解释，小米之所以目前没有在美国销售智能手机，部分原因是美国运营商主导的销售渠道和手机补贴政策使小米失去了成本优势。此外，林斌和巴拉也担心在MIUI定制和认证上需要投入更多的时间和努力。

结论

2015年，小米销售额为125亿美元，只比2014年增长了5%。而一年前，雷军大胆预测的数字却是160亿美元。此外，在市场下行压力下，2015年的手机销量仅有7 100万台，低于8 000万台的销售预期。2015年，应用程序和游戏的收入为5.6亿美元，也未到达10亿的目标。2016年第一季度后，小米手机出货量1090万台，比上一年同期下降26%，而此时全球手机销量下跌了0.5%。

进入印度和巴西市场后，小米有9%的收入来自中国之外，比2014年的7%略有增长。2015年11月，小米将在南非、尼日利亚和肯尼亚销售红米手机2和小米手机4。

在非洲，小米将通过与Mobile in Africa Group（MIA）结成的销售合作伙伴关系开展销售。2016年1月，小米产品在阿联酋登陆，2月进入沙特阿拉伯。总部位于迪拜的电商网站FZCO和当地运营商阿联酋电信将协助小米把产品引入这些市场。在未来，小米预计将通过与微软等公司进行专利交易，以进入更多海外市场。

雷军、林斌和雨果·巴拉都表示，小米的国际化将是一场持久战，涉及各种组织、产业和制度因素的影响。尽管小米不再具有最高估值新创企业的称号，但450亿

美元的估值仍是其雄心的有力象征。它也希望通过行动证明，一家以用户为导向的公司具有全球竞争力。按雷军的话说，"小米的使命是改变世界对中国产品的看法"。

查看更多有关小米的图表资料，请扫描左侧二维码。

阅毕请思考：

· 在中国无线通信产业中，小米是如何定位自己的？小米的生态系统和苹果、三星有何不同？

· 小米的战略定位如何帮助其克服后发劣势？这又怎么解释其在2015年的成功？

· 为什么小米在2014年以后开始走向海外？其商业模式创新如何帮助该公司实施国际化战略？

· 小米高管是如何决定全球化战略顺序的？为什么美国不在名单上？为什么进边海外的第一批国家选择了印度、马来西亚和巴西？

· 小米全球化主要战略的挑战是什么？

参考文献：

[1] Yuan Li, "At xiaomi, hurdles arise," *The Wall Street Journal*, October 1, 2015, https://www.wsj.com/page/2_0334–20151001.html (October 10, 2016).

[2] Stephen Shankland, "Hugo Barra's challenge: Grow a Chinese phone maker

beyond China," December 11, 2013,http://www.cnet.com/news/hugo-barras-challenge-grow-a-chinese-phone-maker-beyond-china/ (October 10, 2016).

[3] Quanlin Qiu, "Xiaomi Corp will focus on its core businesses," *China Daily* USA, March 6, 2015, http://usa.chinadaily.com.cn/epaper/2015-03/06/content_19740349.htm (October 10, 2016).

[4] Menchie Mendoza, "Xiaomi raises $1.1 billion in additional funding, becomes most valuable tech startup at $45 billion," December 30, 2014, http://www.techtimes.com/articles/23575/20141230/xiaomi-raises-1-1-billion-in-additional-funding-becomes-most-valuable-tech-startup-at-45-billion.htm (October 10, 2016).

[4] IDC, "Worldwide smartphone forecast by region, shipments, market share and 5-year CAGR," http://www.idc.com/getdoc.jsp?containerId=prUS41425416 (October 10, 2016).

[5] Catherine Shu, "Xiaomi, What Americans need to know," August 28, 2013, https://techcrunch.com/2013/08/28/xiaomi-what-americans-need-to-know/ (October 10, 2016).

[6] Russell Flannery, "China's smartphone sensation Xiaomi says sales tripled in '14; Eyes More Int'l Growth," *Forbes*, January 3, 2015, http://www.forbes.com/sites/russellflannery/2015/01/03/chinas-smartphone-sensation-xiaomi-says-sales-doubled-in-14-eyes-more-intl-growth/#6c966bd14ee9 (October 10, 2016).

[7] IDC, "Worldwide wearables market soars in the third quarter as Chinese vendors challenge the market leaders," http://www.idc.com/getdoc.jsp?containerId=prUS40674715 (October 10, 2016).

[8] Yishi Zhu, "Closer look: Xiaomi bets the next big internet thing is your Wi-Fi router," December 17, 2013, http://english.caixin.com/2013-12-17/100618608.html (October 10, 2016).

[9] Eva Dou, "China's Xiaomi under pressure to prove value to investors," *The Wall Street Journal*, January 1, 2016, http://www.wsj.com/articles/chinas-xiaomi-under-pressure-

to-prove-value-to-investors-1452454204 (October 10, 2016).

[10] Abhash Kumar, "How Xiaomi sells its high-end phones at low prices: a short lesson in the Economics of Pricing," September 15, 2014, http://yourstory.com/2014/09/xiaomi-pricing-strategy-hugo-barra/ (October 10, 2016).

[11] Xueshi Wang, "Xiaomi: how to capture value with 'such a low margin?'," March 8, 2015, https://openforum.hbs.org/challenge/understand-digital-transformation-of-business/business-model/xiaomi-how-to-capture-value-with-such-a-low-margin (October 10, 2016).

[12] Dan Seifert, "What is Xiaomi? Here's the Chinese company that just stole one of Android's biggest stars," August 29, 2013, http://www.theverge.com/2013/8/29/4672668/what-is-xiaomi-china-smartphone-hugo-barra-android (October 10, 2016).

[13] Kalyan Parbat, ET Bureau, "Xiaomi plans to push India sales through its ecommerce site Mi.com," September 15, 2015, http://economictimes.indiatimes.com/articleshow/48964332.cms?utm_source=contentofinterest&utm_medium=text&utm_campaign=cppst (October 10, 2016).

[14] C. Custer, "Lei Jun: Xiaomi will invest in 100 more startups," April 17, 2015, https://www.techinasia.com/lei-jun-xiaomi-invest-100-startups/ (October 10, 2016).

[15] "Xiaomi pricing strategy: reviled," http://www.miuios.in/2015/02/xiaomi-pricing-strategy-explained.html (October 10, 2016).

[16] "Samsung and Xiaomi rise in popularity as Apple lags behind," November 28, 2013, http://www.scmp.com/business/companies/article/1367334/samsung-and-xiaomi-rise-popularity-apple-lags-behind (October 10, 2016).

[17] Jon Russell, "This is how Xiaomi keeps the cost of its smartphones so low," January 19, 2015, http://techcrunch.com/2015/01/19/xiaomi-secret-sauce/ (October 10, 2016).

[18] Roberto Baldwin, "Xiaomi's Mi.com is coming to the United States – but not for

phones," February 12, 2015, http://thenextweb.com/insider/2015/02/12/xiaomis-mi-com-coming-united-states-not-phones/ (October 10, 2016).

[19] Chris P., "Hugo Barra explains why Xiaomi's devices are all so cheap," January 19, 2015, http://www.phonearena.com/news/Hugo-Barra-explains-why-Xiaomis-devices-are-all-so-cheap_id64971 (October 10, 2016).

[20] Reuters, "China's Xiaomi to double offline smartphone sales this year: source," January 21, 2016, www.reuters.com/article/us-xiaomi-strategy-idUSKCN0UZ111 (October 10, 2016).

[21] Prudence Ho; Lorraine Luk; Juro Osawa, "Xiaomi makes a profit on its cheap smartphones; Chinese tech firm's earnings rose 84% last year," *The Wall Street Journal*, November 5, 2014, http://www.wsj.com/articles/smartphone-maker-xiaomis-2013-profit-nearly-doubled-1415195999 (October 10, 2016).

[22] Michael Kan, "Why are Xiaomi phones so cheap?" May 16, 2014, http://www.cio.com/article/2376222/mobile/why-are-xiaomi-phones-so-cheap-.html (October 10, 2016).

[23] Sophia Yan, "Xiaomi is way more than just a smartphone maker," June 12, 2015, http://money.cnn.com/2015/06/10/technology/xiaomi-store-hong-kong/ (October 10, 2016).

[24] Jason Tanz, "Xiaomi's smart strategy to design phones for everyone," April 21, 2015, https://www.wired.com/2015/04/hugo-barra/ (Octorber 23, 2016)

[25] John Shinal, "Xiaomi lands in the U.S. with a considerable splash," February 17, 2015，http://www.usatoday.com/story/tech/columnist/shinal/2015/02/13/xiaomi-smartphone-apple-hugo-barra/23359411/ (October 10, 2016).

[26] Kara Swisher, "Exclusive: Hugo Barra talks about his future at Xiaomi and why he really left Google," September 12, 2013, http://allthingsd.com/20130912/exclusive-hugo-barra-talks-about-his-future-at-xiaomi-and-why-he-left-google/ (October 10, 2016).

[27] Mat Smith, "Android VP Hugo Barra leaves Google, joins Chinese phone maker Xiaomi," August 28, 2013, http://www.engadget.com/2013/08/28/android-vp-hugo-barra-

report–leaves–google–xiaomi/ (October 10, 2016).

[28] Sue Feng, "Nielsen: Chinese smartphone market now driven by upgrading," June 17, 2015, http://www.nielsen.com/cn/en/press–room/2015/Nielsen–Chinese–Smartphone–Market–Now–Driven–by–Upgrading–EN.html (October 10, 2016).

[29] Melanie Lee, "Why China's xiaomi missed its 2015 sales target," January 15, 2016, http://www.forbes.com/sites/melanieleest/2016/01/15/why–chinas–xiaomi–sold–a–disappointing–70–million–smartphones–in–2015/#2715e4857a0b9cab29131fee (October 10, 2016).

[30] Josh Horwitz, "Xiaomi set to expand into 10 more countries this year, including India, Indonesia, and Brazil," April 23, 2014, https://www.techinasia.com/weeks–teasing–chinese–phonemaker–xiaomi–unveils–latest–mysterious–device–mini–router (October 10, 2016).

[31] Linda (Qian) Sui, "China smartphone shipments hit a record 438 million units in 2015," January 28, 2016, http://www.linkedin.com/pulse/china–smartphone–shipments–hit–record–438–million–units–sui (October 25, 2016).

[32] Hope King, "China's biggest startup is in a heap of trouble," January 13, 2016, http://money.cnn.com/2016/01/13/technology/xiaomi/index.html (October 10, 2016).

[33] Huawei, "Huawei ships 108 million smartphones in 2015, contributing to annual revenue exceeding $20 billion USD," January 14, 2016, http://consumer.huawei.com/en/press/news/hw–468148.htm (October 10, 2016).

[34] Canalys, "Media alert: Huawei takes China's smart phone throne as Xiaomi's growth slows," October 21, 2015, http://www.canalys.com/newsroom/media–alert–huawei–takes–china%E2%80%99s–smart–phone–throne–xiaomi%E2%80%99s–growth–slows (October 10, 2016).

[35] IDC, "Smartphone shipments reach second highest level for a single quarter as worldwide volumes reach 355.2 million in the third quarter," http://www.idc.com/getdoc.

jsp?containerId=prUS25988815 (October 10, 2016).

[36] IDC, "Worldwide smartphone growth goes flat in the first quarter as Chinese vendors churn the top 5 vendor list," http://www.idc.com/getdoc. jsp?containerId=prUS41216716 (October 10, 2016).

[37] Nicole Arce, "Xiaomi reportedly looking to develop in–house ARM chips to take on US market in 2016," August 8, 2015, http://www.techtimes.com/articles /74869/20150808/ xiaomi–reportedly–looking–to–develop–in–house–arm–chips–to–take–on–us–market– in–2016.htm (October 10, 2016).

[38] David Gilbert, "Why Apple is not suing Xiaomi yet," August 20, 2014, http:// www.ibtimes.co.uk/why–apple–not–suing–xiaomi–yet–1461969 (October 10, 2016).

[39] BBC News, "Xiaomi buys Microsoft smartphone patents," June 1, 2016, http:// www.bbc.com/news/technology–36426135 (October 10, 2016).

[40] Napier Lopez, "Xiaomi is resuming sales in India following a new court order in Ericsson dispute," December 16, 2014, http://thenextweb.com/insider/2014/12/16/xaomi– resuming–sales–india–ericsson–dispute/ (October 10, 2016).

[41] Brad Moon, "Xiaomi Yeelight bedside lamp: smart lighting," May 2, 2016, http:// www.forbes.com/sites/bradmoon/2016/05/02/xiaomi–yeelight–bedside–lamp–smart– lighting/?utm_channel=Technology#35046369328f (October 24, 2016)

[42] Jacob Schindler, "Xiaomi reveals latest patent numbers as it steps up Microsoft ties," November 30, 2015, http://www.iam–media.com/blog/detail.aspx?g=d3560843–63ef– 499c–9da7–881a5b821902 (October 10, 2016).

[43] Scott Cendrowski, "Can Xiaomi live up to its $45 billion hype?" *Fortune*, July 1, 2016, http://fortune.com/xiaomi–business–china/ (October 10, 2016).

[44] Steve Kovach, "Jony Ive: 'I see it as theft' When competitors copy Apple designs," October 10, 2014, http://www.businessinsider.sg/jony–ive–calls–design–copies– theft–2014–10/#.VIB_8zGUf3c (October 10, 2016).

[45] Aloysius Low, "Xiaomi's global VP Hugo Barra says designing around current products is 'stupid'," July 23, 2014, http://www.cnet.com/news/xiaomis-global-vp-hugo-barra-says-designing-around-current-products-is-stupid/ (October 10, 2016).

[46] Kaylene Hong, "Can China's coolest phone maker take Xiaomi-mania international? We ask VP Hugo Barra," February 19, 2014, http://thenextweb.com/asia/2014/02/19/can-chinas-coolest-phone-maker-take-xiaomi-mania-international-we-ask-vp-hugo-barra/ (October 25, 2016).

[47] David Wolf, "Is it too soon for Xiaomi to go global?" October 21, 2013, http://siliconhutong.com/2013/10/21/is-it-too-soon-for-xiaomi-to-go-global/ (October 10, 2016).

[48] Bobby Situkangpoles, "Hugo Barra explains Xiaomi's overseas expansion", June 14, 2014, http://www.androidauthority.com/xiaomi-overseas-expansion-hugo-barra-391598/ (October 25, 2016).

[49] Harichandan Arakali, "Xiaomi says U.S. not a near-term priority as it seeks to grow in India with 4G handset", November 25, 2014, http://www.ibtimes.com/xiaomi-says-us-not-near-term-priority-it-seeks-grow-india-4g-handset-1729157 (October 25, 2016).

[50] Ken Wieland, "Xiaomi expansion plans hit buffers in Indonesia and Brazil," July 21, 2014, http://www.mobileworldlive.com/xiaomi-expansion-plans-hit-buffers-indonesia-brazil-report (October 10, 2016).

[51] Debashis Sarkar, "Advisory 4 months old, no ban on Xiaomi or other Chinese phones: IAF," October 30, 2014, http://indianexpress.com/article/technology/technology-others/iaf-issued-advisory-4-months-back-says-no-ban-on-xiaomi-or-other-phones/#sthash.RjduIwgi.dpuf .

[52] Phil Nickinson, "Xiaomi says it has 100 million active MIUI users," February 12, 2015, http://www.androidcentral.com/xiaomi-says-it-has-100-million-active-miui-users (October 10, 2016).

[53] Michael Kan, "Can China's Xiaomi make it globally? Xiaomi has hired a former

Google executive to lead its global expansion," August 30, 2013, http://www.pcmag.com/article2/0,2817,2462165,00.asp (October 10, 2016).

[54] GSMA, "Smartphones to account for two-thirds of Chinese mobile market by year end," July 13, 2015, http://www.gsma.com/newsroom/press-release/smartphones-account-for-two-thirds-of-chinese-mobile-market-by-year-end-gsma-intelligence-study/ (October 10, 2016).

[55] IDC, "Worldwide smartphone growth expected to slow to 10.4% in 2015, down from 27.5% growth in 2014," August 25, 2015, http://www.idc.com/getdoc.jsp?containerId=prUS25860315 (October 10, 2016).

[56] IDC, "Smartphone prices race to the bottom as emerging markets outside of China come into the spotlight for future growth", February 24, 2014, http://cdn.idc.asia/files/3dc7578e-d2f2-45b1-bad4-463919ad912d.docx (October 25, 2016).

[57] Sounak Mitra, "Samsung's challenges grow in India," October 6, 2014, http://www.business-standard.com/article/companies/samsung-s-challenges-grow-in-india-114100600991_1.html (October 10, 2016).

[58] Prasid Banerjee, "Xiaomi: How its strategy of high-end phones at low prices is loved," July 9, 2014, http://www.digit.in/mobile-phones/xiaomi-changing-markets-by-selling-high-end-phone-at-low-prices-23220.html#sthash.sxJWs502.dpuf (October 10, 2016).

[59] Chris O'Brien, "Google, Apple, Xiaomi and Foxconn rush in as India becomes world's hottest smartphone market," August 10, 2015, http://venturebeat.com/2015/08/10/google-apple-xiaomi-and-foxconn-rush-in-as-india-becomes-worlds-hottest-smartphone-market/ (October 10, 2016).

[60] Gong Jie, "Xiaomi will be the biggest cell phone supplier in India within 2 years," November 20, 2014, http://www.china.org.cn/business/2014-11/20/content_34103889_3.htm (October 10, 2016).

[61] Anil Gupta and Haiyan Wang, "Why Xiaomi can't succeed without india," June 29, 2015, https://hbr.org/2015/06/why-xiaomi-cant-succeed-without-india (October 10, 2016).

[62] Reuters, "China's Xiaomi to set up 100 'experience' stores in India in 2015," March 12, 2015, http://www.reuters.com/article/2015/03/12/xiaomi-india-idUSL4N0WE 34T20150312 (October 10, 2016).

[63] Parmy Olson, "Xiaomi targets brazil with a $160 smartphone," *Forbes*, July 1, 2015, http://www.forbes.com/sites/parmyolson/2015/07/01/xiaomi-brazil-launch-redmi/ (October 10, 2016).

[64] "Xiaomi adds new online sales channels in Brazil," January 14, 2016, http://www. telecompaper.com/news/xiaomi-adds-new-online-sales-channels-in-brazil--1122880 (October 10, 2016).

[65] Parmy Olson, "Xiaomi just made a huge splash in brazil. Now to reshape the market," Forbes, July 6, 2015, http://www.forbes.com/sites/parmyolson/2015/07/06/xiaomi-brazil-hugo-barra/#3aa54f7a3c41 (October 10, 2016).

[66] John Shinal, "Xiaomi lands in the U.S. with a considerable splash," February 17, 2015, http://www.usatoday.com/story/tech/columnist/shinal/2015/02/13/xiaomi-smartphone-apple-hugo-barra/23359411/ (October 10, 2016).

[67] Stephen Hall, "Xiaomi's Mi Store 'beta' to open in US, UK, France and Germany on May 19th," May 15, 2015, http://9to5google.com/2015/05/15/xiaomi-mi-store-open-united-states/ (October 10, 2016).

[68] Reuters, "China's Xiaomi to start small in US, with earphones and bands," February 12, 2015, http://www.cnbc.com/id/102422973 (October 10, 2016).

[69] George, "Xiaomi expands to UAE, Saudi Arabia to follow," January 14, 2016, http://www.gsmarena.com/xiaomi_expands_to_uae_saudi_arabia_to_follow-news-16066.php (October 10, 2016).

第四篇

制度保障:
激励创新的组织、
制度与文化

第 **11** 堂课

韩都衣舍的组织创新：

以"产品小组"为核心的单品
全程运营体系

韩都 HSTYLE
衣舍

　　自2006年创立以来，韩都衣舍（集团）创造了一个服装电商界的神话，从一个淘宝小型卖家成为中国互联网快时尚第一品牌、中国最大的互联网时尚品牌孵化平台、国家电子商务示范企业。其独创的以"产品小组"为核心的单品全程运营体系（IOSSP），是其近年来异军突起的关键。本案例介绍了韩都衣舍"小组制"的产生背景、运行机制和管理方式，同时也探讨了其潜在风险。韩都衣舍的"小组制"组织创新不仅为公司自身业务的飞速发展奠定了基础，也为其他互联网企业带来了关于变革时代组织创新的新思考。[①]

关键词：小组制　单品全程运营体系　组织创新　互联网组织　品牌生态系统

---

① 本案例由浙江大学管理学院的郑刚、雷明田子、陈萧、梅景瑶撰写，版权归作者所有。作者感谢韩都衣舍创始人赵迎光及首席文化官胡进东等对本案例开发的支持与贡献。未经允许，本案例的所有部分都不能以任何方式与手段擅自复制或传播。本案例授权中国管理案例共享中心使用，中国管理案例共享中心享有复制权、修改权、发表权、发行权、信息网络传播权、改编权、汇编权和翻译权。本案例开发得到国家自然科学基金（70802054，71232013，U1509221）资助。由于企业保密的要求，在本案例中对有关名称、数据等做了必要的掩饰性处理。仅供讨论，并无意暗示或说明某种管理行为是否有效。

A：你造吗？尼班诗有童装啦！

B：啊，叫啥？

A：Honeypig，正在招人呢！怎么样，去试试？

B：转部门？不好吧……

A：有啥不好的，不想当选款师的制作不是好运营！新品牌，多有挑战性！

B：行，去试试！都有什么岗位？

A：我截图给你哈。

B：怎么联系啊？

A：就在12楼NB事业部哦，可以联系山葫芦，他的QQ是……

这是韩都衣舍公司内部的一则招聘广告，内容模拟微信对话框的两个卡通人物之间的对话，海报的名字是"需要志同道合的你，一起创造企业"。这则看似寻常的招聘海报，却折射出了公司内部的管理状态。公司的总体资源有限，因此团队间的竞争和淘汰因此也相当激烈，人人力争上游。与很多公司侧重外部劳动力市场不同的是，韩都衣舍非常看重内部劳动力市场，鼓励员工在不同部门、岗位之间相对自由、轻松地流动。

"今年最看重的就是子品牌占比能够超过50%，目前占比在40%左右。子品牌每提高1个点，对公司都有很大的战略意义。"2015年11月11日下午，韩都衣舍创始人、CEO赵迎光在接受《卖家》采访时这样说道。截至11日下午3点，韩都衣舍旗下品牌娜娜日记已经达到了销售目标的107%，Honeypig达到目标任务的127%，迪葵纳达到了98%，"AMH、米妮·哈鲁完成既定目标也没有问题，素缕有压力但不是特别大，下午3点也完成了70%。"赵迎光对韩都衣舍"双十一"的目标很有信心。

2015年"双十一"，韩都衣舍以全天交易额2.84亿元（仅天猫，不含京东、唯品会等其他平台）勇夺互联网服饰品牌冠军，备货售罄率高达75%（行业平均水平为50%）。韩都衣舍女装旗舰店，单店排名位列全国女装亚军，男装和女装都位列互联网品牌第一，与小米、华为、海尔、耐克等同列天猫全品类20强。定位于"快时尚"的韩都衣舍，除有千万粉丝外，还有明星股东。李冰冰、黄晓明、任泉分别持有韩都衣舍0.5438%、0.5438%和0.3955%的股份。2015年9月22日，韩都衣舍进行D轮融资，以每股12.8975元，募集7 365 753股，合计9 500万元。募集完成后，公司估值24.95亿元。

2008年刚创立韩都衣舍品牌时，这家淘宝店只有300万的年交易额，到2015年交易额突破15.7亿元，7年时间猛增500多倍，其中2015年净利润3 320.17万元。每年开发3万款产品，超过Zara每年开发22 000款的历史纪录，已经是全球第一。

截至2015年12月，韩都衣舍有58个业务部门，员工超过2 600人。通过内部孵化、合资合作及代运营等方式，韩都衣舍品牌集群达到28个，包含女装品牌HSTYLE、男装品牌AMH、童装品牌米妮·哈鲁、妈妈装品牌迪葵纳、文艺女装品牌素缕、箱包品牌猫猫包袋等知名互联网品牌。包括韩风系、欧美系、东方系等主流风格，覆盖女装、男装、童装、户外、箱包等全品类。

立足国内电子商务的广阔市场和发展潜力，韩都衣舍发展迅速，这得益于韩都衣舍在组织创新上形成的核心竞争优势——基于产品小组制的单品全程运营体系（IOSSP）。韩都衣舍的快速崛起，称得上是我国互联网和电子商务发展过程中的一个重要样本。在激烈的服装电商市场，韩都衣舍近年来的成功秘籍是什么？韩都衣舍究竟是如何在竞争激烈的电商圈中突出重围，创造电商界神话的呢？

背景介绍

赵迎光个子不算高，身材微胖，40岁刚出头，头发已经白了五分之一。他原本在国有企业做中韩贸易，主要工作是韩语翻译。2001年到2007年，他把所有业余时间都用在了开网店上。卖过化妆品，卖过奶粉，甚至还卖过汽车用品，小打小闹，不成气候。到2007年，他手下也只有五六个兵，月净利润不过一万多。

他曾经多次想辞职创业，但因为自己没有找到独特的商业模式，加上家人反对，他就一直憋着。他不是那种偏激的人，喜欢把所有事情都想清楚了再干。

韩国衣恋公司是在1998年由赵迎光所在的公司引入中国的，该公司做的就是类似盛田昭夫所倡导的阿米巴模式，旗下有几百个品牌。2007年，赵迎光的一个朋友、衣恋生产部部长辞职去了一家名为约瑟夫的电商公司，他邀请赵迎光去他的新公司玩。结果，当赵迎光看到这家公司的仓库每天的发货量有两万多件的时候，他惊呆了。"2007年的时候，一个服装类电商一天能发一百个包裹就很了不起了，但它能发一两万，我当时就晕了，"赵迎光说。当天晚上，赵迎光就约了这个公司老板吃饭讨教。这位当时38岁的老板告诉了赵迎光三句话：一，一定要做自己的品牌；二，要从休闲女装开始做；三，款式更新一定要快，性价比一定要高。这三句话点醒了梦中人。原来，自己多年来之所以做不大，是因为一直在做渠道，而没有自己的品牌。

2007年9月，赵迎光决定借鉴约瑟夫的经验，要做"线上版衣恋"。10月，公司尚未成立，他就注册了自己的男装品牌；12月又注册了童装品牌。2008年3月，他正式辞职创业。

创业初期，韩都衣舍什么都缺：缺资金，启动资金不到18万；缺经验，从赵迎光到员工没有一个做过服装；缺资源，济南没有服装产业，连一个正式的服装设计师都请不到。

唯一的办法就是做韩国服装代购。赵迎光到山东工艺美院等学校先后招了40名学生，其中一半是学服装设计的，一半是学韩语的。每人基本工资从800元到1000元。"我告诉他们，我们不是做代购的，我们是做服装品牌的。但我们现在没能力做品牌，一年后我们做品牌。这一年中间，你要学会下订单，要考虑好一年之后如何自己做品牌。"

具体的做法就是，从韩国服装类网站找到3 000个品牌，然后筛出1 000个来，每个学生负责25个，每天从25个品牌里选8款商品放到淘宝网上去卖，卖出去之后就到韩国网站下订单。这事虽然看起来简单，但至少需要买手学会如何挑选那8款商品，还要翻译商品介绍、处理相关图片等。"活儿全是他们自己干，我从一开始就是做服务的。"

为客户代购的单价非常高，一般可以加价100%卖。韩都衣舍每天销售两三百款韩国服装，流量一下子就爆发了。韩都衣舍在2008年年底交易额做到了300万元。事实上，韩都衣舍那一年充当的无疑是一个中间集合商的角色，业务内容也无非是：筛选、优化。但通过代购，韩都衣舍赚到了第一桶金，更重要的是，培养了团队。

从代购到自创品牌转型

2008年前，韩都衣舍还只是一家韩国服饰代购淘宝店，凭借对韩国潮流的把握，生意不错，交易额常年盘踞代购卖家前三名。但创始人赵迎光已经察觉到了很多淘宝店主都会遇到的一些代购的硬伤：一是周期太长，从消费者下单到到货需要15—20天；二是不能退换货；三是因为信息不对称，经常容易出现断色、断码的情况；四是性价比很差，进货价是国外的零售价。缺点如此明显，消费者为什么还要买？看中的显然是服装的款式。

随着市场竞争的加剧，韩都衣舍战略转型刻不容缓。而此时，淘宝网正好推出淘宝商城，想要打造B2C业务板块，需要大批品牌入驻。但当时线下品牌对线上渠道还有很多顾虑，淘宝网只好主要在淘宝集市上寻找卖家入驻商城。此时，正在谋求转型的赵迎光与淘宝商城一拍即合：做品牌，把产品、客服、定价的权利握在手里。

韩都衣舍于2009年正式进入淘宝商城（天猫），从代购开始转型做品牌。2009年下半年，随着淘宝商城线上的成功运营，很多持观望态度的线下成熟品牌开始逐渐入驻淘宝商城，如绫致服饰、太平鸟等。面对市场的这种变化，赵迎光敏感地意识到此前的淘宝网是"淘便宜"的天下，许多卖家依赖爆款，不那么看重质量，但是线下品牌这些"正规军"带着品牌红利而来，淘宝网将从"淘便宜"转型到"淘品质"。不出所料，线下成熟品牌一出手就夺走了大批销量，相当数量的以批发市场廉价低质产品为主营业务的淘宝卖家开始退出舞台。

赵迎光一方面庆幸韩都衣舍先一步开始了向品牌的转型，但另一方面也意识到韩都衣舍面临着更大的挑战——与品牌商的全面竞争。面对传统品牌商，韩都衣舍在产品设计感、营销手法、资金实力等方面都难以"硬碰硬"，唯一可以突出的优势就是速度。一般传统线下品牌的上新周期都比较长（以速度闻名的Zara平均更新时间是两周），而赵迎光要求韩都衣舍上新以"天"为单位。

2009年，韩都衣舍的交易额做到了1 200万元。面对快速变化和竞争激烈的市场环境，要如何形成自己的核心竞争力？韩都衣舍开始设计并运行以产品小组为核心的单品全程运营体系。

组织创新：以产品小组为核心的单品全程运营体系（IOSSP）

"公司"的历史不过几百年时间，大部分公司是一种类金字塔式的职能型结构。这种结构之下，领导要做正确的事，员工要把事情做正确，领导强调的是决策力、战略力，员工强调的是执行力，上传下达的是中间的管理层。在金字塔的管理结构里面，随着组织越来越大，基层神经末梢的活力会慢慢消失，最后会像一只恐龙：领导层很聪明，但是头特别小，整个身子非常大，而且会越来越庞大，行动也越来越慢。

传统服装行业中的公司，几乎都是采用科层制的组织结构，基本上分成四大模块：一是研发部门，负责产品的开发设计；二是销售部门，负责销售策略的制定和渠道的管理；三是采购部门，负责各种资源的购置，包括工厂管理等；四是服务部门。四个板块各司其职，有点流水线的意思。即使后来做电商，也是分设计师团队、做视觉的团队、管销售推广的团队，分成各种不同的部门，包括现在的代销也是采用的这种模式。这种情况下，一个事情如果做好了，分不清楚到底是谁的功劳，如果做不好，分不清楚到底是谁的责任。好是大家的功劳，差是大家的责任。

在创业的初期，赵迎光和其他四个合伙人关于搭建什么样的组织模式曾经历了艰难的选择。当时他们面临着两种选择：第一种是传统服装企业的串联模式，从服装设计到采购，再到生产和销售。第二种就是并联模式，也就是借鉴之前韩国衣恋公司的模式，采用包产到户的方式，让每个品牌、每个款式都是一个相对独立并列的小组。每个小组由三人组成，包含产品设计开发、页面制作、库存采购管理三个核心岗位，三人中资历和能力强的兼任组长。

并联模式的特点，就是把公司变成平台（比如联排插座），让经营人员分组变成各个小电器（共同使用联排插座电源）。

五位合伙人针对这两种组织模式日夜讨论，数日后还是没有达成统一意见，最后赵迎光说，那就两个模式都同时启用，并行三个月，等三个月后再做决定。于是办公区被分成南、北两大区域，南区采用第一种模式运行生产，北区采用第二种模式开始作业。

运行的三个月中，发生了有趣的现象：每天晚上下班，南区的员工基本到点就走光了，而北区则是灯火通明，很多时候甚至是被物业赶着离开办公区下班的。三个月下来，北区业绩超过了南区！

赵迎光说自己是服装行业的外行，但是事实胜于雄辩，最后他们尊重了实验结论，全力在韩都衣舍推行自主经营体模式。截止到2016年7月，韩都衣舍已经有近300个小组，产品小组的成员800多人，每年可上线3万款以上的服装。

韩都衣舍小组制结构的具体实施方式是：将产品设计开发人员、页面制作人员、库存采购管理人员三个人组成一个小组。产品设计开发相当于传统企业的产品研发，在这里包括面料、款式、颜色、尺码等的选择。页面制作就是传统企业的市场和产品管理，主要是产品定价、产品定位、产品特色、卖点提炼、页面视觉设计、市场活动策划等，跟公司核心服务层的客服、摄影部门进行沟通协作。库存采购管理岗位等同于传统企业的供应链管理，包括打样、下订单、签合同、协调生产、库存管理等，负责给公司核心服务层的供应链、仓储物流下订单。

之后根据产品小组的结构，提出了以产品小组为核心的单品全程运营体系，英文名称为"Integrated Operating System for Single Product"，简称IOSSP（见图11.1）。公司平台为所有的小组提供共性的IT平台支持、物流仓储服务、样品摄影服务、客服和供应链服务。阿米巴经营模式是将整个公司分割成许多个被称为阿米巴的小型组织，每个小型组织都作为一个独立的利润中心，按照小企业、小商店的方式进行独立经营。韩都衣舍的小组制借鉴了这一阿米巴经营模式，并根据韩都衣舍的特点进行了发展创新。

图11.1　以产品小组为核心的单品全程运营体系

资料来源：韩都衣舍公司提供。

　　小组里面的设计开发人员最初并不完全等同于传统意义上的设计师，韩都衣舍的大部分品牌都是采用的"买手制"，因而这样的小组也被称为买手小组。服装的买手制度是由当初超市最先提出的，起先由于超市在经营服装的时候对进货没有经验，所以请有经验的人进行购货，而这种有经验的人称为买手。在淘宝网上，韩版女装的代购卖家众多。同样款式、同样图片的服装价格从几十块到几百块不等，这让买家无法辨别优劣。而一旦买家在一个淘宝店家有了不错的购物体验，他便会经常来光顾。但问题是，这个淘宝卖家的产品更新不够快，不能满足买家的购买需求，这就导致买家不得不再去"冒险"，尝试其他卖家的产品和服务。

　　韩都衣舍的买手制模式中每个买手小组的作用是：负责跟踪诸多韩国品牌的产品动态，从中选出他们认为款式不错的产品，然后进行样衣采购、试销，之后再根据试销情况在中国找工厂量产。买手制并非韩都衣舍首创，国际服装界如ZARA、

H&M等都在用买手制运作，赵迎光引入买手制的初衷是因为销售团队太薄弱，"为了控制风险，只好将压力转移到产品部门"。这种无心插柳之举却孕育了韩都衣舍核心的商业模式。

赵迎光这样说道："在济南这个产业资源不丰富的地方做时尚品牌，在做服装网商之初，'买手制'可能是唯一的选择。我从来不认为只有设计师品牌的市场是一个好的市场，'快时尚品牌'也是市场的主流需要。但到一定发展阶段，必须要有设计能力，针对市场上的款式，借鉴过来后，要有再设计能力，至少要有30%以上的变化和创意。能够改好、再设计，再结合原创设计，就可以具备很强的竞争力。"

虽然不同于传统意义上的"抄袭"，但"买手制"本身有很多需要考虑的东西，哪些可以改？怎么改？如何避免侵权问题？

产品小组的责权利

韩都衣舍的小组制集"研发、销售、采购"于一体，这样便在最小的业务单元上实现了责、权、利的统一（图11.2）。

第一是小组的责任。根据公司总体的交易额目标，企划部会跟每个产品小组谈各自组的目标。比如，公司今年要完成10亿的交易额，由200个小组完成，理论上每个小组就需要完成500万元的目标。一个小组，去年完成的是300万元，今年公司要同比增长50%，如果小组同比也是增长50%的话，就要完成450万元。那么，小组今年计划要完成多少？如果小组说400万元，即同比增长30%，只要这个幅度在公司认可的能够接受的范围内，那么企划部就会跟小组约定，今年要完成400万元，这就是小组的责任。责任不仅是交易额，还有对毛利率的要求，对库存周转率的要求。如果小组的毛利率或库存周转率太低，小组也可能拿不到奖金。小组把自己的资金配额用好，在符合公司利益的前提下尽可能产生约定额度的销售，是小组的责任。

第二是小组的权力。每个小组都有充分的自主运营权，最主要的体现就是资金额度的自由支配。以前这个额度是与小组的销量直接挂钩，卖得越多，额度越大。比如，本月的资金额度是上个月交易额的70%。若上个月卖了500万元，500万元的

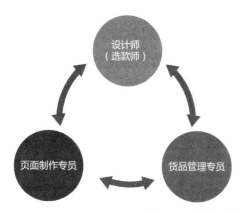

产品小组的责、权、利

责任：确定销售任务指标
（销售额，毛利率，库存周转）
权力：
（1）确定款式
（2）确定尺码以及库存深度
（3）确定基准销售价格
（4）确定参加哪些活动
（5）确定打折节奏和深度
利益：
业绩提成公式：销售额 × 毛利率 × 提成系数

图11.2 产品小组的构成与运行规则

资料来源：韩都衣舍公司提供。

70%是350万元，那么这个月该小组可以用350万元再去下新的订单。但在有了一定量的历史数据之后，现在韩都衣舍采取的方法是根据历史销售的情况来投资。比如去年做300万元，今年就敢给400万元。同时，小组对开发的款式、尺码、数量、价格、参加促销活动、打折深度等，都拥有自主决定权。

第三是小组的利益。韩都衣舍的奖励机制同样非常简单明确，即

奖励额度=（交易额−费用）×毛利率×提成系数×库存周转系数

各个系数的决定方式也不同，比如提成系数，是按照交易额来分段的，随着交易额的提高，对应的提成系数就会低一些。库存周转率是比照所有小组的平均库存周转率进行激励，不刻意去强调库存周转率应该做到多少。每个小组基本当日就能够算出来今天自己赚了多少钱，这样小组就有了巨大的创业成就感。同时，小组内的提成分配由组长全权决定，公司不会介入分配。

韩都衣舍在组织设计中，极大地激发了小组的竞争意识，小组之间的竞争激烈，但韩都衣舍并没有实行淘汰机制。小组的新陈代谢是自然实现的，即"产品小组更新自动化"。比如，一个品牌有20个小组，每天早上10点钟就会公布昨天交易额的前20名。这个机制的设计让每个小组都会受到一个强刺激。第一名很兴奋，然后他就会想要维持第一的排名；第二名想只要一努力就可能超越第一名，他也很兴

奋，一天到晚琢磨怎么超越第一名；倒数第一名就会想努力一点，超过一名是一名，不能老是垫底。每个小组为了名次靠前一步都很努力，虽然没有加班制度，但是都会自己主动加班，整个公司的工作状态都是非常积极的。

做得好的小组会形成示范效应，这时就会有组员提出想独立出来单干，而做得差的小组中的有些组员就会跟过去，这样一来小组之间就形成了自由组合。小组分裂后可以相互之间自由组合，也能加入新员工组建新的团队，是一种充分自由的竞争。为了防止不必要的组织裂变，韩都衣舍又规定，离开的组员要向原来的小组贡献培养费，即走的人在新的小组拿到奖金后要将10%交给你的老组长，时间是一年。

小组制至少有三个优点：一是动销比高，库存周转快。相比传统公司到季末的时候才开始分析卖不动的产品，研究怎么打折促销，韩都衣舍的小组负责人动作非常快。比如说，一件衣服80元卖不掉就卖60元，60元卖不掉就卖40元，40元卖不掉就买20元，只要卖不动、卖得慢就采取措施，周转就快。二是业务员的主观能动性非常强，对于韩都衣舍产品部门的业务员，公司从来不考勤，但是他们会自己主动加班。三是自主经营体，责、权、利清晰，因此员工流失率很低。

小组多了怎么办？有人给韩都衣舍打比方，说初级版的韩都衣舍模式是"强盗"模式，小组自己随便到市场上抢，抢到了就分。后来，韩都衣舍有组织、有纪律了，就开始逐渐向正规军发展。每3~5个小组变成一个大组，每3~5个大组变成一个产品部，每个产品部都覆盖全品类。部门和部门之间会有竞争，但在部门内部是互相搭配的，跨部门就不搭了。部门也是一个竞争体。内部很多好的知识、经验，在大组和部门内部交流还是比较充分的，部门内经常开小会、开讲座，讲完之后所有人都知道了。

类似的机制还有很多，韩都衣舍凭借这种独创的小组结构和运营管理机制，对设计、生产、销售、库存等环节进行全程数据化跟踪，实现了针对每一款商品的精细化运营。截至2016年7月，韩都衣舍共有约300个产品小组，旗下品牌达到了28个，线上店铺保持每周上新的速度，全年的上新可以达到30 000款。它们是公司的发动机，独立核算，独立经营。"款式更新够快，顾客会经常来看看。"赵迎光追求

"速度"的优势体现得越来越明显，在吸引了很多新客户的同时，形成了口碑，也同样增强了对老客户的黏性。

传统品牌的每一款都铺货上万件，这就像拳击手打出的一记重拳，力量虽大，可一旦落空，风险极大；而电商少批量、多批次的销售则更像咏春的贴身短打，一旦击中便数拳跟进，一击不中就立刻改变套路。韩都衣舍把在传统服装企业一件衣服生产所需要的包括打版、裁剪、缝制、后整等工序，进行模块化切分，一个工厂只负责一个工序，一件服装的生产由多个工厂共同完成。通过切分供应链，把订单进一步微分，在确保效率更高、速度更快、品质更好的基础上，获得了更短的资金周转周期、更少的库存和更小的风险。

这个方法在之前已经在山东做过试验：打版由韩都衣舍负责，裁剪和后整由诸城一家供应商承接，缝制也交由当地服装厂完成。这次尝试一共生产服装400多款，每个款分大中小号，两个颜色，单款只有40件左右，一共1.6万件，达到了预期目标。

韩都衣舍的产品从设计接受到上线销售平均只需要20天，每天上线新品约100种，一年的新款能超过3万种。这样一来，"双十一"要销售的羽绒服，在测试完需求、确定完款式之后，马上就可以下单，而预售10天后就可以发货。"柔性供应链"的建设也成为"款多量小快跑"的生产保障。公开转让说明书显示，韩都衣舍的前五大供应商分别来自威海纺织集团进出口有限责任公司、滨州华彩服饰有限公司、东莞市诚威服饰有限公司等代工厂。韩都衣舍的"柔性供应链"在2015年"双十一"当日彰显出其威力：多品牌、上千个款式在开场10个小时之内售罄，实现当天即时追单。订单处理速度达1.5万件/分钟的信息系统，展现了强大的数据驱动能力和系统协同能力：开场5分钟发出第一个包裹，当天发送50万个包裹，2000个爆款当日即时追单。

但值得注意的是，"柔性供应链"同样存在很多问题，主要集中在布料选择和生产工艺上。在一些市场抽检中，韩都衣舍也曾经不幸中枪。在快速追单的过程中，责任心差的代工厂对布料的品质控制有时会出现疏漏，导致纤维含量、色牢度等品质出现不少瑕疵；有时候在快速生产时，工艺也出现瑕疵，比如忘记缝制标签、忘记标注纤维含量等指标，而这些也都是质检部门严查的指标。韩都衣舍在发展过程中对这些问题是高度重视的，既要防范布料供应商，又要防范工厂风险。因为，不做好质量把控，就会遭遇退货、差评，这是每一家网商都不希望的。为此，韩都衣舍一方面跟市场歪风做斗争，一方面建设自己的防火墙，对供应商建立5A评级体系。2008年至今，与韩都衣舍合作过的供应商累计超过1 000家，而截止到2016年7月，与韩都衣舍稳定合作的只有60余家核心供应商。这些供应商都是在合作中被不断优化、筛选出来的。他们90%以上的业务是针对韩都衣舍的，因为他们对韩都衣舍的发展模式认可，并对韩都衣舍的未来充满信心，所以他们会专门针对韩都衣舍的订单，斥资几十万元购买拉布机、热黏合机等专业设备，进行车间新建或改造。另一方面，韩都衣舍自己规划布料，对采购布料实行自主质检和机构质检相结合，从上游做好控制。目前看，质量问题虽然仍有挑战，但是韩都衣舍已经开启了全面品控之旅，市场反馈良好。

在网购突进的背后，韩都衣舍也面临着退换货问题。韩都衣舍的平均退换货率保持在10%以下，属于行业内较低的。在"双十一"期间，由于激情购买、过度消费、退换货险出现等原因，整个行业退换货率都偏高，但韩都衣舍的这一指标依然低于行业平均水平5个百分点。但是，这仍然对经营带来不小的影响，虽然造成的库存比线下店少非常多，但对于追求快速库存周转的韩都衣舍来说，也是一个需要高度重视的问题。

受到阿里巴巴公司武侠文化的影响，许多淘品牌公司都有各自独特的企业文化，比如花名文化。那韩都衣舍独特的小组制结构和管理模式，衍生的企业文化是怎样的呢？

韩都衣舍的员工普遍非常年轻，彼此间的交流频繁，大多数时间，各个透明落地玻璃的会议室里都在开着小会。"我们的使命是'成就有梦想的团队'，"韩都衣舍负责传媒工作的副总胡近东介绍说，"公司实行的是'本草文化'，我们相信，万物有灵，万物自由，万物生长，每个人都是有灵性的生命，有自己重要的价值。"韩都衣舍公司的会议室都是用名山命名的，而从管理层到一线员工，韩都衣舍每位成员都用《本草纲目》中一味中草药作为自己的"花名"。中草药比一般食物要有灵性，在中国的中医药文化里面，每一味中药都有独特的药效，一个药方里面有多种药，混合在一起才能治病，就像不同的员工要合作才能最好地发挥自己的价值一样。赵迎光的"花名"是"百两金"，这是一味解毒消炎的中药，而"百两金"寓意消弭矛盾、解决问题。另一方面，中医治病根据病情的不同，药方有多种变化，这和"互联网+"时代企业面临的问题也很像，"互联网+"时代外部变化快、迭代速度快，公司内部也需要相应变化，不断地学习和迭代组合。

组织机制与企业文化之间是双生互动的。机制设计需要思虑周全，方方面面都要兼顾。在合理的机制之下，文化得以快速生长，这种企业文化即员工在心理上达成的共识。在韩都衣舍，小组制既是机制，也是文化。

服务体系：大平台+小前端

由于小组之间的关系是竞合的，既有合作又有竞争，这便使员工感受到来自市场的压力，促成小组间的良性竞争。但赵迎光认为，从部门制切换到小组制，效率曲线是一个由高到低，再由低到高的过程。在部门制下，由部长做出决策，员工负责执行，在专一业务上，其效率和创新能力一定是比小组制高的。怎么解决由此导致的效率与公平、资源有限、组织学习创新能力不足等问题？

韩都衣舍在自己的管理运营体系中，倡导"服务型管理"，组建了为小组服务的公共服务部门。举例来说，韩都衣舍是首先有了小组，在小组自己干的过程中产生了很多的需求，于是就设立了公共部门。这些公共部门都是由小组需求倒逼产生的，所有的公共部门都是围绕小组来进行他们需要的服务。如果小组不需要，这个部门也可能就不存在了。小组可以使用公司内部的资源，如果认为公司内部资源成本过高、效率过低，小组自己也有权力选择外部资源，公司不限制。所以，公司内部资源的效率一定得高于外部效率。

利用小组制的优势，韩都衣舍做到了将大的共性与小的个性相结合：所有非标准化的环节、需要体现创意的环节，例如产品的选款、页面的制作、打折促销等，全部是由小组自己来做；所有标准化的环节、可获得规模经济的环节，例如客服、市场推广、物流、摄影等（统称为公共部门），都交由公司来做；再加上人资、财务、行政部门等，就完成了韩都衣舍组织架构的三级管理。简而言之，所有非标准化都由小组来做，所有标准化都由企业来做，让成熟品牌自立门户。

韩都衣舍是"大平台+小前端"，将整个公司变成一个平台，给前端的小自主经营体赋能，让他们去跟消费者沟通。这种服务体系，在韩都衣舍的品牌孵化中起到了至关重要的作用。韩都衣舍的小组制有两套并行不悖的逻辑：一是自下而上的人人创新，二是自上而下的中央控制。

首先，韩都衣舍按照规模和成长性划分，集团总经理办公室下面设立了两个组：品牌规划组与运营管理组。品牌规划组的定位在于帮助品牌走完"从无到有"的过程，这包括前期的市场调研、商标注册、知识产权保护等，从0到1 000万元，这个阶段的品牌都由该组来协助解决各种各样的问题。运营管理组的功能则在于"从小到大"，过了1 000万元以后，便主要由该组提供支持。当品牌小的时候，由品牌规划组提供帮助，总经理办公室也会定期为小品牌的负责人召开掌门大会；当品牌大到一定规模之后，就为其举办成人礼，让其独立出去，不再占用总部职能。

2014年年底，韩都衣舍成立了以小品牌负责人为主要成员的"掌门大会"，成熟品牌只能作为观察员参加。掌门大会每个月至少召开一次，主要关注小品牌成长中所需要的帮助，各位掌门可以在会上提出各种诉求，平时有问题也可以向担任大会秘书长的总经办主任随时反映。迪葵纳品牌负责人李涛认为，"将所有子品牌的负责人组成一个团队，集思广益，由于大家都在同一个体量上，经常会遇到相似的问题，讨论出来的解决方案对大家都有适用性，能够帮到大家。"此外，韩都衣舍每周举办的经理会也会优先让小品牌发言，同时限制大品牌的发言时间。2015年年会上，除了举办品牌的成人礼，韩都衣舍格外强调品牌创始人的核心作用，给每位创始人制作了单独的海报。在赵迎光看来，韩都衣舍的核心是经营人，而不是经营事，如果要做50个品牌，那就要成就50个品牌运营团队。

"选品牌就是选灵魂人物，只要那个能代表这个品牌灵魂的人存在，这个品牌就能做起来。每个品牌都有定位，其实定位就意味着一个品牌原则上只能服务一类人，而灵魂人物指的就是他有能力让这一类人变成粉丝，线下品牌不太强调这点，但我们管它叫'人格化营销'，线上品牌未来的发展趋势是越来越重视品牌人格化，粉丝即顾客。"赵迎光说。

其次，按照功能和合伙人的注意力划分，韩都衣舍分成产品系和营销系，产品系由刘军光负责，营销系由赵迎光负责。赵迎光谈道，"其实我们每个子品牌都是由这两个部门组成的，每个子品牌的标配是15人，10个人做产品，5个人做营销，即产品团队加营销团队，光有产品没有用的，对于子品牌的孵化，营销能力很关键，你怎么提炼卖点，怎么做产品规划的企划，这是需要一套能力的。而在子品牌的分工方面，也主要是由我们两个人负责，他分几个我分几个，其他合伙人不直接管理子品牌。"

最后，韩都衣舍设立了企划部，提供专业的支持。韩都衣舍的企划部有近100人，相对其2 600人的员工总数，这一比例是惊人的。企划部主要负责制订详细的企划案，以此来把握品牌和品类的产品结构和销售节奏，为品牌规划组和运营管理组提供专业建议。在某种意义上，企划部相当于韩都衣舍的发改委与数据中心，根据历史数据，参考年度的波峰、波谷节奏，制定出目标，然后分解到各个小组。每个小组在月度、季度、年度，都有细分的考核指标。毫不夸张地说，企划部的有效控制对于整个供应链的协调工作是非常关键的，否则每年由小组制策动的数万款产品下单将会有很大的风险。

愿景：互联网时尚品牌孵化与运营生态系统

韩都衣舍采用的小组制吸引了越来越多人的注意，甚至为许多企业的组织变革指明了一个方向。但是韩都衣舍的单品全程运营体系不仅仅在于小组制和为小组制提供服务的公共部门，还在于韩都衣舍的品牌孵化能力和品类管理能力。从大的管理架构上来说，韩都衣舍每三个人标配组成一个小组，三到五个小组组成一个大组，三到五个大组组成一个部，部之上则是品牌。而由于各个品牌的规模不同，旗下的架构也不完全一样，例如HSTYLE女装品牌有四个大部，但AMH只有一个大部。在横向协同方面，小组之上还有主管、经理，负责协调组与组的关系。

在"互联网+"的背景下，对于未来的发展，韩都衣舍称将在以互联网技术为核心的新商业基础设施上，致力于时尚品牌的创意、设计、孵化与运营；同时，构建以"商业智能+大数据应用"为核心，打造以创意、智造、金融投资为要点，以营销、智能储运、专业客服、互联网传媒、商业智能、柔性供应链等为要素的时尚品牌孵化与运营的生态系统。

这既是顺势而为，在某种程度上，又像是事后总结出来的战略。在2014年已经上线的16个品牌中，两个是外部得来，其他都是内部孵化，包括在2011年收购的设计师品牌素缕，旗下诞生的自古、果芽两个品牌，风格与素缕基本一致，只是分别指向男装和童装。到2015年，韩都衣舍品牌如图11.3所示。

区别于天猫、京东等基础电商平台，韩都衣舍正在试图搭建的是一个"中平台"，是一个行业级、专业性垂直电商服务平台。赵迎光谈到，"无论是靠自己孵化子品牌，还是靠从外部引进，效率都还是比较低，通过开放这个平台让大家玩，就可以通过数据发现好的增量。这件事淘宝、天猫不能投，它们不能既当裁判员又当运动员，但我们可以。因为我们本身就是运动员，我们还是教练，教练可以投运动员，培养出好的运动员去参加比赛，但裁判只能做裁判的事。"此事现在已经提上了日程，韩都衣舍的IT部门和供应链部门已经在为此做准备，赵迎光希望这套系统在2017年左右能够上线。

2016年4月29日，韩都衣舍向股份转让系统提交公开转让说明书，申请挂牌新三板，上市愿望十分迫切。韩都衣舍称，未来三年，公司将以上市为契机，增强自身实力，提升行业地位。同时，积极寻求外部与自身优势互补或具有重要资源意义的企业，进行投资、收购或者兼并。

虽然对未来规划得很美好，但韩都衣舍也面临不小压力。潮流难以把握，韩流怎能永久？而同样定位于快时尚的ZARA、H&M、优衣库等也纷纷进入中国市场，并开设线上渠道；原本专注于线下的森马、美特斯·邦威，也同样看上了电商渠道。

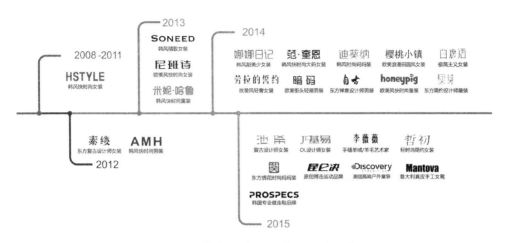

图11.3　韩都衣舍子品牌孵化时间表

资料来源：韩都衣舍公司提供。

韩都衣舍也在其公开转让说明书中承认，未来将会面临宏观经济低迷、市场竞争加剧、消费者偏好转移、原材料价格波动及人力成本提高等风险。

竞争如此激烈，韩都衣舍该如何通过资本市场提升自己？更重要的是，韩都衣舍在新三板的表现将直接影响后续淘宝商家的资本运作。韩都衣舍在互联网时尚品牌孵化与运营生态系统的实现道路上，能否最终成功呢？一方面，这个计划中的"中平台"和目前的组织结构是一种怎样的关系尚不清楚；另一方面，随着规模的扩大，韩都衣舍的小组能无限扩张吗？当小组达到一定数量，"小前端"的量变必然会引发整个组织机构的"质变"，此时原有的"大平台"就有失控的风险。同时，韩都衣舍还面临着产品的质量问题和退货问题，为了实现产品高效率、高质量和低退换货率，他们应该怎么改进？韩都衣舍在新一轮的变革中又会进行什么样的组织创新呢？让我们拭目以待。

查看更多有关韩都衣舍的图表资料，请扫描右侧二维码。

阅毕请思考：

· 韩都衣舍为什么要搞小组制？其小组制结构有什么特点，在其他行业具备可复制性么？

·韩都衣舍的现有小组制结构可能存在什么风险和问题？相比其他组织结构可能会有什么劣势？你认为韩都衣舍应该如何应对？

·你觉得韩都衣舍在互联网时尚品牌孵化与运营生态系统的实现道路上，还需要注意些什么？

·"互联网+"时代的组织创新有哪些特征？结合你所在的企业，你觉得韩都衣舍组织创新的成功有哪些可以借鉴的地方？当前还有哪些新型组织创新形式值得传统企业参考借鉴？

网络视频资源：赵迎光谈韩都衣舍小组制

参考文献：

[1] 伟雅俱乐部：《赵迎光说韩都衣舍：一个网商的成长回顾及未来展望》，北京：机械工业出版社2015版。

[2] 韩都衣舍赵迎光："站在时尚门外的时尚品牌掌门人"，新华网，http://news.xinhuanet.com/fortune/2015–07/12/c_1115893929.htm，2015年7月12日。

[3] "图解韩都衣舍买手制"，天下网商微信公众号，2013年12月6日。

[4] "从20万到15亿收入，韩都衣舍都做对了什么？"，财经综合报道，http://business.sohu.com/20151016/n423384349.shtml，2015年10月16日。

[5] "韩都衣舍的小组制组织创新：如何通过细胞分裂的方式迅速增长"，颠覆式创新研习社微信公众号，2015年9月8日。

[6] 丛龙峰："韩都衣舍：小组制背后的管理能力"，《商业评论》，2015年5月。

[7] "买手小组制——韩都衣舍成功背后'公开的秘密'"，中国电商观察，http://finance.jrj.com.cn/biz/2014/03/06140616811033.shtml，2014年3月6日。

[8] "深度剖析韩都衣舍的'互联网＋'创新"，AMTGROUP微信公众号，2015年12月23日。

[9] 赵迎光："把公司变成云"，长江商学院微信公众号，2016年2月13日。

[10] 萧三匝："韩都衣舍：阿米巴炸裂"，中国企业家，http://www.handu.com/news/details/22298.html，2015年6月19日。

[11] 稻盛和夫：《阿米巴经营》，北京：中国大百科全书出版社2009版。

[12] "赵迎光揭秘：韩都衣舍这么火十分赚钱的秘密"，联商咨询微信公众号，2016年1月1日。

[13] 刘松博，龙静：《组织理论与设计》，北京：中国人民大学出版社1998版。

[14] 陈劲、郑刚：《创新管理：赢得继续竞争优势》（第2版），北京：北京大学出版社2013版。

[15] "韩都衣舍的秘密：倒三角管理，做创业者的孵化器"，投资中国，http://www.tuicool.com/articles/2AjUzuz，2015年12月30日。

[16] "韩都衣舍来新三板：淘宝店起家，年入13亿"，读懂新三板微信公众号，2016年5月4日。

[17] "马云旗下韩都衣舍谋上市，刷单或成绊脚石"，新三板千人汇微信公众号.2016年5月3日。

[18] "赵迎光：为什么韩都衣舍敢卖衣服还敢卖面包机？"正和岛微信公众号，2016年4月23日。

[19] "韩都衣舍2015欲破25亿，已进入上市准备期"，《齐鲁晚报》，2015年6月9日。

[20] "韩都衣舍公开转让将挂牌新三板，去年营收12.6亿元"，赢商网，http://news.winshang.com/html/057/4973.html，2016年5月2日。

[21] "韩都衣舍双11战报：四大亮点你得造"，电商在线，https://www.douban.

com/group/topic/81480354/，2015年11月27日。

[22] "韩都衣舍供应链升级：占据互联网时代的下一个风口"，中国山东网，http://news.sdchina.com/show/3667129.html，2016年1月12日。

[23] 慕华："韩都衣舍申请挂牌新三板，股书曝光其经营情况"，创投时报，http://www.ctsbw.com/article/5569.html，2016年5月2日。

第 **12** 堂课

芬尼克兹：

如何激发内部创业活力？

　　芬尼克兹是一家专注于热泵技术相关产品的研发、制造及销售的传统制造企业。2005年，芬尼克兹开始探索鼓励骨干员工内部创业的制度，截至2016年6月底，公司内部通过裂变式创业形成的"芬尼系"企业群已经有9家公司，且均拥有自主品牌，产品远销欧洲、美国、加拿大、澳大利亚等80多个国家，年产值数以亿元计。芬尼克兹依托内部创业，不仅为公司留住了高管，解决了新老员工的发展难题和内部创新创业活力的问题，也为其他处在变革时期转型升级困境中的传统制造企业带来了新的思路与启示。①

关键词：公司内部创业 裂变式创业 转型升级 激励机制

①　本案例由浙江大学管理学院的郑刚、雷明田子撰写，版权归作者所有。未经允许，本案例的所有部分都不能以任何方式与手段擅自复制或传播。作者感谢芬尼克兹创始人宗毅及混沌研习社对本案例开发的支持与贡献。本案例授权中国管理案例共享中心使用，中国管理案例共享中心享有复制权、修改权、发表权、发行权、信息网络传播权、改编权、汇编权和翻译权。由于企业保密的要求，在本案例中对有关名称、数据等做了必要的掩饰性处理。仅供讨论，并无意暗示或说明某种管理行为是否有效。

2010年年底的一天下午，总部位于广州的芬尼克兹公司内部举办了第一届创业大赛，大赛的PK主题定为"假如我是互联网营销公司的总经理"。比赛现场，台上员工每个都意气风发，场面十分热闹，激烈精彩程度比大学生创业计划大赛决赛有过之而无不及。台下专业评委点评得也非常精彩，其他员工更是认真，他们拿着选票，慎重地写下自己的决定。这张特殊的"选票"是CEO宗毅为了调动企业内部全员参与的热情而亲自设计的，选票设计得并不复杂，一共才三行：

你选谁？

你投他多少钱？

投票人签名

具体的评选方法是：

1. 有投资资格的人只能投一票，投资额度根据职位高低设定上限；

2. 员工写在选票上的金额如不兑现，扣罚上一年年收入的20%；

3. 投资的人选如与PK胜出者不符，员工有权修改人选，但只能排在候选，不保证有资格投资，同时投资比例需要打折；

4. 竞选人及竞选团队要申明其个人投资额度，带头人投资要超过首期投资的10%以上，自己不投资不得参赛；

5. 获得最高投资额者获胜。

此次比赛告示张贴后，揭榜的有14个队，平均每个队4个人，总共有60多个员工参与。比赛的结果大大超出了预期，预赛冠军最终拿到了130万元的员工投资，亚军拿到了30万元。决赛的结果更是令人惊讶，仅仅是员工投资就高达950万元。

芬尼克兹原本是一家传统制造企业，其创始人兼CEO宗毅是一个具有变革精神的人。他想抓住变革时代的机遇进行企业转型升级，涉足互联网，开辟新的业务，可是谁来担此大任呢？芬尼克兹以前并未涉足过任何与互联网相关的业务，宗毅也不完全了解公司内部每一个员工的能力，选出一个能帮助公司开辟互联网业务的领导者实在是不容易。经过长达两个月的深思熟虑，宗毅决定举办这次内部创业大赛，通过大赛来选举合适的领导者。

芬尼克兹为什么要搞这种公司内部创业？为什么组织员工创业大赛？为什么让员工用钱投票？这种内部创业模式对于公司发展究竟有什么影响？对其他寻求转型升级的公司有什么借鉴意义？

从一百平方米起步

1992年，宗毅从北方工业大学流体传动与控制专业毕业，获工学学士学位，被分配到广东华宝空调厂工作，先后在生产部和研究所任工程师，1997年任华宝研究所设计室主任。

1998年7月，科龙集团和华宝集团合并，导致公司内部派系林立，已经是研究所主任的宗毅毅然从华宝辞职，重新回到大学校园，就读于华南理工大学工商管理学院。

1998年10月，一个偶然的机会让宗毅参与创建广东天元电器有限公司，任研发部部长。不幸的是，在2001年公司停业。

2001年年初，宗毅和一群合作伙伴一起再次创建广东天元电子科技有限公司，任总工程师，第一次成为公司的一个小股东；但由于和大股东经营理念不一致，于2002年1月辞职。之后公司于2004年停业。

两次参与创业的经历为宗毅后来的创业提供了至关重要的经验。

2002年1月，宗毅和张利合伙50万元创办了广东芬尼克兹节能设备有限公司（当时企业名为"广州市密西雷电子有限公司"）。公司刚成立时就在一百平方米左右的一个厂房办公。芬尼克兹从代工起步，为国内外厂商贴牌生产家用空调。以新能源技术、低碳和环保事业为企业的核心方向，专注于热泵技术相关产品的研发、制造及销售，主营业务有高能效热泵、中央热水系统、高效换热器的研制销售服务等。

刚开始创业的时候，宗毅每天的工作就是在车间里一边汗流浃背地修着机器，一边考虑着客户的欠款什么时候能到账。就像希腊寓言里讲的那样：一只狮子追兔子没追上，狐狸笑话它，狮子自我解嘲说："跑的动机不对称，人家是为了命在跑，而我是为了一顿午餐在跑。"宗毅说自己就像那只逃命的兔子，在创业前三年的时间里，都是在缺钱、缺订单、缺人的状态里以战养战，拆东墙补西墙。和大多数传统小老板一样，宗毅每天都疲惫不堪，白天面对员工装得很亢奋，晚上回到家愁眉紧锁，不知道工厂明天是否能够活下去，可能随时都会面临倒闭的危险，需要靠抽烟喝酒来排解压力。

宗毅自身的一些特点使得创业更加困难，因为他不喜欢经营关系，从来不接政府的订单；因为不喜欢喝酒，也因为没有资格，所以基本不和银行打交道；因为从小就有哮喘病，所以只能在没有雾霾的城市创业。用宗毅的话说，因为"资源短缺"，他只有让自己变得更聪明才能活下去。

高管离职危机：比强大对手更可怕的事情

创业仅仅两年，宗毅就遇到个大麻烦。2004年年底，芬尼克兹的营销总监突然辞职，想自立门户当老板，而他对公司的销售业务比其他人都要熟悉，芬尼克兹80%的销售业务掌握在此人手中，假如大客户都被这名高管带走，后果可想而知。更令人感到害怕的是，"他知道你所有的秘密：你的成本，你的售价，你的客户，甚至你做过的坏事——因为当时都是我们俩一起去做的。"宗毅这样说道。

当时宗毅费尽心思请他留下，提出给他很优厚的条件，甚至股份，但他都不为所动，在外面成立了一间跟芬尼克兹几乎一模一样的竞争性公司。当时芬尼克兹规模不大，两个创始人对商业模式创新了解得不多。生产出好的产品，下一步自然就是想把它卖出去。所以，销售环节对于这样传统的企业来说，意义重大。当时销售总监的年薪是10万出头，如果想避免人才流失，必须给高工资，这对于创业公司来说是不能承受之重。更重要的是，有时候高工资也不一定能把人留下，比如，他们就是想自己当老板。好在有惊无险，芬尼克兹的产品优势明显，这名高管的离去没有从根本上影响到公司的整体销售。但是宗毅和他的合伙人开始反思：如果类似的事件再次发生怎么办？

实际上很多公司都面临着这样的问题，因此很多老板会感到紧张，甚至恐惧。"这种想离职创业自己当老板的员工，你给再高的工资也没有用。"宗毅说，"我以前从大公司出来的时候，老板给我多少钱都不可能留下。因为我就想当老大，你想用什么东西收买老大是不可能的。他想去当老板，挡也挡不住。"宗毅就想，能否在企业内部打造出一个创业平台，把这些有创业精神的人留下来，因为他们才是公司最宝贵的财富。更重要的是，宗毅意识到"创业型人才你绝对不能等出了问题再去想办法，他提出辞职，肯定在外面已经找好路子了，这个时候你给的条件再优惠，他也回不来了。所以你一定要先准备好，在他还没有往这方面想的时候先给他一个'坑'，让他跟着一起创业，这是唯一的方法。"

初次尝试：50万元可以创造伟大的公司

2005年，芬尼克兹生产的游泳池热泵（泳池恒温除湿系统）里面有一个非常重要的配件——钛管换热器，有机会可以自己生产。按照以往公司的做法，就是成立一个新的生产车间，但是，有了之前高管离职的教训，宗毅想以此为契机，把所有人系在一起。

当时的高管有6个人，宗毅跟他们开会，让这6个高管和宗毅以及另一个原始股东张利共同出资成立一家公司来生产钛管换热器，他说："你看50万我们公司就做起来了，过得也不错，我们再投50万把这个东西做出来，利润比我们做主机好多了。"因为有芬尼克兹作为天使客户采购新公司生产的配件，为配件工厂提供足够量的订单，无论怎么算，新公司都不会赔钱，而且还有可能做大做强。高管们一开始也很激动，但晚上回去他们几个偷偷开了一个小会，第二天6个高管中就有5个说不想投资。等到宗毅再找他们谈话，他们就说，"老大我还是给你打工吧。"宗毅想知道原因，明明昨天还是兴奋的，为何今天就变卦了？后来经过他私下里了解，其中有两个高管是有心理阴影的，以前在别的私企打工，老板也承诺给他们分股，但是到后来就不兑现，所以他们当时认为宗毅也不靠谱。后来，宗毅就给他们做工作，一点点地"威逼利诱"，从最容易公关的懂产品和技术的人开始突破，最后6个人里面，有4个人同意投这个公司。

2006年3月，一家叫鑫雷的公司注册完成，总经理是芬尼克兹原来的生产主管韦发森，他投了10万块钱，于是宗毅就让他当了总经理，其他人就是股东，剩下的钱是宗毅跟其他股东投的，加起来总共投了60万，很小的一个公司。公司独立运作，但控股股东是宗毅和张利二人。当员工把钱投进来以后，他们就会很拼命，总经理是大股东，干活更拼命，只用了7个月就把新产品试制成功，比预期足足提前了1年，第一年这个项目总共做了400万的销售额，纯利润超过了120万元。

到年终的时候就需要考虑利润分配的问题。当时宗毅就想，要让那两个死活也不肯入股的人后悔一辈子。所以在分配的时候，他就把利润的一半分了，当时的利润是120万，一半就是60万，第一年投资60万就分60万，这在白手起家的创业公司里是没有先例的，宗毅就是为了争一口气。这个利润分配方式，就像强盗坐地分赃一样，几个股东像拣到钱一样兴奋，整个公司也完全沸腾了。

因为第一家效果好，宗毅明显感觉到员工的状态变得不一样了，这次的成功也为芬尼克兹种下了内部裂变式创业的基因。第二年，芬尼克兹又发现了一个产品有机会可以做，只需要60万元就可以做起来，当时宗毅建议多投一点，募资100万，因为希望能够把20个核心员工团结起来，每个人5万。结果却出人意料，这伙人一夜之间参股了220万。

自2006年开始，芬尼克兹几乎每年都会开一家新公司，既保证了稳定的现金流，也让老员工创业获得更多的收益，腾出了位置让有能力的年轻员工上位，保证了企业的新鲜活力。

内部创业大赛：用钱投票

日子好过的时候，大多数人都不会想到变革。但是当企业突然有一天快不行了，"企业未来的路怎么走"这个问题一下子摆在了宗毅的面前。尽管他已经把芬尼克兹做到游泳池恒温节能设备全球第一的"隐形冠军"的位置，可是由于金融危机，从2008年年底开始，中国传统实体企业集体陷入困境，以往出口多年增长超过100%的芬尼克兹2009年也突然进入负增长。宗毅突然意识到，他们也需要像很多出口转内销的外贸企业一样 "两条腿走路"。宗毅提出了一个问题："如果在中国卖，这种重型的比较复杂的家电应该交给谁去卖？有没有可能做一个互联网公司？"

当时，一款"空气能热水器"的产品进入了宗毅的视野。这是一款价格不菲的中央热水系统，在欧洲的价格高达4 000欧元(约3万元人民币)，销量非常好。宗毅就打算用这款产品打开国内市场。可是谁去卖？和其他传统企业一样利用渠道商苏宁、国美？可是当宗毅找到国美时，对方开价是：每个店50万元的进场费，共1 600个店，并且要压款两个月以上。高昂的入场费，让宗毅大呼"玩不起"。 与此同时，如今的"互联网+"大佬——京东正蒸蒸日上。宗毅也想向电子商务靠拢，这样的重型设备，可不可能在网上销售？在2010年，大型的、重服务的家电产品还是很难在网上卖。一方面就是困扰大型家用产品制造商的物流问题，热泵热水器重达一百公斤，高度一米八，骑三轮车的快递小哥怎么送上楼？另一方面就是，没有办法很好地提供安装服务。"互联网时代所有的交易都能在网上进行，这是时代的趋势。"凭着自身敏锐的直觉，宗毅决心要啃这块"硬骨头"。但芬尼克兹当时的公司架构，暂时还"消化"不了这个新项目。

"这个时候我也头痛，一个做制造的，从来没有做过面向消费者的品牌，就像是富士康突然说要做苹果，怎么能转得过来？"宗毅说，他们当时面临着两个问题：第一是互联网营销，第二是消费者洞察。市场策划、产品策划，甚至做一本说明书，以前都不会做。对于制造企业，寻找互联网转型人才也是一个大问题，更麻烦的是，就算找到这样的人才，传统的企业文化也很难把人才留住。

压力中，谁也没有预料到，芬尼克兹公司将迎来影响深远的组织架构剧变。

既然下定决心做这件事，那么由谁来带头？谁是最适合的人选？前面四位裂变公司的总经理都是任命，但是做一家互联网公司，找到一个合适的人选并不容易。

一个月过去了，宗毅仍然没有物色到适合的人选。一次，他偶然和销售部的同事聊起这件事，大家开玩笑说，干脆就来一次PK吧，就像中央电视台《赢在中国》节目那样。事已至此，没有其他更好的选择，那就试试吧。

大多数比赛的时候，评委都是不理性的。比如，在歌唱比赛中，女生长得很美，评委一激动可能就给了高分，任何人做评委可能都避免不了这种感情用事的情况。但是，芬尼克兹要选的是股东级别的总经理，必须要严肃认真地选出真正的人才。宗毅设想了实际投票的情景，"如果今天有很多队站在上面说我这个项目有多好，你们手上抓着自己的一笔钱，你们会把钱投给什么样的人？第一个就是人品，也就是道德水平，比较靠谱，不会把你的钱拿跑；第二个就是经营能力，因为员工投钱都是为了盈利，不会因为跟你关系好就把钱投给你。这两点就是德和才，要德才兼备。"经过精心策划，芬尼克兹公司组织了案例开头介绍的内部创业大赛。

此次内部创业大赛最终光是员工投资就有950万元，按照当初的承诺，宗毅需要投2850万元给总经理，联合创始人也要投2850万元，但当时他并没有这么多现金，而且也觉得投资这个项目不需要花这么多钱。他动员了几个员工，让他们减少投资，但是一个都没成功，有一个员工偷偷跟他说："老大，你看前面四个项目投资，兄弟们都有收益，我职级比较低，轮不着我，这次终于轮到我了，你又不让我投，这肯定不行。"最终，宗毅只有整体等比例打折，把资金盘子定为1500万元，宗毅和联合创始人投了一半，创业团队和员工投了一半。

内部创业：体制决定组织长期竞争力

一套好的制度，平凡的人在一起可以干伟大的事；一套坏的制度，好人也会变坏。

宗毅认为，芬尼克兹内部创业的真正精髓在竞选。芬尼克兹的制度保证了好人和强人能够上去，靠关系、靠其他的人都是上不去的。任何自认为很有大局观的人，都避免不了任人唯亲的问题，只有在竞选机制下才会有一些优秀的新人冒出来。

芬尼克兹内部创业的具体制度如下：

参赛人

芬尼克兹的任何人都可以组队参加创业大赛，这个团队必须有人担纲。一开始参赛团队要拿出项目思路，然后要接受一系列创业培训，比如战略制定、财务培训，很多参赛人不懂怎么做财务报表、营销计划书。

评价标准

投资要看两方面：一是团队，二是项目。芬尼克兹的内部创业大赛把这两方面的评价进行量化，各占100分，总分200分。

参赛团队及其担纲人

参加初赛时，评委会从7个维度来评价参赛团队及其担纲人：工作年限、目前职务、对芬尼克兹理念的认同度、战略思维、创新思维、团队打造、人格魅力，这些维度的分值加起来是100分。

例如，在工作年限方面，5至8年是最优的，3至5年和8至10年都属于"良"，2至3年和10至15年都是"中"，2年以下和15年以上都属于"差"。因为他们认为，5至8年这个时间段（27岁到30岁之间）是创业精神和工作经验的最佳平衡时段，越往后，经验越足，但创业冲劲越差。

在目前职务方面，所任职务越高，打分就越高，因为职务越高说明其能力和影响力被公司认可的程度越高。

在人格魅力方面，团队领导者的演讲能力很重要。创业大赛决赛时，每个团队里担纲的人都需要上台演讲。参赛团队要想拿到钱，必须要让最能讲的人上去，如果担纲的人觉得自己演讲能力不行，想让别人上去讲，那就得让别人担纲，让能讲的人做总经理。因为宗毅认为，只有公司创始人擅长演讲，才能凝聚别人、传输理念，这是其号召力、人格魅力的综合体现。

有些很优秀的人，可能在比赛开始不久就被淘汰，并不是因为他们个人的原因，可能是因为整个团队不行。这样一来，最终冠军队的实力也未必是最强的配置。为了克服这个制度缺陷，后来宗毅便推出了"换血制"，所有进入决赛的队伍，必须从自己的6名队员中淘汰2人，再从输掉的队伍中吸收4人，最终组成8人团队进入决赛。这个过程，首先考验总经理是否下得了手，其次也考验他能否迅速识别并争抢到优秀人才。每个团队抢人的过程只有短短20分钟，不过后来在实际操作的过程中发现各个总经理都非常聪明，都会提前和其他队伍里面的人商量好。

项目

如何来评估一个项目？虽然现在可以不用钱去创业，换句话说，可以做到零资本创业，但是为什么还是需要钱？芬尼克兹创业大赛的评估最关键的有一个财务报告，创业团队需要做未来3年以上的现金流量表，必须告诉其他人这3年的现金流量到底是什么情况。在参赛之前，财务部门会审核所有可行性报告里面的财务报表。数字可以是编的，但是逻辑一定是要对的。例如，团队可以编一个3个亿的利润，这没有问题，但关键是要看它是不是符合逻辑。另一个关键的点是，评委还要通过这张表了解这个团队的骨干们自己愿意出多少钱。

关键流程

除了量化评分，芬尼克兹在筛选项目、挑选团队的过程中，还有几个非常关键的流程设计：

第一，参赛团队的担纲人必须愿意从自己积蓄中拿出10%的钱。这个规定是对员工做的第一轮筛选，这样可以选出有创业精神的人。没有创业精神的人，就算命令他来做这件事，他也是做不好的。"不要相信干股，创业成功的关键要看是不是自己掏钱出来创业。"宗毅说，"分股是极端危险的，尤其是对老板。因为干股是一个利益共享、风险不共担的结果。富贵险中求，风险大的收益大。所有的风险都由老板负责，赚钱了还好说，最麻烦的是亏钱。亏损时，高管唯一的想法就是另找工作，他不会积极地去想怎么样把企业做好，让企业起死回生。这个时候最可怜的就是老板。所以，创业成功的关键还是自己掏钱来创业，他要是肯掏钱来创业，一定会全力以赴。"

宗毅认为，必须要他主动站出来，拿出身家性命来赌这件事。创业者是愿意承担风险的人，本身就带有赌的性质。宗毅是个赌性很强的人，他的基本逻辑是：

"如果你愿意拿身家性命来赌你相信的事，那么我就愿意拿出自己的钱来陪你玩。"

宗毅的赌性还体现在年终业绩的对赌上。比如说，芬尼克兹的泳池项目去年做了1亿元的营业额，产生了1 000万的利润。今年因为人工成本提升，如果想再产生1 000万的利润，营业额就必须要做到1.1亿元。于是，芬尼克兹展开了一个1.1亿元营业额产品经理的竞选，有一大堆人参选。那怎么选呢？宗毅就弄个赌局，大家一起来赌100万。假设有个人拿5万元来赌，他觉得参选的小张好，那他就押小张。如果小张今年完成了1.1亿元的营业额，到年终他这5万元就拿回去，没输没赢。如果小张做到1.2亿元，那么5万元变成7.5万元。那如果做到1.3亿元呢？5万元就变成10万元。因为公司算过营业额，每多1 000万元会多出多少利润，公司会拿一半出来分给"参赌者"。如果小张今年项目只做到了1亿元，这5万元就变成2.5万元。如果只做到了8 000万元，对不起，钱没了。这种回报和惩罚非常刺激，投票人会很认真地分析每一个参选者，选出一个最优秀的人来做这个项目。参选者也一样，必须拿最大的赌注来干。芬尼克兹规定参选者必须要赌5万元，普通员工只要赌1万元，这是个游戏化管理。这个对赌机制带来的一个结果就是，所有人都关心业绩，关注每周发布的营业额进展。他们会主动到生产线上跟车间主任讲，你看现在再做500万元我们就可以拿3倍的回报了，这时项目组的所有人就都会很拼。

第二，竞选还产生了一个副产品——对公司人才的识别。就算参选者没有成功，没能在比赛中获得第一，也能让公司决策层看出来哪些人是比较优秀的、有想法的、对未来有很高的期待的。芬尼克兹有上千名员工，老板无法了解每个员工的才能和心性。通过内部创业大赛，老板也对公司的人才做了一次很好的梳理，未来该提拔和培养谁会很清晰。因此，内部创业大赛也成了公司各种人才展现自己才华的舞台，大家参赛的积极性都很高。

第三，这种投资机制让提拔优秀的年轻人变得更容易。传统企业转型往往遇到一个很麻烦的问题，就是企业伦理难以打破。下属很难变成上司的老板，后入职的员工很难超越老员工的级别，一旦超越就会有企业伦理方面的压力。总经理可能遭到老员工的质疑：凭什么轮到这个新人升职，怎么着也该轮到我了吧？但是如果这个年轻人愿意拿出自己的钱来赌这个项目，企业伦理自然会被打破。例如，一个经理级的人愿意拿出100万元，如果总监说这个事应该让我来干，那也可以，总监也可以拿100万元出来参与竞选。芬尼克兹迄今为止赌了三个项目，两个50万元的赌局，一个100万元的赌局。三个项目，要任命三个项目组的组长，根据大家下的赌注来决定谁坐总经理的位置。这时，就算一个员工资格很老，如果没有人赌他，他也不会有话语权。实践证明这种方法特别好，能力不行的老资格会自动跳离，也不会有什么怨言。

第四，用钱投票是最理性的选举方式。第一轮票选阶段，晋级的团队还存有拉票获胜的可能，但在决赛阶段大家就不是轻飘飘地投票了，而是投钱选出创业团队。决选的时候，外面请来的评委会参与点评，但这个不是关键，关键是拿钱投票。这时不会有人因为跟参赛团队感情好，即便认为以后自己赚不到钱也决定投5万元给他们，这样投钱制度就解决了拉票的问题。当每个人拿自己的钱去选人的时候，一定是最认真理性的。最终选出来的团队是大部分人认为能够赚到钱的，意见也会比较统一。

创业团队和管理层所有投资的钱加起来占一半股份，宗毅和张利再拿出同样多的钱占一半股份。芬尼克兹曾经出现过群众投资太热情的情况，项目投资需要1 000万元，群众加起来就投了800多万元，最终解决的办法就是说服大家等比例打折，将总投资控制在500万元。这样的情况下投资新公司就变成了一种机会、一项福利。

第五，让母公司的管理团队用钱投票，也把他们和新公司的利益绑定了。这很重要，因为新公司转型的过程中需要借用母公司的资源，而且有可能跟母公司的既得利益发生冲突。一旦母公司的主要管理者跟新公司的利益是绑定的，新公司的运营就会顺畅得多。

股份和利润分配

在宗毅的这套模式里，股份的分配并不是平均的。新公司总经理的股份额必须在10%以上，两个芬尼克兹创始人（宗毅和张利）各占25%，其余均为普通员工持股。两个创始人和新的总经理组成新公司的董事会，这样就产生了一个三人决策机制，重大决策只需2∶1即可通过。"股份千万不要均分，凡是众筹的咖啡馆，如果没有大股东都会死。"宗毅表示，"因为一个企业必须有主人，在股份分配上，大的股东必须要相对集中在几个人的手中。"

在利润分配上，利润的20%是管理层分红，30%是公司提留，50%按照股份比例提成。管理层即指以总经理为首的核心管理层，一般为2~3个人。例如：今年的利润达到1 000万元，管理层会得到200万，总经理可能在管理层分红中得到100万元。同时，他从股份分红中得到50万元，加起来一共是150万元。而创始人在新公司里的分红是125万元。在这样的设计里，总经理在新公司的收入比创始人还要高。

公司基本法

内部创业让芬尼克兹的平台快速扩张，内部良性竞争，企业保持着较高的活力，员工的上升空间也很大。但是这个机制也存在一个问题：就算选上的这个总经理当时很优秀，当成为老板之后，他能够一直保持先进的思想和一如既往的行动力吗？职业经理人表现不好，还可以撤职。但如果是老板，想撤职就难了。老板总会落伍、会过时，而优秀的年轻人却会不断地涌现出来。如何才能让有能力的年轻人永远冲锋在最前方？

宗毅推崇美国接班人机制设计的制度化，认为稳定的组织一定是高度制度化的组织，每一步的新陈代谢都有机制的保证，体制才是决定组织长期竞争力的保障。

2014年1月1日，芬尼克兹颁布了公司基本法，就是把干部基本代谢变成制度。基本法规定：总经理每5年重新大选一次，仍然是用钱投票，大选获胜可以连任，最多只能连任两届，换句话说，再有能力的人也只能在岗位上做10年。这意味着，每公司裂变出去的新公司，在10年之后必须重新参与到竞选中，让新鲜的血液上来。卸任的总经理可以参与芬尼克兹其他平台公司的竞选。"在中国，有一个最大的问题就是能上不能下，但我们是必下。"宗毅说。同时，越来越多的PK会在公司内部展开，让更多优秀的年轻人显现出来，接总经理的班。

颁布基本法后，芬尼克兹又酝酿了两个侧翼来配合基本法的运行。

第一项，成立"隔代学习班"。这是宗毅进入湖畔大学后马云分享给学员进行接班人梯队建设的建议。核心理念是把低层级的年轻干部或优秀员工进行集中培训，保证在大选时有大量优秀的候选人进行竞争，不至于无人可选。同时，让隔代竞争冲淡层级的亲疏，避免候选人中充斥大量的"近亲关系"。

第二项，成立弹劾委员会。委员会成员由数名股东担任，主要任务是监控分公司的业绩指标。如果管理团队在第一年完不成指标，警告一次；如果连续两年完不成指标，便由委员会提交弹劾总经理的申请给董事会，由董事会投票把总经理撤掉，进行新一轮的总经理竞选。成立弹劾委员会可以把监督的目标变成对事不对人，委员会是股东，所以一定会尽职尽责，同时也分解了创始人与管理团队在更动时的直接冲突。

可以看出，宗毅的一整套设计都是围绕激励机制在做的，以强大的利益绑定充分调动各方积极性。通过这些制度设计，宗毅能把他认为好的团队筛选出来，拿钱投票也能保障胜出项目的质量。宗毅把芬尼克兹的内部创业大赛比作美国的民主选举，但他认为拿钱投票比美国选举更进一步，因为选票跟个人利益的深度绑定，会使投票人更加谨慎地对待自己的选票。

通过这样的PK，专注热泵、太阳能、风能等新能源产品研发制造的企业——芬尼电器于2010年诞生。短短3年的时间，芬尼电器已经发展成为国内知名空气能品牌之一，获得2011年中国购房者首选家居品牌、中国厨卫电器十大品牌、空气能热水器十大品牌、中国品牌金谱奖等荣誉，如今已经是"芬尼系"成长最快的企业。

内部创业后，作为母公司创始人的宗毅如何管控各子公司和员工？宗毅说："基本上不用管控。总经理是股东，而且都是民选选上的，就好比美国民选的总统，绝对是不敢乱来。员工是用真金白银选他们上来，而总经理自己又是大股东，他既不会贪腐，在组织能力上也不用太怀疑。所以我的监管工作量很少，原则上是不监管，我提倡'失控'。我就是投资人，我们的总经理是不用职业经理人的，必须是股东才可以坐这个位置。"

赛马而不相马：让年轻人在PK中锻炼成长

"内部创业项目让我们做了很多之前不敢想象的事情。我们都是传统行业出来的，我们和传统工厂几乎是没什么区别。我们之前是帮外国知名品牌企业做贴牌的，连怎么样做品牌都不知道。但是之后企业能变得这么有活力，就在于吸引了这些年轻人，这些年轻人是互联网的原住民，你会发现，他们的思想呈现出来完全就是耳目一新的，我们可以吸纳很多新的思想。要是按照我们的思维去运作，是很难走到今天的，这也是为什么现在中国传统企业走到今天都要死的原因。"宗毅说。

目前，在芬尼克兹的母体中诞生的独立公司里，"最年轻"的公司由新一届创业大赛冠军、芬尼克兹采暖事业部总经理张靖挑大梁。"我多次参加集团的比赛，屡败屡战，在比赛中不断提升自己，终于获得认可。"张靖说。

在2015年中国国际制冷展上，芬尼克兹发布了首款旗舰版HERO系列全直流变频智能采暖热泵，宣布进军地暖行业。

张靖介绍，HERO系列智能采暖热泵是新公司自主研发生产的全球首款全直流变频智能采暖系列产品。其采用水地暖低温辐射供热与风盘制冷相结合的方式，一站式集中解决家庭冷暖问题，可完全取代电采暖、燃气壁挂炉等传统的取暖方式。"产品还融入了最新的物联网应用技术，用户只需通过手机终端连接智能控制系统，即可实现一键温控、多时段温度设定的功能。"张靖说，"此外，机组还可以通过物联网感应器监控机组的使用状况，及时反馈报障和进行远程诊断。"

然而，传统O2O模式仍然存在巨大的缺陷，这让张靖十分苦恼。张靖表示，传统O2O模式包括生产基地、电商、终端用户及线下加盟体验店四个环节，由于单件产品价格一般都是在1万元及以上，如果没有线下体验店的话，交易量会很低，因为消费者不愿意只依靠网上电商平台就下单购买价格如此高的商品。但是由于店租、管理成本等的投入，体验店开店的成本又几乎占到营业收入的一半。

年轻的张靖将目光放到了颠覆出租车行业的Uber专车上，尝试以互联网的思维来思考。开着宗毅的特斯拉，张靖抱着"尝鲜"的心情当起了专车司机。第二天，宗毅接到了一条微信："我们目前的模式需要用户到展示店体验，店面装修成本太高，还要招聘合格店员，变相推高整体价格，我想用Uber的模式。"

原来，张靖"杀出重围"的方法就是用"天使客户"取代线下开店。在已经购买公司产品并安装使用的客户中作筛选，直接利用这批"天使客户"的房子作为其他用户购买的"体验店"。想要购买产品的客户，通过手机客户端，可以与距离自家最近的"体验店"建立联系，并直接到其家中进行体验，"天使客户"亦可在其中赚取佣金。

"Uber是充分利用闲散私家车代替出租车，而我们是将这一批用户拥有的空间资源利用起来，省去开店的成本，道理是一样的，都是为了去中间化。"张靖说。

"激发内部创业活力让芬尼克兹重生了。"宗毅说，因为去中心化、去中介化，企业突然"变轻"了，从管控型组织变成投资平台，为传统制造企业植入互联网"基因"。截止到2016年6月底，芬尼克兹公司内部创业形成的"芬尼系"企业群，已经有9家公司，且均拥有自主品牌，在广州南沙形成了一个产业集群，产品涉及空气净化、空气能、净水器等相关领域，远销欧洲、美国、加拿大、澳大利亚等80多个国家和地区，年产值数以亿元计。"如果不是内部创业，我们也不可能走到今天。"宗毅如是说。他总结道，"裂变创业，精髓不在裂变，而在竞选。用真金白银选举，避免了徇私枉法和任人唯亲。如果公司有一千个人，很多人才就会被埋没。但在我们这种机制下，所有人都会冒出来。"芬尼克兹2014年、2015年连续两年被美国著名商业杂志*Fast Company*中文版《快公司》评为"中国最佳创新公司50强"，宗毅也被罗辑思维创始人罗振宇誉为传统企业转型互联网最成功的企业家，他个人也被纳入"2014年中国商业最具创意人物100"，与马云、雷军齐名。

作为传统制造企业，芬尼克兹已经成功迈出了在变革时代转型升级的第一步，但是在变革时代，面对不确定的内外部环境，机会和风险是并存的。在可持续发展的路上，宗毅和芬尼克兹还需要做哪些努力？已经成功通过内部创业衍生出9家公司的芬尼克兹，有没有边界和极限？如何保证不断有新的项目能够用来创业？当子公

司越来越多时，是否会有恶性竞争？ 这些都是芬尼克兹在转型中还需要思考的问题。

查看更多有关芬尼克兹的图表资料，请扫描左侧二维码。

启发思考题：

·芬尼克兹推动公司内部创业的动因有哪些？

·如果要在其他企业中推行芬尼克兹式的内部创业，应首先创造怎样的条件？有哪些关键点？

·芬尼克兹的内部创业为什么能取得成功？

·芬尼克兹的内部创业模式可能面临哪些挑战？当前还有哪些企业的转型升级有效模式值得传统企业参考借鉴？

参考文献：

[1] "裂变式创业：让周鸿祎感到震惊"，创业邦微信公众号，2013年5月21日。

[2] 宗毅、小泽：《裂变式创业：无边界组织的失控实践》，北京：机械工业出版社2016版。

[3] "从裂变式创业到内外融合，芬尼克兹何缘被列为'中欧商学院经典案例？"，解读营销，http://www.weixinyidu.com/n_2123704，2015年9月9日。

[4] 刘润："传统企业转型的另一条出路——详解芬尼克兹'裂变式创业'"，《商业评论》，2015年2月。

[5] 黄少宏，许晓冰，邝小平："芬尼克兹：裂变式创业转危为机的公司革命"，《南方日报》，2015年6月26日。

[6] 陈劲、郑刚：《创新管理：赢得持续竞争优势》（第3版），北京：北京大学

出版社2016版。

[7] 曹仰锋：《海尔转型：人人都是CEO》，北京：中信出版社2014版。

[8] 郑馨： "传统企业如何突破：大象如何跳舞？——传统企业的内部创业与突破"，《清华管理评论》，2014年12月。

[9] 史蒂夫·布兰克： "如何在公司内部创业（上）"，《创业家》，2013年11月。

[10] 张武保，任荣伟： "藉以内部创业战略提升企业竞争力:行为与绩效——中国华为公司内部创业行动案例研究"，《华南理工大学学报》(社会科学版)，2011年4月。

[11] 芮绍炜： "华为、Google的内部创业模式比较"，《企业管理》，2016年4月。

[12] 董保宝： "公司创业模型回顾与比较"，《外国经济与管理》，2012年2月。

[13] 姜彦福，沈正宁，叶瑛： "公司创业理论：回顾、评述及展望"，《科学学与科学技术管理》，2006年7月。

[14] 薛红志，张玉利： "公司创业研究评述"——国外创业研究新进展"，《外国经济与管理》，2003年11月。

[15] 蒋春燕，孙秀丽： "公司创业研究综述"，《中大管理研究》，2013年第8卷。

[16] 史蒂夫·布兰科： "艰难的公司内部创业"，《中国企业家》，2014年5月。

[17] 马仁杰，王荣科，左雪梅：《管理学原理》，北京：人民邮电出版社2013版。

第 **13** 堂课

人人都是老板：

永辉超市的"全员合伙"制

历经十余载的发展，永辉超市股份有限公司形成了以生鲜为特色的全渠道核心竞争力，发展成为全国领先的大型零售集团。然而永辉居安思危，近年来积极推动以合伙人制为核心的组织变革，促进传统业务转型升级、增强企业持续竞争力，取得了较为显著的阶段性成果，明显激发了内部员工的自主性、责任感和创新创业活力，实现了"人人都是老板"。永辉超市全员合伙制的实践探索与举措，展现了传统大企业在当前变革时代组织变革的一种有效模式，为其他传统企业组织变革、转型升级提供了借鉴。但永辉全员合伙制实施和成功的关键要素是什么？适用条件和边界是什么？在多大程度上可以在其他行业复制或推广借鉴？①

关键词：全员合伙制　永辉超市　组织变革

**　　　　内部创业　人人都是老板**

---

① 本案例由浙江大学管理学院的郑刚、陈箫、郭艳婷撰写，并得到永辉超市创始人、CEO张轩宁先生及混沌研习社的大力支持与帮助，版权归作者所有。未经允许，本案例的所有部分都不能以任何方式与手段擅自复制或传播。本案例授权中国管理案例共享中心使用，中国管理案例共享中心享有复制权、修改权、发表权、发行权、信息网络传播权、改编权、汇编权和翻译权。由于企业保密的要求，在本案例中对有关名称、数据等做了必要的掩饰性处理。仅供讨论，并无意暗示或说明某种管理行为是否有效。

全员合伙制最大的特点是让员工真正意识到自己是企业的主人，从而融入企业，增强了主动性、创造性和责任感。

——张轩宁 永辉超市CEO

傍晚6时左右,永辉超市福州群众路店，顾客熙熙攘攘。在肉禽课当课长的李香发忙碌了一天，但依然干劲十足，一会儿用喇叭热情促销，一会儿抢起砍刀帮顾客切肉。干劲和激情的源泉，是永辉超市推行的合伙人制。

通常意义上的合伙人即老板，必须投资组成合伙企业、参与合伙经营。而永辉超市推行的独具特色的全员合伙制，让每名店员不必出资就能成为"老板"，还可以根据业绩增长情况(超额利润的30%~50%)参与分红。

李香发就是永辉7万多"店员老板"中的一名。在全国330多家永辉连锁店里，这家超市只能算"社区"级别，无论门面规模还是销售总额，都不及一些大卖场的1/3。但就是在这么一个不起眼的超市里，由李香发和他的5个组员开发销售的澳洲羊肉，单品销量全国第一，最高日销售额超过12万元，一天能卖七八十头羊。

从凌晨3点多上班至晚上6点多，生意好的时候，李香发一天砍切大小肉块成千上万次，手酸得拿不起筷子吃饭。但砍越多、手越酸，他越高兴。按照企业合伙制，他卖出去的肉越多，意味着自己和组员们当月的分红越高——谁会嫌钱赚得多呢？

"从永辉2013年3月探索实行全员合伙制以来，在原来工资、奖金一分钱不少的情况下，我基本上每个月都能多拿一两千元分红，多的时候两三千元，相当于在原来的基础上翻一番。"李香发说。

谁也想不到，这位被评为永辉超市"优秀课长"的李香发，当初却是个"刺头"。群众路店店长肖振荣说，推行这项制度之初，李香发曾带头"挑刺"，质疑、观望，认为不可行。但执行一两个月后，他逐渐发现了其中的"好处"，工作热情空前高涨，想方设法带领组员提升业绩，创造了一个又一个销售奇迹。

这不禁让人充满好奇，永辉的全员合伙制是如何运行的？为何它能激发员工的工作积极性？是不是每个企业都可以通过全员合伙制来激励员工呢？

永辉故事

永辉超市创始人是张轩宁和张轩松兄弟俩，他们的第一个生意是啤酒代理批发，在获得了人生的第一桶金后，他们不甘于只做一个小小啤酒批发商，而是将目光瞄准了新兴起的超市业态。在他们看来，相较于传统小商店，超市的经营理念先进，经营商品广泛，未来必将成为主流。怀着这样的想法，1995年12月，张氏兄弟的第一家超市——"古乐微利超市"诞生了，这正是永辉超市的前身。1999年左右，沃尔玛等大型超市先后入驻福建市场，兄弟俩惊讶于生鲜也可以在超市卖，虽然价格很贵但是销量还不错。他们在去货源市场考察后发现，生鲜的价格其实不高，其间潜藏着商机。于是，张氏兄弟决定"把生鲜农产品搬进现代超市"，将"生鲜区"的经营面积扩大到整体的50%～70%，并投入资金营造干净、有序、舒适的购物环境；再配备果蔬农药残留检测设备，为食品安全提供了保障。区别于"脏、乱、差"的传统农贸市场，张氏兄弟将目标客户群定位于家庭主妇、上班族等。2000年7月，经过紧锣密鼓的准备，第一家"农改超"模式的超市——永辉生鲜超市（屏西店）正式开业。

蓬勃发展

永辉超市是国内首批引进生鲜农产品的现代超市之一，实现了"农改超"的运作方式，被国家七部委誉为中国"农改超"推广的典范，被百姓看作"民生超市、百姓永辉"。历经15年发展，永辉超市用持之以恒的努力将跨国超市中略显"鸡肋"的生鲜做成了自己的特色和王牌。在此过程中，永辉也形成了自己"融合共享、成于至善"的企业文化。现如今，永辉已构建起自己的核心竞争力：质量好、成本低的生鲜产品和广泛的生鲜物流渠道。永辉超市亦是中国企业500强之一，国家级"流通"及"农业产业化"双龙头企业，已于2010年在上海主板成功上市（股票代码：601933）。

永辉对于自己的发展历程有着清醒的认识和展望。2001—2010年被永辉视为崛起阶段。在第一个10年中，永辉凭借特色的生鲜超市根植福建，异地扩张。永辉的前10年是最基本的管理积累、模式积累、团队积累和文化积累，为其接下来的发展打下了坚实的基础。第二个10年，即2011—2020年，被永辉视为辉腾阶段。2011年，永辉成功进军东北三省。2013年进驻上海，同年，重庆永辉超市突破了100亿的销售额。2011—2013年，这两年永辉做的主要工作就是布局全国，3年内进入12个省份。同时，永辉还在修炼自己的内功，进一步完善培训体系、共享中心、物流体系、信息体系等基础管理工作。

近两年，即便在沃尔玛等超市开始闭店、大规模缩减扩张步伐的行业盘整期，永辉超市依然保持着快速的进攻姿态。2014年新开门店51家，2015年新开门店62家（不含会员店），创下行业之最。截至2015年年底，永辉超市已开店412家，签约583家，员工数超过7万人。依靠门店快速扩张，从2012年到2014年，永辉超市的营收增长率都超过20%；凭借着生鲜的优势，在实体超市整个行业都面临困局的形势下，永辉超市的利润率表现优异，约为2%，超越全国超市的平均水平（不足1%）。

遭遇瓶颈

不可否认的是，加速发展中的永辉遭遇了中国零售业的转型期。据联商网统计，2014年，全国主要零售企业（百货、超市）共计关闭201家门店，较2013年同比增长474.29%，创历年之最。"关店潮"在实体零售业的蔓延，表明中国零售业的转型升级已经全面开始。

其实这并非偶然，我国国内消费增速已呈现持续下滑的趋势。2012年，社会消费品销售总额同比增长（名义增长，下同）14.3%，2013年增长13.1%，2014年增长

12%，2015年我国零售业销售总额为300 931亿元，增长10.7%。经济新常态下，中国零售行业渐渐下行。相比以前，零售业出现了新的发展特点：大型传统零售业发展平缓，平均毛利下滑；如会员店、便利店等小而精的超市业态迎来了发展的春天；由于主流消费人群发生了变化——"80后""90后"人群逐渐成为消费主力，他们的偏向线上的消费习惯使网络零售成为新的增长点，2015年我国网络零售额达38 773亿元，比上年增长33.3%，占社会消费品零售总额的12.8%。

零售业风云变幻，永辉内部问题也不断涌现。截止到2015年年底，永辉营收达472亿元，员工人数超过7万人，已然迈入大公司行列。而几大事业部及财务、信息、人力资源等犹如孤岛，没有形成联结和共享，出现了明显的大企业病和官僚化现象。更令人担忧的是在这种情况下员工疲乏无力的工作状态。2013年，永辉董事长张轩松在调研中发现，当一名一线员工一个月只有2 000多元的收入时，仅能满足温饱，每天上班对他们来说只是当一天和尚敲一天钟，敷衍应付。其实，"购物者多买一点或者少买一点，超市的一线员工们起着决定性作用。一线员工要是自己不高兴，怎么可能对顾客好？"永辉也明白超市一线员工的重要性，他们需要直接与顾客打交道。在超市（企业）、顾客、员工三维关系中，员工起着桥梁和纽带作用，员工的形象直接关系到企业的形象，员工与顾客的关系直接影响到企业与顾客的关系。特别是永辉这样的生鲜超市，对于门店运营能力要求很高，生鲜业务一般要经营灵活化、岗位设置细致化、营运精细化，这种情况下，永辉的店铺端营运人数要远多于同类型的大卖场。因此，永辉对基层员工的敬业度、能力及工作状态要求也较高。如果一线员工因为心情不好很粗暴地对待果蔬，可能会导致果蔬损坏情况严重，使顾客减少购买欲，进而影响门店业绩。

那么，该如何激励员工呢？直接提高一线员工的工资似乎是不现实的：永辉在全国有超过7万的员工，假如每人每月增加100元的收入，永辉一年就要多付出700多万元的薪水——这已接近永辉年利润的10%。虽然这在一定程度上可以促使员工积极工作，但其实激励效果是短暂的。永辉明白，要想真正调动员工积极性，必须将企业业绩跟个人建立起一种"直接关系"。因此，为了增加员工薪酬，同时也为了减少成本损耗、增加营业收入，永辉在人力资源领域进行了组织和机制变革。在稻盛和夫的《阿米巴经营》影响下，永辉结合自身生鲜为主的业务特点，创立了具有永辉特色的生鲜超市阿米巴模式——全员合伙制。其基本思路是将永辉转变成一个支持小团队创业的平台，利用分红的方式，激励员工为自己努力工作。用永辉超市执行副总裁柴敏刚的话来说就是，"当年永辉集团董事长张轩松带领一百多号人刚刚创业的时候，大家最初的合作有点类似于合伙人的性质，永辉正在找回当时创业的状态。"

全员合伙制的运行机制

创立伊始

永辉创立15年来，一直秉承着"融合共享、成于至善"的经营理念，全员合伙制正是永辉分享文化的体现，具体机制可分为三个层级：针对中高层职业经理人的事业合伙人机制；针对一线员工的岗位合伙人模式；以及与直购供应链的买手和农户合伙模式。

永辉全员合伙计划覆盖人群广泛，以门店为单元，基本覆盖全员（店长、店助、四大营运部门人员、后勤人员、固定小时工），但是不覆盖临时人员、实习生、培训生、小时工(工作时间小于192小时/月)等，同时，永辉规定新员工当月不参与、走离职流程的人员不参与，请假的扣减工作时数，新门店前6个月执行项目合伙人方案。

永辉全员合伙制的核心思想是："总部与经营单位（合伙人代表）根据历史数据和销售预测制定一个业绩标准，如果实际经营业绩超过了设立的标准，增量部分的利润按照比例在总部和合伙人之间进行分配。"具体来说，经营单位指与总部分配利益的另一方，一般是指永辉的门店或柜组，他们会代表员工参与合伙人计划，与总部讨论绩效标准。员工合伙人不享有公司股权、股票，而只有分红权。其绩效考核重在激励，相当于总部与小团队的绩效对赌。

永辉全员合伙制采用"小店—大店—区域"的构架，每个区域含有12个大店，区域管理组由3人组成，1名区域经理和2名区域助手。总部职能也成为阿米巴，门店和总部职能部门是市场化交易关系。大店有红标店、绿标店（BravoYH），绿标店和红标店的合伙人机制不同。红标店的合伙人机制设立在科组里，以科、组为单位去执行；而绿标店则是从后台体系、行政体系、供货体系到前面的运营体系都存在全员合伙制度。店面面积有2000、5000、10000平方米三种模式。大店一般有1名正店长、1名副店长，他们负责整个大店的管理。根据面积和品类，一个大店分为6～12个小店，如猪肉小店、鱼肉小店、干货小店、食品用品小店、收银小店等。每个小店有6个合伙人，6个合伙人中自主推选1名小队长，小队长比普通合伙人每月多拿50%的基本工资，但是小队长和普通合伙人没有上下级分工。每年小店自主复盘一次，重新推选小队长。所有合伙人收入构成中一部分是工资，另一部分是利润与赛马绩效两者中较高的一方。

利益分配方面采取的主要方式是公司投资、合伙人分红。当门店销售达成率大于等于100%、门店利润达成率大于等于100%时，门店就达到了分红条件。

奖金包计算公式为：

门店的奖金包＝门店利润总额超额／减亏部分×30%

门店利润总额超额／减亏部分＝实际值－目标值

不同职别人员的奖金包占比不同，店长（店助）、经理、课长、员工分别占比8%、9%、13%、70%。具体到个人奖金计算层面，计算公式为：

门店人员奖金＝各级别的奖金包／对应职别总份数×对应分配系数×出勤系数

门店奖金设上限30万元，当门店奖金≥30万元时，按照30万元来发放。图13.1总结了合伙人的权责利。

在全员合伙制运营过程中，区域经理和店长会帮助合伙人成为生意人。以一体化报表为依据和"赛马"为工具，让合伙人更快速地成长。一体化报表包含门店面积、固定资产折旧、分摊管理费用、毛利、销售目标、毛利目标等财务指标，帮助每个合伙人分析一体化报表如何使用，让他们清晰地知道自己的小店如何更好地盈利。这其中涉及一个重要的培训机构"永辉微学院"，它的使命是培养合伙人，对

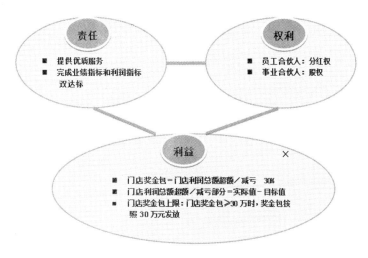

图13.1　合伙人制权责利

标麦当劳的汉堡大学，并从麦当劳挖来了培训高管。培训内容包括70%的在岗培训、20%的主管反馈与辅导，以及10%的课堂培训。这是一个纯互联网化的机构，原来叫"传帮带"，现在被永辉改名为"教交教"：学院教员工做，交给员工做，员工再教给其他员工，形成联动互助的学习和培训机制。这个机构不是求着员工来参加培训，而是激发他们内在的进取精神，自己交学费的员工才能参加培训，再将知识传播给更多的人。这正是永辉分享文化的体现。

　　合伙人模式中的重要绩效评比方式被称作"赛马"，具体规则是：小店合伙人每个月横向赛马、大店合伙人每半年横向赛马、区域合伙人每一年横向赛马，每次末位淘汰最后的20%。淘汰后的团队可以自行去其他团队应聘工作（每次被淘汰的20%的人中，只有约15%真正离开公司）。赛马过程中，公司会列出12个指标，比如离职率、人效、时效、损耗率、离职率等，一个赛马群中的同级别合伙人开会讨论设定他们本月的赛马指标，指标参考全国平均值，根据平均值排序出A、B、C马，排在第一的A马会有奖金。

　　永辉的全员合伙制非常注重人才的培养。它会安排优秀的合伙人去轮岗，快速培养梯队管理干部，让人才裂变起来。在以前，永辉培养一个大店长要4年，现在只需要2年，培养一个小店合伙人也由以前的2年压缩到现在的半年。优秀的制度激发了人的巨大潜力。永辉的全员合伙制为员工提供了平台，帮助普通员工实现创业梦想，同时也为员工提供了多种职业发展通道（图13.2）。

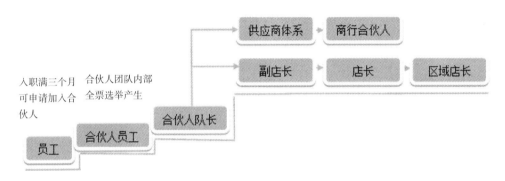

图13.2　永辉合伙人发展通道

资料来源：永辉门店宣传海报。

　　永辉的一线员工中还有一类特别的人，他们就是永辉超市在供应链底端的代理人——买手。买手们对于当地菜品和价格非常熟悉，他们能够帮助永辉采购到质优价美的生鲜，是永辉保持核心竞争力的关键。因此，对于永辉来说，如何维持买手团队的稳定性尤其重要，永辉对于他们的合伙人制度，比普通一线员工更高一级，不仅是分红，还有股权激励。

　　除了与公司内部员工建立合伙制外，永辉还与当地的农户也开展了类似的合伙制的合作。历经摸索，永辉发现和农户相处最重要的是信任。合作多年后，永辉收获了一批忠实的"合伙人"，他们是永辉供应链上的关键一环，为永辉生鲜的持续竞争力做出了贡献。图13.3总结了永辉合伙人制度。

| 核心思想 | • 根据历史数据和销售预测制定一个业绩基准，增量利润按照比例分配 |
| | • 阿米巴组织，激发全员创新活力 |

| 参与人员 | • 店长、店助，四大运营部门人员 |
| | • 后勤部门人员，固定小时工（工作时间≥192小时／月） |

基本架构	• 由小店—大店—区域三层构成
	• 每个区域含有12个大店
	• 区域管理组由三人组成，一名区域经理和两名区域助手

基本层级	• 针对中高层职业经理人的事业合伙人机制
	• 针对一线员工雇工的岗位合伙人模式
	• 与直购供应链的买手和农户合伙模式

| 管理考核 | • 以“一体化报表”为依据 |
| | • 以“赛马”（即绩效评比）为工具，主要指标：离职率、人效、时效、损耗率、离职率等 |

工资分红	• 公司投资，合伙人分红
	• 小队长比普通合伙人多50%基本工资
	• 门店人员奖金＝各级别的奖金包／对应职别总份数×对应分配系数×出勤系数

| 奖励惩罚 | • 根据赛马指标，在同级合伙人中排序出A、B、C马 |
| | • 排在第一的A马会有奖金，末尾的20%会被淘汰 淘汰后的团队可自行去其他团队应聘工作，这其中约15%真正离开公司 |

图13.3 永辉合伙人制度详解

试点推广

制度的出台和执行不是一蹴而就的，必然要经历时间的考验，不断地完善。2012年12月，永辉开始从福建大区试点门店合伙人项目，2013年6月开始在大区全面推行。由于销售岗位的业绩比较容易量化，合伙人制度只在某些生鲜品类的销售岗位试行。

在随后的2014年，永辉超市在全公司推广合伙人制度，基本覆盖了所有的基层岗位。2014年绩效重点在于门店合伙人、日常绩效考核、干部评估等工作。试行阶段，全员合伙制度在调动员工积极性、增加员工收入等方面有显著效果。

持续优化

2015年，永辉持续优化全员合伙制，人力资源部门正式发布了《永辉股份有限公司2015年合伙人制度方案》，对于合伙人制度进行持续优化和改进。方案中，永辉对合伙人执行过程中的问题进行了总结归纳并提出了新的发展方向。首先是合伙人制中的分红问题，永辉发现由于分红只与门店最小单位课组挂钩，而没有与门店、大区整体结果挂钩，导致员工有分红，公司却没钱挣，因此接下来要以门店为单位开展合伙人，减少对于大区利润的影响。其次是绩效指标设置不够合理，有过于分散、口径不一致等问题，整改方向是按照财务设定的口径，以季度或年度制定分红指标，不随意更改。还有值得强调的问题是制度执行过程中的宣导和分析总结不够深入。进而需要加强宣导力度、逐级反馈监督，财务方面最好能有信息系统，更好地提供数据支持。

针对这些问题，该方案的重点在于强化合伙人激励，调动课长、员工的积极性，完善合伙人指标，将分红比例纳入考核，深入总结和分享。目的在于以门店为单位，从营运部门到后勤部门，从员工到店长均参与，共同经营门店。同时，激励员工超额完成公司下达的经营目标，践行融合共享、成于至善的企业文化。

全员合伙制的效果

合伙人模式的实行给永辉带来了很多的变化。最显著的是员工通过这个制度有了主人翁意识，提高了工作积极性。一名在永辉工作12年的区域经理曾说，他最大的感受是心态上的变化，从被动到主动，从打工者到创业者，以前工作主要是为了完成任务，现在感觉是为了自己，所以会特别拼。

全员合伙制带来的直观变化还体现在门店业绩上。比如永辉的第一家老店，2016年客流较上年同期增长15%，客单从38元增长到45元，人员从110个全职减少到80个全职，毛利率从14.8%增加到17.7%。在运行此制度的绿标精品超市中，一般单店月销售480万即可盈亏平衡，开业第三个月即可实现盈利，现在可达到月收入600万、拥有92个全职员工。行业中类似的高端超市，盈亏平衡至少要一年时间，相比于它们，永辉的高端店铺能够更快盈利。相应的，永辉员工的人均工资水平也提高了。小店合伙人的工资在试行全员合伙制度后较之前提升了1倍。相比于2013年，永辉2014年员工人均工资从2 309元增加到2 623元，增加了14%；日均人效从1 610元提高到1 918元，升高了19%。

全员合伙制还解决了一系列经营管理方面的瓶颈。在执行合伙人制度后，相较于2013年，永辉超市的离职率从6.83%降低到4.37%；商品损耗率约从6%降至4%，上货率、更新率大为增加，商品质量、服务质量均有提升。

全员合伙制的未来

现在，全员合伙制已经得到了永辉内部员工自发的认同和拥护，门店和员工都从中获益良多。但这种组织制度创新带来的效果是否可以一直持续下去？

值得注意的是，全员合伙制中也有些需要改善的地方。首先体现在门店的公平性上，现实场景中有些门店可能位置不是很好，或者业绩本来就比较稳定，创增量就比较难，很难超过经营目标很多，会影响合伙人的分红。未来，合伙人制度可能在这一方面进一步地完善，让创业团队在不同店面进行流动，保证分红的相对公平与合理。

有人认为这种与一线员工进行利润分享的全员合伙制是很有创意的，但有可能会导致员工的短期行为，只追求短期绩效水平的提升而忽视长远发展。

也有一种声音认为，这种全员合伙制似乎治标不治本，随着门店运营日益成熟，越来越多店面的业绩增长空间日趋稳定，到那时，全员合伙制又该何去何从？对于超市而言，绩效的增长最终还是要归结于对供应链的打造。不可否认的是，永辉超市在这方面一直走在前列。2014年，永辉获得牛奶国际和京东的战略投资，开启全渠道和供应商的强强联手；2015年永辉入股中百集团和联华超市，积极发动"多边外交"实行联合采购，极大地降低了采购成本，为业绩的提升打下了基础。

永辉超市CEO张轩宁曾说："永辉超市成立时只是一家小公司，但在短短十年间，就发展成为销售额上百亿的大企业。我们现在的目标是在第二个十年结束前实现销售额过千亿的目标。要想成为千亿级企业，只能通过不断创新。"

永辉的全员合伙制有没有瓶颈和天花板？永辉将采取什么措施继续完善全员合伙制呢？全员合伙制可以多大程度上解决公司内部员工自主性、责任心和创新创业活力问题？可否支撑着永辉实现向千亿级企业的跨越式发展？

查看更多有关永辉超市图表资料，请扫描左侧二维码。

启发思考题：

· 永辉超市为什么要实施全员合伙制？

· 分析永辉全员合伙制的特点、优缺点及适用条件，在哪些其他行业有推广借鉴可能性？

· 永辉超市全员合伙制实施和成功的关键要素是什么？

· 永辉的全员合伙制与稻盛和夫的经典阿米巴组织有什么异同？

· 永辉全员合伙制有没有瓶颈和天花板？在多大程度上可以解决公司内部员工自主性、责任心和创新创业活力问题，推动永辉成长为千亿级企业？

参考文献

[1] Christensen, C. M. and M. Overdorf. Meeting the challenge of disruptive change.

Harvard Business Review.2000,78(2): 66–77.

[2] Tushman, M. L., C. A. O'Reilly. The ambidextrous organizations: Managing evolutionary and revolutionary change. *California Management Review*. 1996,38(4): 8–30.

[3] 吴照云：《管理学》（第4版），北京：经济管理出版社2003版。

[4] 稻盛和夫：《阿米巴经营》，北京：中国大百科全书出版社2009版。

[5] 三失裕：《创造高收益的阿米巴模式》，北京：东方出版社2010版。

[6] 康至君：《事业合伙人＝enterprises：知识时代的企业经营之道》，北京：机械工业出版社2016版。

[7] 叶雷："'事业合伙人制度'兴起"，《新产经》，2016年4月。

[8] 郑馨："传统企业如何突破：大象如何跳舞？——传统企业的内部创业与突破"，《清华管理评论》，2014年12月。

[9] 永辉超市年报：半年报 （2010—2016）

[10] "2014年主要零售企业（百货、超市）关店统计"，联商网，http://www.linkshop.com.cn/web/archives/2015/315683.shtml?sf=wd_search。

[11]赵向阳："永辉'合伙人'制度全解密，第三只眼看零售"，http://www.topbiz360.com/web/html/city/km/management/2015/0114/164827.html，2015年1月14日。

[12] "永辉超市2015年年度门店合伙人方案及月绩效方案"，永辉调研内部资料，2016.

[13]王子威："永辉'全员合伙制'如何让员工为自己干"，中国商网，http://www.zgswcn.com/2015/0126/576873.shtml，2015年1月26日。

[14]王荣增："把员工变成'合伙人'"，《企业观察报》，2014年10月21日。

第五篇

创新制胜:

变革时代传统企业

如何转型升级

全流程并联交互创新生态圈：

海尔转型路向何方？

海尔集团作为全球白色家电的领导企业，近年来积极开展"互联网+"转型，以应对"互联网+"时代的颠覆性变革。海尔近年来对外构建开放式创新生态圈连接全球优质资源，对内鼓励小微内部创业、打造创客孵化平台，海尔正在以前所未有的力度从传统家电企业转型为平台型企业，并取得了一些阶段性成果。但海尔这条转型之路究竟是否走得通？方向是否正确？应该如何有效管理转型过程中的失控和丧失原有竞争优势等风险？本案例希望通过介绍海尔转型升级背景和创新生态圈建设的过程、特色、遇到的困难与困惑等，对传统企业转型升级提供借鉴与思路。[①]

关键词：创新生态圈 创客 开放式创新 内部创业
无边界组织

---

① 本案例由浙江大学管理学院的郑刚、郭艳婷、郑青青、王颂撰写，作者拥有著作权中的署名权、修改权、改编权。作者感谢海尔集团王裘、王绪传等对本案例的支持与贡献。本案例授权中国管理案例共享中心使用，中国管理案例共享中心享有复制权、修改权、发表权、发行权、信息网络传播权、改编权、汇编权和翻译权。由于企业保密的要求，在本案例中对有关名称、数据等做了必要的掩饰性处理。仅供讨论，并无意暗示或说明某种管理行为是否有效。

2015年12月26日，海尔集团。

海尔"精神教父"、首席执行官张瑞敏缓缓走上台，对所有前来参加31周年"创业创新加速会"的高管说："海尔前两个十年，基本上是量的增长；但第三个十年，我们有了质变。从'企业'到'平台'，从'顾客'到'用户'，我们的恐惧、荣誉、利益都取决于用户。出路绝了，却非绝无出路。大企业转型的出路，在全世界都是没有的，所以'出路绝了'。我们说的'却非绝无出路'，就是我们一定要走在前面，我们一定要成为引领者，换句话说，我们要么死亡，要么成为第一，成为引领者！"

岁月在他的脸上悄悄留下了痕迹，这已经是张瑞敏在海尔度过的第32个年头。1984年，张瑞敏被派到濒临倒闭的青岛电冰箱总厂当厂长。当时的中国制造业正在实施引进战略，通过从欧美及日本等发达国家大规模地进口生产线，以改造落后的轻工业。"日事日毕，日清日高"，经过数十年的艰苦奋斗，经历了质量、渠道等众多挑战后，张瑞敏领导的海尔集团已成为"中国制造"由小到大、由弱趋强的最佳典苑，在全球家电市场占有一席之地。就在所有人都以为可以喘口气儿时，"互联网+"变革时代的到来彻底破坏了家电行业的游戏规则，海尔也因此"壮士断臂"，率先进入网络化战略阶段，大刀阔斧地开展互联网转型。

转型之初，公司内部人心浮动，员工们纷纷表示不解："我们好不容易坐稳全球白电第一品牌的交椅，为什么突然要转变身份，成为平台企业？万一失败了怎么办？"这些躁动不安的声音很快传到了张瑞敏的耳朵里。他思考良久应该如何回应员工们的困惑。某天凌晨2点，张瑞敏亲笔写下了《致创客的一封信》。文章甫出，立即成为海尔员工论坛最火的帖子，张瑞敏在这封信中回顾了海尔的峥嵘过往，传达了海尔希望成为"时代的企业"的决心。

转型背景

海尔曾经经历过许多风浪，在每一个大浪淘沙的时间节点，它似乎都找到了相对正确的解决方案。但是这一次，它的对手完全不同了，互联网破坏了传统家电行业的生态圈。2014年上半年，我国主要家电产品的线上销量占比已经超过该门类整体销售量的10%；而2015年，网购市场的零售额占比超过15%，规模突破3 000亿元。海尔面对的已经不是家电下乡政策补贴时代的竞争状况，或是和几个传统的竞争对手比拼项目标的，那些新来的对手并不在乎你曾经花了多少年在制造冰箱这件事上。新的制造商完全无须经历转型过程，它们从一开始就诞生在重新建构的销售体系里，它们在互联网上诞生、曝光、销售，比起传统的家电厂商，它们更加灵活，也更加熟悉新的游戏规则。而传统的大型家电企业却要拆解自己，试图去适应新规则，手中的话语权也被大大削弱。

再者，2014年我国家电市场增速缓慢，甚至出现负增长，而高端家电行业却实现了逆势上扬。我国家电市场正进入消费转型升级的关键阶段，而生活方式和品质的提升使家电产品向高端化、智能化、健康化的主线发展，高端家电产业正逐步由"增长量变"发展到"增长质变"。根据市场调查机构HIS预测，未来5年全球智能家电市场的年均增长率将达134%，到2020年洗衣机、洗碗机、空调等白色智能家电的全球产量将增至2.23亿台，若加入机器人吸尘器等小家电，这一数额可能将达7亿台。而在智能化的新设备面前，传统家电厂商和新的厂商们几乎站在同一起跑线上，谁更能跑马圈地尚无定数。

传统优势被大大削弱，新的优势尚未完全形成——这是摆在海尔面前的一道坎。在这个风口浪尖上，年届古稀、早已功成名就的张瑞敏在使命感与责任感的驱动下再次站了出来，甚至甘愿承受失败风险，执意发起一场惊天动地的模式变革。

全流程并联交互创新生态圈

"所谓平台，就是快速汇集资源的生态圈，是一个'生生不已'的系统。用最快的速度把各种资源汇集到一起，只有互联网时代才能做到。所以，必须确保我们的组织保持对外部资源的开放。"张瑞敏如是说。

在互联网时代，没有流量就难以产生销量，难以提升用户体验，从而无法形成黏性。为了进行用户"引流"，海尔不仅主动参与外部平台，还在2013年10月推出了海尔开放创新平台（Haier Open Partnership Ecosystem，简称HOPE）。平台由三大板块构成（图14.1）。在社区交互板块，通过社区运营吸引大批用户参与交互，积累一定的用户流量后，采用先进的大数据、爬虫、深度学习等智能技术，全面了解用户在家电使用过程中的各种差异化需求，让全球的用户和资源在平台上零距离交互，提升资源配置效率。平台后台数据可以根据全球技术热力图和用户痛点热力图进行叠加匹配，迅速识别用户痛点，以及在全球有哪些资源能够满足该需求（技术匹配），然后把这些方案反馈回来，用创意方案与用户交互创新（创意转化），快速产生可迭代的最小可行性产品解决方案。为了满足各类需求，在2014年6月的改版升级中，HOPE平台已转变为洗护、用水、空气、美食、健康、安全、娱乐七大功能的全开放、全透明智慧生活生态圈，接洽和整合了包括风险投资者、技术中介/技术咨询公司、大学研发人员、初创公司、极客和公司资源网络等各类社会资源。

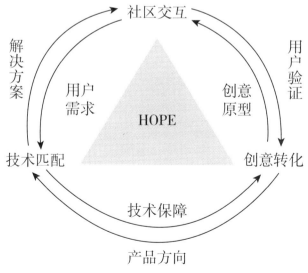

图14.1　HOPE平台三大板块内容及关联

为了向平台和生态圈提供一流资源，海尔协同了全球五大研发中心（表14.1），通过内部1 150名接口人，紧密对接欧洲、美国、日本、澳大利亚、中国等国家和地区的10万多家资源、120多万名科学家和工程师。

表14.1　海尔五大研发中心建设与主要业务领域

国家或地区	建设方式	主要领域
日本	2011年100%收购三洋白电 2014年在日本东京、熊谷市新设白电研发中心，研发人员增至300人左右	白电研发、高端洗衣机、高端冰箱
新西兰	2012年100%收购斐雪派克	洗碗机、洗衣机，全球最大高端厨电研发基地
美国	2015年7月，在埃文斯威尔自建研发中心，70人左右（设计中心在洛杉矶、营销中心在纽约、生产中心在南卡州） 2016年收购通用电气的家电业务	商用空调
欧洲	2012年，在德国纽伦堡自建研发中心，30人左右（生产中心在意大利和波兰，设计中心在意大利米兰、法国里昂和荷兰阿姆斯特丹，营销中心在法国巴黎）	综合
中国	国内青岛总部	亚洲最大的空调产品研发基地

全球联动的研发资源和全开放、全透明的开放式创新平台"倒逼"海尔形成了"全流程并联交互创新生态圈"（表14.2）。这一生态圈具备以下几个特点：

首先是并联。传统制造企业的流程是串联的，战略部首先确定要做什么事情，然后依次历经研发、制造、销售等环节，大部分环节都没有直接接触市场。把串联改为并联后，所有资源都在组织中进行并联开发，所有环节都被用户交互"照

表14.2　转型前后的海尔研发体系/模式

	传统的海尔开发： 开放的创新体系	转型的海尔开发： 并联交互的创新体系
特点	1.吸引全球创意及解决方案，漏出突破性创新技术 2.吸引全球一流资源，开发出超前产品 3.由于缺乏全流程用户交互，不能保证产品成果达到最佳用户体验	1.创新交易平台，聚集投资者、创业者等一流资源 2.让用户自愿参与交互并实现自我价值，形成自运转、自优化、自交互的海尔创新生态系统 3.交互产生满足个性化需求的引领方案 4.全球一流资源并联开发出引领市场的A1级产品
转变	从线性串联的生产流程，到以用户为核心的动态并联体系 从以企业、产品为主导的模式，到以用户、体验为主导的模式	

亮"，都能"听得到炮火"。如此一来，无论做产品、营销还是研发，都有了更强的市场意识，对市场形成共识能够促进沟通，提高产品的可持续创新性。

其次是用户与交互。在工业时代，顾客被动接受厂商所生产的产品，企业通过广告等营销方式影响顾客购买意愿。而互联网时代的并联交互生态圈从"企业驱动"转变为"用户驱动"，旨在创造全流程用户最佳体验，不仅包括从设计到售后的过程，还包括将产品的不满意转化、迭代到下一代产品中，周而复始不断升级的过程。

最后，生态圈还是开放与合作的。过去企业的内外部边界非常清楚，但对于生态圈而言，谁能满足用户需求、为用户创造价值，谁就可以进来。例如，海尔与陶氏化学公司、英国利兹大学等共建专利池，共同纳入的专利数量达到100件以上，联合运营获取专利授权收入。再如，一些模块商参与前端设计，享有优先供货权或分享超额利润。这种模式与传统模式相比，整体产品研发效率提高30%，新产品开发时间缩短70%。

在伙伴接入方面，海尔通过搭建持续的用户交互平台，聚集大量用户资源，吸引各种资源方进入。这些资源一方面为整个生态圈提供资源，另一方面在这一平台上实现了创业。例如，"社区洗"小微是海尔创业平台上孵化出来的创业小微，目前主要为大学生提供智慧洗衣解决方案，学生可以通过海尔洗衣APP查询和筛选出校园内最近的空闲洗衣机，用手机一键预约下单，并借助手机完成支付。衣物洗涤结束后，系统会发送短信至用户手机提醒取回衣物，省去了排队等候、找零等麻烦。这一解决高校洗衣体验差的创新解决方案让曾经的竞争对手主动伸出橄榄枝，变成合作伙伴。2015年8月，社区洗小微中标北京大学新宿舍楼的洗衣房。开学后，学生纷纷要求更换老宿舍楼的洗衣机。在招标中的竞争对手清泉学生连锁洗衣房主动来找社区洗小微的CEO，希望与其进行合作，将北京大学校内的洗衣机全部换成社区洗小微的智能洗衣机；同时，将其管理的清华大学、人民大学两所高校的洗衣房也迭代成智能洗衣机。与此同时，社区洗搭建的智能洗衣平台上聚集的资源方也纷至沓来：针对学生提出的"希望洗衣机能自动添加洗衣液"的需求，宝洁提出与社区洗小微合作，开发适合高校的商用洗衣配方；移动、联通等通信企业也找到社区洗小微，希望在"海尔洗衣"APP上进行手机号码、通信套餐、合约机的推广；分众传媒则希望在洗衣机上方放置电子显示屏等。

可以发现，这一创新体系是在实现和引领用户全流程最佳体验的基础上，基于海尔大数据平台对产业链上利益各方开放合作，为生态圈伙伴创造最大价值。

"创客"的海尔

现在的海尔只有"平台主""小微主"和"创客"三类人。原各事业部、各产品线负责人，均转型为各自产品线的平台主，任务是给生态圈"浇水施肥"，为各自的平台催生出更多小微公司。小微主即一个独立核算的创业团队，拥有集团让渡的"三权"——经营权、用人权、分配权，海尔根据创业项目的特点采取不同的孵化和投资模式（表14.3）。小微公司则以实现用户最佳体验为主要目标，关注平台生态圈中的利益相关方，员工由"在册"拓展到"在线"，组成创业团队，完成从企业投资到风投孵化的转变。因此，只要在海尔生态圈里、利用海尔提供的创新机会的人都可以算海尔"创客"。

表14.3　海尔小微孵化/投资模式

孵化模式	项目特点与投资方式	实例
集团内部孵化	与集团主业强相关：企业占大股+引入风投+员工跟投成立创业公司	雷神游戏本
	与集团主业弱相关：企业占小股+引入风投+员工跟投成立创业公司	小帅影院（I see mini）
脱离母体孵化	创业团队脱离企业，自筹资金，借助企业资源自行孵化，达标后企业承诺回购	有住网（互联网装修的开创者）
众筹创业发展	合作伙伴参与众筹，既是股东，又是社区经营者，众筹股份达标后可转化为上市公司股份	和阿里共同投资快递柜
轻资产小微创业模式	企业轻资产模式，不投资，提供订单、结算、信息化系统	车小微
围绕创新生态圈创业模式	面向全产业链上下游的合作伙伴、用户、资源方、极客达人、技术大牛、包括在校学生，帮助其孵化创意、转化科技成果	免清洗洗衣机

海尔创客孵化平台的愿景是，促使创意/资源自主漏出，采用众包模式将有效的创意/资源筛选出来，利用众创模式转化为有用户基础的可孵化项目，随之通过众投支持设立新兴小微公司，再通过众筹逐渐扩大业务，成为成熟小微公司，最终走向众利模式的自运转生态圈。

为了实现这一设想，海尔专门搭建了创客孵化平台，为创客提供多方面支持。该平台主要包括五大服务内容。一是创业教育平台，即创建海尔创客学院，与北京大学、清华大学、山东大学、麻省理工学院等一流院校共同发起创客训练营、创新创业联盟，用于创客培训。二是创客实验平台，即开放加工实验资源，建立集研发设计、检验、技术优化、产品中试等于一体的开放式创客工厂，为创业者提供中试生产线、3D打印设备及各种研发资源服务。三是融资融商平台，即设立创客基金和创业种子基金，为创新创业提供资金保障和投融资咨询服务；建立线上线下的众筹、众包服务。四是孵化加速平台，即配置孵化服务和创业导师人才队伍，提供从创业培训到企业注册、人员招聘、财务管理、市场拓展等全流程、一站式服务。五是资源对接平台（海创汇），即帮助创业项目与政府园区、加工制造、销售渠道、VC投资等其他所需资源进行互动沟通。

截至2015年年底，海尔集团已支持内部创业人员成立200余家小微公司。创业项目涉及家电、可穿戴智能设备等产品类别，以及物流、商务、文化等服务领域。另外，在海尔创业平台，已经诞生470个项目，汇聚1328家风险投资机构，吸引4000多家生态资源，孵化和孕育着2000多家创客小微公司。

在海尔孵化的众多小微中，雷神一直作为内部样本，该项目在短短3年时间内发展迅速（图14.2），被许多人视为"第二个小米"。从2013年7月到12月，仅用5个月时间，一款全新游戏本品牌"雷神"横空出世，首发500台售罄后，3万人预定；第二批3000台，20分钟即被抢购一空。2015年5月，参与产品众筹与股权众筹，创造了中国产品众筹的新纪录，投资过陌陌、锤子科技的紫辉创投买下雷神1000万股权。截至2016年4月，雷神在京东、天猫、校园分期等渠道游戏本销量排名第一，成为互联网游戏笔记本第一品牌。

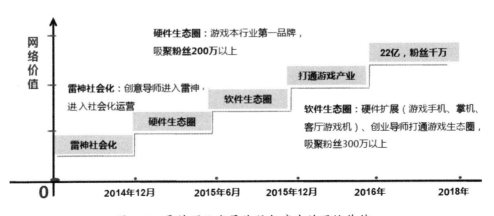

图14.2　雷神项目发展阶段与产生的网络价值

　　雷神小微团队最早组建于3名"85后"员工之手，其中项目发起人李宁原本是海尔笔记本利共体^①的电商渠道总监。2013年7月，李宁在京东商城偶得的一组数据中发现，当PC、笔记本电脑销量都在下滑时，游戏本销量却逐月上升，且游戏本领域也尚未出现占据垄断地位的品牌，进入门槛不算太高。看到这个机会，李宁拉上了对整个上游环境很熟悉的李艳兵，及善于跟用户沟通的李欣，三人作战小团队迅速形成，目标是"打造一款明星级产品"。

　　海尔"无交互不分享"、让用户需求"倒逼"产品创新的理念激发了三个创客，他们想到了通过电商渠道中的顾客评价找突破口。李宁和李艳兵在电商网站中搜集了关于各类型游戏本的3万余条差评，一一记录下来，最后将差评结果归纳为散热慢、易死机、蓝屏等13条问题。"这就是我们的突破口，用户抱怨就是做好产品的最大机会"。在整个项目中，从品牌名字、产品配置甚至定价，都是和粉丝交互出来的。短短3年内，雷神已经积累了500万名粉丝，这些粉丝通过QQ群、微信、微博等渠道，为雷神笔记本的研发提出了很多宝贵意见。"雷神成长过程中始终重视用户体验，以拥抱互联网的开放态度打磨硬件，建立完善的粉丝交互平台，积极吸纳粉丝意见，让玩家、发烧友深度参与到游戏本的开发迭代中去。"雷神科技CEO路凯林说。

　　虽然雷神孵化于海尔内部，但是它的产品和市场打法有自己的特色。上游生产交给优质的笔记本代工厂商，物流、售后等下游共享海尔平台，拥有自主的财务权、用人权、决策权。雷神的例子表明，海尔小微有能力利用互联网思维打造一款行业爆品，聚集足够多的用户流量，达到一定的市场规模，并通过持续与用户互动、不断推出迭代创新的产品和服务。

转型还在路上

　　"这是一项试验吗？"

---

① 海尔内部项目经营体的一种形式。——编者注

"是的。我们面临很多风险。"

"这是一场赌博吗？"

张瑞敏笑了笑，然后陷入了又一次长时间的沉默。

海尔互联网转型成功了吗？一批创新产品的出现让人眼前一亮，比如天樽空调、雷神笔记本、透明冰箱、无尾厨电、免清洗洗衣机等，产品逐渐向高端化转型，毛利率也在逐年增长。创客小微的涌现更是备受推崇，雷神笔记本、巨商汇、水盒子等均有令人印象深刻的成长表现。然而，与同行企业格力、美的的横向对比显示，近几年海尔主要产品的市场占有率有明显下降，容不得一味乐观。2010年，海尔集团实现营收和盈利分别是1 357亿元、62亿元。当年，美的集团营收突破1 000亿元，净利润31.27亿元；格力电器实现总收入608.07亿元，净利润42.76亿元。可到了2013年，海尔集团实现总营收约1 800亿元，但净利润却仅有61亿元，被老对手格力（108亿元）和美的（73亿元）反超。一时间，"海尔不行了"的言论甚嚣尘上。

从技术角度来看，互联网转型后的海尔在考核时更注重用户指标，比如流量、黏度、留存率、活跃用户数量等。但这些来自互联网的数据对一个传统企业来说无疑是陌生的。海尔用"U+"来整合所有资源的设计，实操中也会遇到困难，因为不同的小微公司在商业逻辑上很不一致，打通底层数据并不容易。无论是Facebook还是阿里巴巴，都曾经历或正在经历数据底层架构无法打通的时期。如果海尔按照平台化方式运作，打通也需要一定时期。在这段时期里，海尔需要承受一加一可能小于一的风险。

在组织内部，更大的问题和挑战也随着变革升级逐渐显露出来。从2012年开始，海尔连续出现大量减员，从最高峰时的11万人减少到6万人左右。并非每一个人都适合创业，这是海尔模式变革伴随人员大量流失的重要原因之一。被裁掉的人员很大一部分是对接上级和基层员工的中层，这些中层小部分彻底离职，更多是被下派到各个小微公司。海尔希望以这种管控与激励并进的方式来让整个公司变得更具活力、更互联网化。从考核模式来看，现在的海尔已经在相当大的范围内实现了财务方面的改制，但在薪酬福利、行为规范、企业文化等方面，这些小微依然遵循着多年来海尔所形成的规范,留下的老员工很可能仍受限于传统的思维。

天樽小微的独立"挣扎"就是一个典型的例子。从产品创新的角度来看,天樽无疑是海尔空气生态圈最具"亮点"的产品项目之一。上市之初,用户喜欢,对手追捧,广告投放到了央视。正因如此,为了能让天樽持续发展,最终引领引爆用户,从2014年下旬,集团就多次指明战略方向:让天樽成立小微,独立发展。但这一战略,在天樽身上却迟迟得不到落地。

一年后,王友宁再面对这个问题,不禁一声叹息:还是传统观念在作祟。"当时想的是,天樽就两款产品,如果独立出来做样板,每天显示,数却那么小……既担心这样会把天樽给考核死了,也觉得这样自己面子上过不去。"因为该做的平台、机制与体系没做,总是把目光放在了短期的数上,压力一大,就觉得传统方式见效快,而新模式见效慢,于是具体操作过程中,用模式的新瓶装着传统的旧酒,结果就是一方面自己跑去给小微打工了,小微不独立,另一方面自己追求的数也没做好。如果一年前能够坚定承接集团战略,让天樽独立,那么现在天樽的市场一定会更加广阔。

企业家是一种稀缺资源,大多数人没有意愿和能力做CEO,而且海尔长期强调执行力文化,组织管理严密,并不是一个产生"企业家"的理想土壤。原有的大量中层尚不能完全互联网化,他们的思想禁锢在过去的成功中,很难接受这种转型文化,常常人心惶惶,要么担心被裁掉,要么担心业绩完不成。就算上面大胆放权,下面的人也接不住,落地可能非常困难。

如何保障在海尔平台上涌现出众多企业家呢?海尔激活个体潜能的核心逻辑是——"既然不能把员工变成CEO,那就把CEO变成员工"。把公司打造成一个创业和创新的平台,让所有想成为CEO的创业者汇聚在海尔这个平台上,是海尔这几年一直的做法。目前,在海尔孵化的小微企业负责人中,已有大多数是外来的创业者,他们怀着不同的目的聚集到这个平台上,但是这些新进入的在线人员能否适应海尔制造业的工作氛围,不被业绩所捆绑,长久看来还是个未知数。

彭盾就是海尔平台上众多创业合伙人之一,即"在线员工"。对于关注硬件项目开发的他来说，海尔平台最吸引人的地方在于帮助创业者实现从0到1的跨越。硬件开发上存在很多伪需求，年轻的创业团队很难把握细节，硬件不同于软件，不仅迭代速度慢、重构成本较高，而且还面对很多技术限制，由此容易造成供应链上的问题。依据他的创业经验，没有强大的模具和供应链支撑的话，所有的想法都是飘在空中的。而在中国自主家电品牌中，只有海尔能够提供这么丰富的产业线来承接这些创意，拥有模块化的模具和制造，以及管控严格的供应链和品牌。

此外，对于小小的创业团队来说，强大的线下销售体系对他们的销售额是最有帮助的。在中国家电销售中，2~5级市场大概涵盖70%的市场，而海尔生根细化的销售体系可以深入到农村5级市场的专卖店，这在国内是其他家电企业难以匹敌的，这也是当初彭盾选择海尔创客平台合作的要点之一。至于在未来，小微企业会不会被海尔锁定，导致发展受限的问题，彭盾的想法是，这取决于合伙人如何衡量小微的成功。"现在市场上要做10亿独角兽公司很难，上百亿的更是凤毛麟角。我觉得只要能把想法实现，再做出1个亿的产品销售，这对于一个创业企业来说也是蛮成功的。对于创业者来说，在这个平台上你不能空谈，你要首先解决你的温饱问题。"

一些声音认为，将海尔整体分割成碎片化小微并放弃传统企业的权力手段，这一大胆试验有可能走向失控，失去持续竞争力。具体来说，尽管这些新机制和平台为互联网化的海尔提供了灵活行动的基础，但从管理角度来看，灵活性与可控度是相悖的。无疑，市场和技术都是创新的动力，当小微如雨后春笋般成长起来时，很多人可能会困惑，技术发展的前驱性是否会随着海尔平台化转型而逐渐丧失其作用？如何防止研发"碎片化"，保持对中长期基础研究和战略产品的超前投入？如果没有处理好这种平衡，海尔可能出现推动力换挡的"失速期"，陷入"前不着村，后不着店"的尴尬境地。另外，还可能丧失超越当前市场需求的勇气和能力。

对此，海尔将考核方式由两个硬性指标（收入目标、超前项目数量）转变为两个基本条件：第一，所有小微企业自挣自花，在产品线上赚取开发费或超额利润，养活部门人员；第二，为了平衡短期产品线项目和中长期项目的投入，还设置了一个综合系数，整个部门所有项目的整体系数不能低于1。但受制于业绩压力考核，小微的整体状态可用"冰火两重天"来形容。主打游戏笔记本的雷神算是海尔小微里面格外优秀的，还有更多的小微一直处于亏损状态。有的研发人员也只能硬着头皮完成相应的迭代任务，为了冲业绩而想各种办法，很容易造成研发与市场脱离。几位海尔专卖店负责人也表示，海尔一线的销售人员不仅要在市场上真刀真枪地与对手拼，还要应付集团的各种转型、流程变化，很辛苦。网络化转型强调与用户的沟通，因此停掉了很多广告，经销商做起来并不容易，造成销量下滑。

未来路在何方

中国家电行业老大的位置坐了多年，但掌舵人张瑞敏并没有打算"歇一歇"。相反，在并未遭遇巨大困境的背景下，张瑞敏主动发起了一场堪称"天翻地覆"的巨变，将海尔既有经营模式与组织结构全部打碎，打造全流程并联交互创新生态圈，欲架构一个全新的海尔出来。

不忘初心，方得始终。海尔的互联网转型是希望变成一个生态系统，每个小微好比是一棵树，很多树在一起就变成了森林。在这个森林里，可能今天有生的，明天有死的，但总体上看，这个森林是"生生不已"的。张瑞敏这位"布道者"能否再创神话，把海尔从一条命延续到千百条命？

变革中的海尔将在很长一段时间处于高风险期。海尔的互联网转型方向是否正确？如何打破老员工的思维惯性和惰性，去积极主动应对变革？在生态圈中作为平台型企业如何避免失控和失去原有竞争优势？这些环环相扣的难题是海尔现在和未来一段时间不得不应对的问题。

查看更多有关海尔的图表资料，请扫描右侧二维码。

阅毕请思考：

·在"互联网+"变革时代，海尔为什么在原有发展模式并没有明显下滑迹象的时候，主动自我革命，构建全流程并联交互创新生态圈？如何打破老员工的思维惯性和惰性，去积极主动应对变革？

·依据海尔创新生态圈的特点，你认为海尔在其中的角色和作用是什么？如何协调好海尔与生态圈中各利益相关者的关系？

·海尔构建的"全流程并联交互创新生态圈"可能存在哪些潜在风险？在生态圈中作为平台型企业如何避免失控和失去原有竞争优势等风险？

·海尔采用"小微化""创客化"的机制激发生态圈活力，但要如何解决可能的研发"碎片化"和大公司应保持相对稳定的中长期基础研究力量的矛盾？

网络视频资源：海尔U+生态圈宣传片

参考文献：

[1]〔美〕维克多·黄霍洛维茨著，诸葛越等译：《硅谷生态圈：创新的雨林法则》，北京：机械工业出版社2015版。

[2] Mooer, J. F..*The death of competition: Leadership and strategy in the age of business ecosystem*. Harper Collins Publishers, 1996.

[3] 马丁·里维斯，西蒙·莱文，上田大地："企业战略生物学"，《哈佛商业评论》（中文版），2016年1月。

[4] 陈劲，黄淑芳："企业技术创新体系演化研究"，《管理工程学报》，2014年4月。

第 **15** 堂课

本色家具：

转型升级之困

随着原材料、劳动力成本日益增加，中国制造业进入调整阶段，传统代工企业的利润空间不断被压缩。安吉本色家具有限公司（以下简称"本色家具"）在代工生产、设计方面已有二十多年历史，面对当前外贸订单日益减少、周边企业同质化竞争及成本日益上升、利润空间日益萎缩的困境，选择一种什么样的转型升级道路对于本色家具的生存至关重要。本案例通过分析本色家具的业务模式和发展困境，研究其陷入困境的原因，探讨几种可能的转型升级思路及潜在的机遇与风险，以供决策参考。[①]

关键词：中小型企业　代工生产　转型升级

**　　　　战略管理　创新管理**

------

① 本案例由浙江大学管理学院的郑刚、郭艳婷、赵晋、凌楚定、林甜甜、叶雨潇、黄一成撰写，作者拥有著作权中的署名权、修改权、改编权。未经允许，本案例的所有部分都不能以任何方式与手段擅自复制或传播。作者感谢本色公司总经理对本案例开发的支持与贡献。由于企业保密的要求，在本案例中对有关公司名称、数据等做了必要的掩饰性处理。仅供讨论，并无意暗示或说明某种管理行为是否有效。

2014年8月的一天，浙江安吉，本色家具有限公司一楼会议室。

"公司现在面临的处境很尴尬，"公司创始人兼现任总经理黄总苦笑一声，对着前来调研的浙江大学团队的几位博士生说道："我们企业规模在整个安吉的产业集群中算是中等，饿是饿不死，但想吃饱也不容易啊。"说完他停顿了一下，看着会议桌上皱眉思索的人员。

"饿不死也吃不饱"是公司现状的最好写照。本色家具成立二十多年来，一直以代工生产（original equipment manufacturer, OEM）为主，主要靠一些长期积累的国内外老客户的订单维持发展。由于靠诚信和质量积累了一定的声誉，所以目前暂时没有担心饿死的问题，但由于受国际国内经济形势不景气的影响，近几年订单量、机器开工率都徘徊不前，甚至有所下降，公司的产能并没有充分利用，大约只有80%左右。

黄总摇摇头，无奈地说："由于人力和原材料价格及同行业同质化竞争等因素影响，我们的利润空间正逐渐减小，企业的发展遇到了瓶颈。下一步该怎么办？这就是我们面临的紧迫问题。"

背景介绍

本色家具是一家拥有二十多年生产经验的中型办公家具公司，厂房占地3万平方米，产品远销世界多地。1991—1995年成立之初，公司主要以生产座椅配件为主；1995—2007年间开始代工制造内销座椅成品；2007年至今，同时发展内外销代工业务。目前已拥有品种多样的办公网椅、皮椅等产品，走的是一条典型的中国传统制造业代工发展之路。当前公司自主设计（ODM）①和生产的贴牌产品占总量的90%以

---

① ODM（original design manufacturer），即原始设计制造商，是一家厂商根据另一家厂商的规格和要求，设计和生产产品。

上，而自有品牌产品（OBM）①不足10%。在业务方面，本色家具以生产面向中端市场的办公网椅为主要运作策略（网椅生产占82%，零配件约18%），愿景是公司能发展成为业内知名的办公椅企业，为震旦等大型经销商提供产品。由于公司从零部件生产起家，拥有扎实的网椅生产基础和丰富的经验，并且一直追求质量至上的高标准，因此公司在诚信和产品质量方面享有较好的声誉，客户流失率较低。

2013年，本色家具的销售额为6 000万元左右，利润率5%左右。每年公司会根据全球每个地区的客户需求来设计新产品，逐年增长的销售收入反映出本色公司开发的新产品具有相对稳定的客户群体。目前，公司的主要客户群体是全球各地的中间商或经销商，本身并不直接接触终端客户。这种经营方式减少了企业与终端客户的潜在交易成本，但也为企业的进一步壮大带来了一定阻碍。

本色家具的组织结构相对简单（图15.1）。黄总负责把握企业整体的发展方向和脉络，并分管设计部和财务部；张厂长分管生产、技术、质检、采购、销售和办公室；厂长向总经理汇报并负责。

椅业是安吉的传统产业和支柱产业之一，经过30年的发展，已形成产品开发、生产加工、原料辅料、检验检测等较为完整的产业链。安吉椅类产品出口到120多个国家和地区，初步形成了具有生产专业分工、产品开发创新、市场效应优势特点的产业集群。在安吉，经营家具配件的企业有700余家，其中200多家专注生产办公椅，涵盖皮椅、网椅在内的多种类型。目前，200家中规模最大的是恒林家具公司，凭借多元化的经营模式，其2013年产值达11亿元。

然而，由于椅业属于传统轻工产业，产业层次较低、资源分散浪费，同质化竞争日趋激烈，造成量的扩张远远超过了质的提升。另外，随着全国范围内生产要素的成本增加，以及人民币升值带来的国外市场压力等原因，产品利润空间逐渐压缩。

---

① OBM(original brand manufacturer)，即原始品牌制造商，是生产商自行创立产品品牌，生产、销售拥有自主品牌的产品。

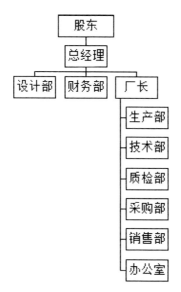

图15.1 本色家具组织结构

对于行业内的大多数中小型企业来说，普遍存在核心技术门槛低、管理方法落后、缺少高水平人才和有效激励等措施，因此转型升级迫在眉睫。面对这种现状，本色家具要想走出"饿不死也吃不饱"的困境，要想做大做强，必须擦亮双眼，选择一条适合中小型代工企业转型升级和可持续发展的道路。

进入21世纪，住宅产业化的举措带动了与住宅配套的几万种产品的标准化、系列化和产业化。住宅作为一种商品进入市场，为各类家具和配套产品提供了发展空间。另外，随着人们生活水平不断提高，人们对健康的要求也越来越高。一把舒适的椅子能减轻疲劳，提高工作效率。近年来，我国办公家具消费涨势迅速，内销市场已连续多年保持15%以上的增长。

在国际市场上，美国是世界上办公椅最大的进口国和消费国，其办公椅需求占办公家具需求额的比重从2005年的26.3%增长到2010年的31.5%，消费量约占世界总量的25%左右。除欧美市场外，大洋洲、南美洲、非洲等地区市场需求总量相对较小，中国、俄罗斯、印度等新兴市场需求快速增长，发展空间巨大。随着全球经济复苏及新兴经济体的快速发展，全球办公椅市场容量预计将按12%的增长率增长。

近年来，中国家具企业主要分布在珠三角、长三角、环渤海、东三省和西南部等五大地区，但除了广东省（特别是深圳、顺德、东莞）的家具产业链分布较为合理和配套初步完善之外，大多数地区仍然呈现产业链分割断缺的局面。

作为长三角的家具集群地，椅业已成为安吉县第一大支柱产业，在当地700多家椅业企业中，年产值超过1亿元的企业就有40家，2013年椅业销售收入超过280亿元，椅业出口企业已经和全球120多个国家和地区建立了贸易关系。2003年安吉县被中国轻工业联合会、中国家具协会授予"中国椅业之乡"；2010年，被省政府授予省级"块状经济向现代产业集群转型升级示范区"称号，先后荣获"浙江区域名牌""浙江省出口基地""浙江省椅业专业商标品牌基地""中国家具优秀产业集群"等多项称号。安吉椅业排名前五位企业的总收入占了整个行业总收入的31.6%。2010年，规模以上企业实现产值92亿元，占安吉县规模以上工业总产值的28.3%，"十一五"期间年均增长29%；完成出口11亿美元，占全县出口总额的69.1%。2014年上半年，安吉县自营出口总额连续5年位列全市首位，完成出口额近11.8亿美元，同比增长10.8%，增幅位列全省前列。因此，安吉椅业产业集群的品牌效应为中小型企业带来了更多的出口贸易机遇。

依据安吉椅业家居网报道，当今国内家具销售形式主要有以下几种：一是大型家具商城，由生产厂家租用场地销售家具，也有经销商租用场地经营办公家具。前者占绝大多数，经营品种以民用家具为主，同时兼有办公家具。二是经销商自建或租用销售场地，完全采取采购自营方式经营。三是专卖店经营，一般是单独品牌自营，以国内较大生产企业和国外著名品牌为主。四是百货公司开辟场地经营家具。最后，还有以招投标方式进行的家具订货，具备投标资质的家具生产企业可以进行投标。

本色家具业务模式与发展困境

由于本色家具组织结构侧重于销售和技术（设计），因此其发展战略可以从业务模式与产品设计两个方面进行描述。

内外销业务与客户管理

本色家具是一家由内销逐渐转向外贸市场的企业。目前海外市场已成为本色家

具的主要业务区域，出口额增长较为稳定，占销售量的比重超过60%。外销客户主要
来自东亚、东南亚、欧美及南美等国。

就目前而言，本色家具外销业务主要有两种渠道：一是通过参加国内外展销来
吸引客户获得订单，二是通过网络平台来展示和宣传自己的产品，比如阿里巴巴
等。公司平均每年参加3至4个国外重要的产品展，由黄总亲自带队。每次展会平均
能够带来1至3个国外客户，累计获得客户占总客户数量的80%以上。然而在网络平台
方面，本色家具早期通过阿里巴巴等B2B平台的营销效果却不甚理想，原因与品牌知
名度不够且不采取价格竞争策略有一定关系。现在除了Global Source平台以外，其他
网络模块投入基本为零。

外销客户以分销商为主，即本色家具的销售部门基本不直接接触终端客户。不
仅因为代工企业与终端客户建立关系的渠道成本太高，也是因为生产成本的约束使
得企业暂不考虑处理小批量的订单需求。传统制造业的成本控制主要依赖于规模生
产，因为产品开模的固定成本较高，所以面向中间商的模式更能发挥代工企业的
优势。

与外销相似，本色家具的内销活动也主要通过展会的方式，最多一次可以吸引
十多个客户。此外，虽然公司自身并不具备投标实力，但会承担上海华生工贸有限
公司所中标业务的网椅生产。华生工贸有限公司在上海等华东地区提供家具、办公
设施的整套解决方案，且有两位高层是本色家具的股东，因此存在一定的业务关
联。这种合作模式为本色家具打开了华东地区的市场，而上海华生则成为其重要的
直营点和服务点，拥有了稳定的货源。本色也因此参与了上海大学礼堂、上海瑞金
医院、世博场馆基础设施等工程所需产品的生产。此外，公司在南京也有类似模式
的业务运营。

黄总本人并不具备太多的营销知识，因此对客户关系管理维护的要求并不多。
每个业务员只需负责自己对口的客户，相关客户信息都由业务员自己保存，对于产
品要求、喜好等信息仅通过纸质档案和简单的电子存档整合。尽管如此，凭借产品
质量和出货的准时与诚信（5年质量保修标准高于同行业平均水平），本色家具的客

户流失率较低。

产品设计

目前公司产品的设计主要是模仿行业标杆企业（如Herman Miller、Steelcase）的成熟产品。由于黄总是技术出身，对产品设计把关严格，时常参与设计讨论和修改构图。此外，他还会带领设计人员参加国内外展会，借鉴和学习其他公司的新产品造型。在日常订单中，设计师与业务员也有一定交流，依据顾客的反馈信息来改进设计。例如，有一份来自美国的订单，客户希望能将椅子的版型改大一些，以更好地适应美国人的身材特征。为此，设计人员专门搜集了有关资料，设计出两款加大、加宽型的网椅，并改进了椅子底盘的承重力，满足了客户的需求。

这种跟随的、订单驱动型的设计模式反映了公司规避风险的考虑和稳健发展的理念。本色家具并没有主动挖掘客户的潜在需求，而是模仿主流设计，以保证产品销路。目前，公司大约有60个系列产品，且每年持续推出2～3款新产品。为了保护专利，本色家具每推出一款产品都会及时申请外观专利，但企业目前还没有实用新型和发明专利。本色家具司近五年来在设计与销售方面的投入比率见图15.2，与当地同行业企业相比，其在设计方面的投入属于中等偏上水平。

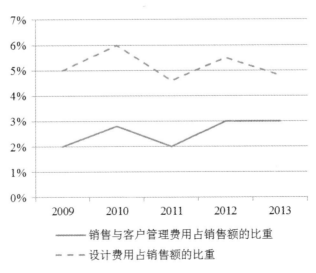

图15.2　本色家具近五年的设计与销售投入比率

本色家具的发展困境

本色家具成立时间较早，凭借着扎实的制造能力实现了从零部件生产向整椅生产和基础设计的逐步转型。在这一过程中，本色家具还建立了较稳定的客户关系，实现了销售收入和毛利率的逐年增长。虽然2008年全球金融危机给出口业务带来了负面效应，但当时本色家具的外贸业务占比较低，因而企业发展没有受到太大影响。

然而从2011年开始，黄总发现，虽然销售收入还在增长，但是利润率却徘徊不前，甚至有所下降。为了对企业现状进行更好地对标，黄总派专员进行了市场调查，发现公司除了良品率和及时交货率方面略高于行业平均水平，在销售率、利润率、机器开工率和产能等方面仅处于行业中等水平。波动的行业环境使本色家具路径依赖的问题愈发凸显，陷入了"吃不饱也饿不死"的困境，黄总为此非常苦恼。

在销售模式方面，除了展会，本色家具基本没有其他的宣传方式和手段。黄总曾就此问题专门和其他股东商讨过，但由于公司与股东之间涉及代工、配套等多种合作方式，因此股东都站在各自的角度提建议，在品牌和渠道方面没有达成一致。就黄总个人而言，他更倾向于保守稳健的发展方式，对于自主品牌营销一直持谨慎态度，因为安吉家具行业的领先者恒林公司几年来的渠道探索也没有走得很好，更不敢贸然让公司转向自主品牌制造。这些问题悬而未决，企业转型升级就无从谈起。

在客户关系管理方面，黄总并没有太多干预，因此出现了以下问题：

第一，业务人员缺乏长期系统的学习和培训。目前，公司的客户大部分是国外客户，客户关系管理的从业人员更多是外语或国际贸易专业，对市场营销和客户关系管理的理论知识掌握相对较少。很多客户关系管理经验和方法更多是通过工作实践获得的。公司很少聘请专业的客户关系管理的咨询公司或专业人员对其从业人员进行系统的、有针对性的培训。内部培训更多是由公司内部从业时间较长的人员对具体工作的指导，缺乏系统性和全面性。

第二，业务员考核和激励办法不完善。缺乏有效的考评工具，没有定期对业务员的工作进行考核，许多问题的总结和汇报也不够及时，日常工作中的问题不能够得到相应解决，业务员的工作积极性和主动性不高。

第三，客户关系管理系统建设缺失。公司在如何进行客户调查、客户识别、客户开发、客户保留和维系（满意度调查）、财务管理、实现客户让渡价值等方面没有详细的描述和规定。客户资源仅依靠业务人员自己管理，对于不同地区没有进行分类，没有统筹管理软件。一旦出现业务人员离职的情况，很可能带走客户资源，或是造成客户关系管理工作的短期"真空"，导致客户抱怨。

本色家具的战略方案

公司要想更上一层楼，首先要解决的是一个重要的战略选择问题。

作为一种有效率的合作方式，贴牌代工已经成为长期以来我国制造企业进入国际价值链体系、参与国际市场竞争的一个重要途径。代工模式的好处来自专业化合作的效率提升和优势互补，以及规模经济、干中学、订单带来的自动投资和批量贸易优势。在全球经济一体化的进程中，浙江商人牢牢抓住机会，通过代工起步，在诸多行业成为全球制造业的隐形冠军，如浙江制造的产品占据了全球玩具市场的50%、打火机市场的70%、领带市场的50%、小家电的？……代工无疑为浙江经济的起飞和发展带来了绝佳的机会。大部分浙江中小型企业正是利用替外国零售商和品牌企业"打工"，得以在最短的时间内实现成倍增速的。据2004年时的一个统计，当时宁波90%的小家电为代工，平湖95%左右的服装是代工，慈溪90%的灯具是代工，义乌80%的玩具是代工……除了快速达到规模效应，代工也往往会快速为企业带来研发、设计和管理方面的优势。义乌一家代工文具生产企业老板在谈到为外国品牌做代工时感叹道："为日本和德国的企业做贴牌，不赚钱我也愿意干。从他们那里学到的设计和管理上的知识，花钱也买不到，在课堂里也没可能学到。"这就是浙商乐于"为他人作嫁衣"的更深层次的原因。[1]

---

[1] 王伟群等："浙商突围——关于'浙江制造'的营销学观察"，《成功营销》，2004年5月27日。

然而，代工模式也存在无法控制营销过程、市场风险高及可能妨碍自主品牌推广等缺点，最主要是只能获得整体利润额中很小的一部分。代工的未来命运将会怎样？首先，近年来，国内产品供应商之间的竞争愈演愈烈，国外厂商的议价能力逐渐提高，使得本来就不丰厚的利润变得更加微薄。其次，我国的低成本优势在逐渐减弱，居民生活及消费水平的提高使得人力资源成本不再具有绝对优势。再次，对外方企业的过度依赖增加了我国代工企业的经营风险。专家一般认为，代工企业如果来自某个采购商的订单超过企业生产水平的20%，企业就要有足够的警惕。一旦这个销售渠道出现问题，企业将面临全面崩溃的危险。因此，如何摆脱代工企业的内在劣势从而带动企业及产业的整体升级，是当前中国传统制造业面临的最大问题。[1]

不甘心为他人做"嫁衣"，成为代工企业转型的驱动力。一项媒体公布的调查也显示，中国78.1%的中小型制造企业已经开始进行转型，转型的方向包括提升产品技术含量和附加值、建立自有品牌、向服务转型等。近年来，广东顺德做贴牌的家电企业也开始尝试一边做自主品牌、一边贴牌的"两条腿"路线。2006年前后，标榜"专业OEM"的家电企业威博开启了电热水器自有品牌路。原因很简单，在威博准备继续扩大代工产能的时候，其最大的客户决定自己做电热水器。其总经理张玉敏幡然醒悟：做OEM永远要看别人的脸色，企业要想在新一轮竞争中胜出，一定要有自己的品牌。

浙大团队经过调研访谈后，初步总结出本色家具两种可能的基本战略思路建议。一个思路是采用相对冒险和激进的向自主品牌制造商即OBM转型战略，即先转型再升级战略；另一个思路则是稳妥型的，继续维持OEM+ODM现状，先专注现有管理效率的进一步提升和客户关系拓展，提升技术与设计能力，把代工做到极致，等积累足够资源和实力后，再考虑转型，即先升级再转型战略。具体来说：

思路一：从OEM+ODM向OBM转型升级，建立自主品牌

"OEM—ODM—OBM"的路径是中小型企业众多转型升级解决方案中较为流行

---

① 赵巍：《从代工到品牌：外销转内销的深度蜕变》，北京：机械工业出版社2013版。

和有效的一种，也是学术界和各级政府部门所经常倡导的。代工业务提供了知识溢出渠道和学习机会，可以借鉴品牌客户的先进技术和管理方法提升代工企业的实力。同时，激烈竞争使得代工企业自主创新的最终目标必须是拥有自主知识产权的OBM，成功的企业最后就会成为有独立设计能力的ODM厂商或OBM厂商，这个阶段的企业必须具备专有产品的创新能力。所以，在生产制造的基础上，分别向产业价值链"微笑曲线"的上游（自主研发设计）和下游（自有品牌销售）扩展，从而获得更多的利润和市场影响力。

纵观世界其他地区的产业集群地，拥有自己的设计人才和设计能力是这些地区完成OEM升级、保持优势的主要原因之一，如意大利的皮鞋业、瑞士巴塞尔的制药业和德国勒姆什特地区的工具制造业。现在，中国一些先进的OEM企业也已经开始逐渐向ODM企业转型，如近年来浙江的茉织华服装公司就是通过将制造优势转变为设计优势，而成为业内翘楚。茉织华十多年前专门接单为日本公司生产工作服，现在已经为Levi's、Guess等美国知名服装品牌做设计代工了。但是，受到人才、管理等方面的限制，浙江的中小型企业目前的设计能力总体上还无法和我国台湾地区、新加坡等抗衡。

此外，中小型代工企业从OEM转向OBM初期最大的难点是，没有自主的销售渠道、自有品牌知名度不高等。然而，电子商务的迅速发展却为广大中小型企业打开了一条新的出路。以广东顺德企业伟仕达电器为例，2012年3月，这家企业决定战略性地退出传统市场，主要布局电子商务市场，全面覆盖淘宝、京东商城、1号店等网络平台。原因很简单，2012年其电子商务市场销售增幅就超过150%，与传统销售渠道相比优势明显。此外，近年来崛起的电子商务品牌"黑白调"座椅，其线上线下齐头并进的销售模式或许也很值得借鉴。黑白调品牌创建于2007年，2008年网络第一家淘宝店正式试运营，上线初期就取得了良好的市场反馈。黑白调品牌已在天猫、京东商城、当当网、1号店、卓越亚马逊等大型电子商务平台建立了品牌直销渠道，受到广大消费者的热爱，连续多年获得电脑椅天猫全网销量第一。该品牌在未来将花费精力投入产品研发、品质提升，为消费者带来优质服务。

因此，本色家具可以尝试走这条典型的转型升级路径，着力开发和利用电子商务平台进行营销，打造自主品牌。[①]

思路二：挖掘OEM价值，提升管理效率，适度扩张

尽管近年来许多代工企业都试图沿着"OEM—ODM—OBM"的路径转型升级，但是香港理工大学陆定光博士指出，我们谈论浙江中小型代工企业升级的问题，首先要问一问浙江民营企业家做企业的最终目标是什么，并不是每个人都想成为李嘉诚。专心做OEM，虽然利润不高，但是如果企业能维持较长期稳定的主要客户关系，并且保证制造生产的质量，还是能维持企业的生存和发展的。至少可以在某个利基市场占据一定地位。毕竟采购商和贸易商在选择供应商时，并不只是把价格作为唯一的参考数据，他们更多地要考虑转换成本和机会成本，考虑供应商在它们整个价值链中的地位。直到现在，很多香港地区和意大利的家族企业仍然采取小规模的OEM模式。[②]

实际上，本色家具的OEM还有许多可探索的成长空间。同大多数中国传统制造企业相似，黄总所在的工厂一开始也是生产零配件的小作坊，靠着原始资本积累逐渐起步，以稳健的经营理念慢慢扩大规模和产能。在发展过程中，黄总仍保持着传统的自我积累和自我生产经营思想，把管控重点放在生产质量上，对创新设计和营销能力的关注较少。例如当前，本色家具的营销业务员缺乏系统的学习和培训，公司没有完善的人员考核办法和客户关系管理制度，很容易造成人员流动时带走客户资源的威胁。因此，为了进一步挖掘OEM的价值，为企业的规模扩张提供支撑，本色家具需要进一步提升管理效率，健全管理机制。

除了内部效率改进，外部资源整合和产品多元化也有助于进一步发挥OEM模式的价值。一方面，可以考虑对上游原材料进行整合。当前本色家具的主要竞争优势在于质量、交货期方面，价格相对合理，如果能够进一步对原材料和重要配件进行

---

① 王世彪："OEM转型OBM，谁是下一个美的"，《珠江商报》，2013年6月4日。

② 王伟群等，"浙商突围——关于'浙江制造'的营销学观察"，《成功营销》，2004年5月27日。

整合控制，公司就能更好地把握产品质量、价格及交货期，进一步降低生产风险。

另一方面，可以考虑产品多元化。在现有核心业务的基础上扩大范围经济、培养整体竞争力，另外也有助于为今后的投标或配套打下基础。当前企业只专注网椅的设计和生产，在未来几十年内也许还能借此生存。但是，一旦到了产品的成熟期和衰退期，再投资其他业务可能就为时过晚了。

第三条道路：二元经营

除了以上两种基本的发展思路，是否还有其他可能的选择呢？浙大团队经过与黄总及黄总儿子小黄的头脑风暴还建议：在保持现有主业发展的基础上，应当投入一定的资源进行新产品、新业务探索，把握未来办公椅乃至办公家具发展的新趋势和研发契机，如智能座椅或智能家具，这很有可能是企业的一个关键成长点。依据产品生命周期理论，当产品在导入期与成长期，消费者对产品有未满足的需求，厂商在此阶段采取自创品牌的方式成功机会较大。如果能够挖掘用户需求并在设计制造方面先发制人，这很可能会成为公司的标志性产品，极大地提升知名度。本色家具可以先尝试在新产品（或新材料、新工艺）市场建立自主品牌，取得成效后再扩大到现有主营业务范围。

在浙江大学读MBA的小黄听了这个建议，觉得很有兴趣。作为"80后"，他认为，考虑到当前办公条件环境的提升和上班族对于健康的关注，可以将智能和保健技术融入办公网椅产品当中，作为本色家具的新拳头产品，以提高公司在整个安吉甚至中国网椅家具市场中的辨识度。与父亲相比，他更愿意接受新事物，敢于冒险，而且也有自己创业的打算。

对此，浙大团队还有一个更为大胆的建议：黄总负责的业务保持现有模式不变，即采取第二种稳健性发展策略，同时可以由儿子小黄单独成立一家专门做自主品牌电商的新公司，采用全新的互联网思维理念做新型办公家具，定位互联网家具品牌，主要通过天猫、京东等互联网电商渠道进行销售，并选准某个细分市场精准定位后主打自主品牌，也许可以杀出一条血路来。这种二元性组织模式近几年来正在引起各方的关注，也不乏成功的例子，例如传统智能手机厂商华为、酷派为了和定位"互联网手机"的小米手机竞争，分别推出了独立的电商手机品牌酷派"大神"和华为"荣耀"，商业模式与原来公司母体完全不一样，主要通过互联网销售，目前发展势头不错。以电子商务渠道创建自主品牌，近年来也有一些成功案例，如之前提到的北京的黑白调电脑椅等。

然而，黄总听了小黄的想法，摇摇头说道："这条路想想容易，实际操作起来难。这个新领域不确定性太高，而且你没什么电商经验，只怕会弄巧成拙，还影响了现有业务。"对此，黄总和小黄两人始终僵持不下，拿不定主意。诚然，新业务的开发从创新思维、设计能力、营销模式、渠道通路、客户关系、关键资源、盈利模式等都与原来的模式大不一样，也需要大量的资源投入，风险较大。

本色家具该何去何从

听了浙大团队的建议，黄总停顿了一会儿，说："我觉得你们的建议都很中肯。当前的发展困境已经让我不得不面对企业的核心竞争力是什么这个问题。我一直坚持谨慎、稳健的发展思路，希望在单一产品上做强做大，有一天能够给震旦这样的服务商提供产品。然而，似乎这种保守的做法在一定程度上局限了企业未来的发展之路。下一步的发展可能是我们企业存亡的重要节点，我还想再仔细考虑一下你们的意见，在我们管理团队内部进一步讨论。"

散会后，黄总和几位负责人走进了办公室，开始研究每个解决方案的利弊，希望尽快抓住新的发展机遇……

查看更多有关本色家具的图表资料，请扫描右侧二维码。

阅毕请思考：

· 本色家具的经营有什么特点？

· 本色家具现有的能力资源处在什么阶段？

· 本色家具面临什么问题？为什么会存在发展瓶颈？

· 如果你是本色家具的黄总，你会选择案例中的哪个方案？或者你认为是否存在其他更适合的方案，为什么？

· 从本色家具的发展过程中，我们能得到什么启示？

参考文献

[1] 王伟群等："浙商突围——关于'浙江制造'的营销学观察，《成功营销》，2004年5月27日。

[2] 赵巍：《从代工到品牌:外销转内销的深度蜕变》，北京：机械工业出版社2013版。

[3] 王世彪："OEM转型OBM，谁是下一个美的"，《珠江商报》，2013年6月4日。

第 **16** 堂课

汉能变革与转型：
困境与出路

汉能控股集团（以下简称"汉能"）是一个大型清洁能源公司，在传统水电领域站稳脚跟后大举进入光伏太阳能和薄膜发电领域，逆势在全球收购了4家高科技公司，一跃成为行业领导者，比肩全球最大的薄膜太阳能公司First Solar。然而好景不长，由于种种原因，集团下属上市公司"汉能薄膜发电"股票在2015年5月20日遭遇腰斩并停牌，连累整个集团陷入困境。汉能遂在董事局主席李河君领导下进行了一系列深刻的组织变革和战略转型。本案例旨在描述汉能在面对行业发展趋势和挫折之后所做的组织变革与转型探索，并探讨汉能下一步转型的出路，以及对其他企业的启示借鉴。①

关键词：战略转型　组织变革　汉能
**　　　薄膜太阳能发电　变革领导力**

① 本案例由浙江大学管理学院的郑刚、陈箫、郭艳婷撰写，版权归作者所有。未经允许，本案例的所有部分都不能以任何方式与手段擅自复制或传播。作者感谢汉能集团原副总裁王道民等对本案例开发的支持与贡献。本案例授权中国管理案例共享中心使用，中国管理案例共享中心享有复制权、修改权、发表权、发行权、信息网络传播权、改编权、汇编权和翻译权。由于企业保密的要求，在本案例中对有关名称、数据等做了必要的掩饰性处理。仅供讨论之用，并无意暗示或说明某种管理行为是否有效。

汉能薄膜发电（00566.HK）的股价停留在3.91元。自2015年5月20日股票价格遭遇"拦腰斩"后，它似乎陷入一蹶不振，停盘、亏损、裁员等利空消息接二连三，悲观情绪蔓延市场。有消息称汉能控股集团欲卖出其"印钞机"——水电站，以"割肉"自救。昔日意气风发的千亿光伏帝国，似乎已经风光不再……

汉能控股集团董事局主席李河君在宽敞气派的办公室里沉重地踱着步子。面对汉能集团这盘难下的棋，他的内心深处十分忧心，汉能未来的道路该怎样走？但有一点他始终坚信：太阳能的时代已经到来，薄膜太阳能发电才是行业未来的发展方向。逆境会让人成长，或许这正是上天赋予汉能反思、成长的机会。变革已是必然之路，只要经受住苦难的考验，汉能就会变得更好。

公司背景

汉能是全球化的清洁能源跨国公司，薄膜太阳能发电领导者，致力于"用清洁能源改变世界"。公司成立于1994年，总部设在北京，员工目前已达15 000人。在国内多个省份及北美、欧洲、亚太等地区设有分支机构，业务横跨水电、风电、薄膜太阳能发电等领域。汉能薄膜发电（以下简称"汉能薄膜"）是集团下属上市公司，其前身是铂阳太阳能，主要业务包括研发和设计薄膜发电整线生产线，以及开发、运营下游薄膜发电项目及应用产品。

目前，汉能水电项目权益总装机容量超过6吉瓦，风电总装机131兆瓦。在薄膜太阳能发电领域，汉能在四川、广东、海南、浙江、山东、江苏等地投资建设薄膜发电产业研发制造基地，总产能已达到3吉瓦。汉能在全球进行电站资源开发，已与新疆、内蒙古、宁夏、江苏、海南、山东、河北等省区以及欧洲多国签订了约10吉瓦的薄膜发电电站建设协议，成为涵盖技术研发、高端装备制造、组件生产和电站建设等薄膜发电产业上、中、下游全产业链整合的高科技清洁能源企业。

通过全球技术整合和自主创新，汉能薄膜发电技术已达到国际领先水平。目前，汉能的铜铟镓硒（以下简称"CIGS"）组件的转换效率分别达到17.96%（溅射法）和17.7%（共蒸法），排名世界。经美国国家可再生能源实验室（NREL）认证，砷化镓（GaAs）双结电池最高转化率达到 31.6，再次打破世界纪录，这使汉能成为砷化镓单结电池（28.8%）和双结电池（31.6%）转换效率的双料世界冠军。薄膜发电技术具有柔性可弯曲、质量轻、弱光性好、颜色可调、形状可塑等优势，可广泛应用于太阳能光伏建筑一体化（BIPV）、户用发电、农业应用、汽车应用、电子产品、通用产品、特种产品及商用无人机等领域。

业务概况

传统清洁能源业务

"发迹于水电，闻达于光伏"，汉能在光伏领域叱咤多年，水电一直在其背后扮演着重要角色。传统清洁能源水电板块是汉能发展的基石，连汉能控股集团董事局主席李河君对水电也不吝溢美之词，直言其为"印钞机"。水电的作用由此可见一斑。

李河君于1994年进入能源行业，通过并购，他拥有了几十万瓦装机量的水电站。2002年云南省计划建设8座百万瓦级水电站，李河君签下了6座，总装机量达2 300万。然而接下来的事情却不顺利，他没拿到发改委的批文，因为发改委不相信民营企业有能力建水电站。李河君没有轻易放弃，最后通过起诉发改委获得了胜利，拿到了金沙江上"一库八级"中资源最好的金安桥水电站。这是目前全球民营企业投资建设的最大的水电站，装机量300万千瓦。这也是最让李河君引以为傲的水电站。2012年8月，金安桥水电站四台机组全部并网发电，年发电量超过130亿度。此后，汉能在云南、广州等地相继建有多个大型水电站，包括黄田水电站、水京木水电站、五郎河水电站在内，汉能控／参股了14家水电站，水电权益总装机量达620万千瓦，相当于2.3个葛洲坝电厂。

经过多年建设，这些水电站成了名副其实的现金"奶牛"，为汉能扩张光伏版图提供了源源不断的资金支持。汉能旗下水电站每年有几十亿元的正现金流，李河君曾公开表示，之所以敢投300亿元进军光伏产业，就因为"汉能产业基础非常扎实，有非常稳定的现金流"。

除水电外，汉能还于2000年开始参与风电项目，目前拥有如东风电场、贺兰山风电场等项目，风电总装机量131兆瓦。

进军光伏新能源

2009年，金安桥水电站尚未完工之际，汉能就已经认识到水电行业的周期漫长，对于民营企业来说，很难能突飞猛进。一番深思熟虑之后，汉能认定以太阳能为代表的新能源是人类能源史上的重大机遇，于是汉能决心进入光伏产业实现产业转型与升级。

在光伏行业里，多条技术路线并行。晶硅技术比较成熟，在世界范围内占有较高的市场份额。其优点在于比较稳定，转化效率较高，成本较低；但其缺点也很明显，比较重、不易弯曲，并且其原材料高纯硅的生产有高耗能、高污染的特点。薄膜技术则具有使电池具备独特的"轻柔薄"、耗能少、弱光效应好等优势，但它在光电转换效率、成本和稳定性等方面还有极大的上升空间。薄膜技术领域的突破，有望成为未来高效太阳能电池发展的热点。目前，晶硅占据着行业9成的市场，薄膜的比例还不到1成。中国可再生能源学会副理事长孟宪淦也表示，"相比较晶硅发电技术，薄膜发电制造工艺更简单，有大范围运用的优势，但转化率要低"。

汉能进入光伏行业选择的是薄膜太阳能领域。汉能高层认定"薄膜化""柔性化"是光伏技术未来的发展方向。太阳能利用会走向分布式电站和移动式发电的模式，彼时，薄膜的优势无疑更加突出，至于光电转化率和成本问题则可以通过技术进步解决。而且，国内的光伏企业以生产晶硅为主，没有必要再"挤上加挤"，缺乏自身的竞争力，与其他企业开展同质化的竞争，前景必然一片黯淡。薄膜发电产业链长、覆盖面广，在国家七大战略性新兴产业中，薄膜发电产业涉及新材料、新能源、新能源汽车、高端装备制造和节能环保五大领域，产品覆盖所有适于分布式供电或移动供电的电力需求领域，包括民用、商业、农业、交通、公共设施、科研、军用、航空航天等，因而其发展前景十分广阔。

决定进入光伏产业后，汉能的第一个整合目标锁定为铂阳太阳能技术控股公司。2010年，汉能向铂阳太阳能下达了长期订单，购买其设备，并对其发行了可换股债券，最终于2013年成为铂阳太阳能的真正股东。铂阳太阳能的技术是硅基薄膜技术，彼时转化率不足10%，远未达到大规模商业化的成本要求。但控股铂阳太阳能使汉能达到了突进光伏产业的目的，实现了由水电向光伏的战略转型。

此后，汉能实施了全球技术整合战略。它从全球包括美国、欧洲、日本、以色列等国家（地区）企业中筛选出20多家领先者进行实地考察，制定收购计划。2012年，在欧美"双反"的背景下，光伏行业遭遇了寒冬，汉能却逆势收购了Solibro和MiaSolé两家拥有CIGS技术的企业。Solibro是薄膜太阳能转化率的世界纪录保持者。其小尺寸冠军电池已实现CIGS全球最高转化率（18.7%）。MiaSolé生产的CIGS薄膜太阳能光伏组件的量产转化率为15.5%。在硅谷的200家能源企业中，MiaSolé技术指标和技术力量均属前列。Solibro和MiaSolé都是CIGS技术，但是前者采用的是共蒸发法，后者采用的是溅射法。这样，汉能就拥有了多种技术路线，可以保证产品多样化，有多种应用。

2013年7月，汉能成功并购美国Global Solar Energy公司(以下简称"GSE")。这是汉能的第三次海外技术并购。GSE是一家全球领先的薄膜太阳能生产商，它所生产的柔性太阳能电池组件可广泛应用于光伏建筑一体化、太阳能屋顶系统、电动汽车和移动太阳能应用产品等领域。截至此时，汉能掌握了非晶硅-锗、非晶硅-纳米硅、CIGS等7条全球领先的薄膜技术路线，薄膜太阳能组件量产转化率已达15.5%，研发转化率最高可达18.7%。

2014年8月，汉能完成了对美国Alta Devices的并购。这是汉能的第四次海外并购，此次并购后，汉能拥有了转化率最高的薄膜太阳能技术——砷化镓高效柔性薄膜技术。相较于普通薄膜电池，Alta Devices能够生产世界上转换效率最高的柔性砷化镓太阳能电池片，产生的效能比晶硅技术高出8%~10%；相同面积下，效能是普通柔性太阳能电池的2～3倍。砷化镓太阳能电池柔性大，一定程度上克服了晶硅电池的缺陷，更便于为移动电源应用提供支持。

全球技术整合战略极大地促进了汉能技术实力的提高，汉能无疑已成为薄膜太阳能行业的领导者，其所拥有的多条技术路线可以拓展到不同的太阳能电池应用空间。

突生变故

汉能在国际并购上的大手笔让其名声大噪，成就了汉能薄膜在港股的神话。使其股价在两年内大涨1800%，从一个默默无闻的小市值股票，变成一个不亚于推特和特斯拉的行业巨头。2014年，汉能薄膜实现营业收入96亿港元，比上年增长193%。2015年伊始，汉能薄膜股价的持续升值使李河君成为首富。然而，不到几个月的时间，就在2015年5月20日，汉能薄膜股价遭腰斩，半小时内市值蒸发上千亿元，汉能紧急主动停牌。7月15日，香港证监会发出禁令，将汉能强制停牌，并对其进行调查。与此同时，汉能内部人心惶惶，高管变动、管理混乱、员工离职等事故不断。内忧外患的境遇下，汉能薄膜发电披露的中期业绩报告也不尽如人意。2015年上半年，汉能实现营收21.18亿港元，同比减少34%；毛利14.61亿港元，同比减少约46%；亏损额为5932万港元，与上年同比下滑幅度高达103.5%。不仅如此，为了消除外界对汉能存在大量关联交易的疑虑，汉能薄膜先后终止了其与母公司存在的两笔关联交易，并先后与山东新华联、宝塔石化、内蒙古满世投资等公司签订了生产线设备销售合同和股份认购协议，意图开拓第三方合作市场。然而，深陷停牌风波的汉能薄膜连续遭遇各种新的打击。2015年12月，汉能薄膜公告披露，宝塔石化集团有限公司与内蒙古满世投资集团有限公司两家设备购买方与汉能的股权认购协议失效，涉及金额多达220亿港元。屋漏偏逢连夜雨，汉能薄膜还因拖欠办公室房屋租金176万港元而被物权方诉至法院追债。

与第三方企业的合作相继搁置，资金链摇摇欲坠。在此情形下，汉能要捆绑出售旗下水电资产与上市公司股份的传闻四起。尽管汉能对此表示缄默，信息资料显示，从2009年开始，汉能已先后多次将旗下金安桥水电站的数亿股股权出质给国家开发银行、锦州银行、民生信托、四川信托、重庆越骋等多家金融机构。股价暴跌之后，汉能从银行获得贷款的难度增加。

时间推移到2016年5月20日，距离汉能薄膜股价暴跌一年时间，汉能薄膜还经历了换帅，李河君主动辞任汉能薄膜执行董事会主席的职务，主席职务由袁亚彬担任。暴跌、停牌、亏损、裁员、换帅，这一年的汉能薄膜可谓命运坎坷。汉能的停牌，无论是对上市公司、控股集团，还是李河君本人以及广大中小投资者，都是一场灾难。

汉能变革

停牌对汉能影响深远，对其教训也是深刻的。李河君认真地进行了反思，汉能的确存在很多不足。逆境中的汉能没有倒下，而是进行了一系列大刀阔斧的变革。

战略转型：从B2B到B2C

战略上，汉能决定实施移动能源战略。这基于多方考虑：

一方面，汉能的薄膜技术在大型电站上不占优势。目前市场上晶硅因光电转换率较高和成本优势，占据了市场份额的九成；而薄膜发电技术一直因光电转换效率低而饱受市场诟病。汉能薄膜所采用的铂阳硅基薄膜太阳能电池转化技术不足10%，很难被大型地面电站所接受。汉能只能通过自产自销、自建电站的产业垂直一体化布局以消化产能，涉及的关联交易让汉能饱受质疑。

另一方面，汉能认为分布式电站和移动能源的前景更加广阔。李河君曾在受访时表示，光伏产业的主流不是地面电站，而是分布式电站和移动电源。很多做地面电站的光伏企业，似乎都没有理解什么是真正的光伏。分布式电站的设备主要安装在家庭、工厂的屋顶上，自发自用，多余的电量可以上传至电网。目前在美国、德国、日本等发达国家，分布式电站占光伏累计总装机容量的比例都超过80%。在我国，分布式发电也逐渐受到国家政策重视，2012年，在国家能源局的多份文件中，"分布式"取代光伏电站成为政策关注的重点。在提法上，对光伏电站的要求是

"有序推进"，而对"分布式"的要求则是"大力推广"。在2016年能源局最新发布的《能源技术革命创新行动计划（2016—2030）》中，更是提到了多项分布式技术。当太阳能发电可以达到低成本、平价上网（太阳能发电成本与传统能源发电成本相当）时，分布式发电站就能够得到认可与普及。图16.1是2014年研究机构对我国光伏装机量的一个预测。

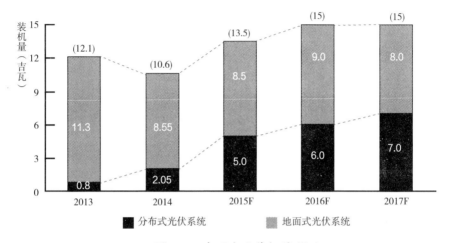

图16.1　中国光伏装机量预测

资料来源：国家能源局及相关独立研究。

汉能还希望借此转变普通民众对于薄膜发电和移动能源的观念，而促进大众对于薄膜太阳能技术理解的最好途径就是民用化产品的推广。

这些因素共同促成了汉能战略由B2B模式向B2C模式的转型，推进民用产品的开发，以核心的薄膜发电技术，实施"移动能源+"战略，通过与产业链其他相关行业的合作，为各行业提供差异化和独有的"薄膜芯"解决方案。

业务聚焦：薄膜发电技术市场化

薄膜发电技术现已成为全球能源产业竞争焦点之一，作为一个战略新兴产业，薄膜发电不仅是新一轮增长的基础产业，而且是先导产业、支柱产业，具有高科技和能源的双重属性。目前，这个行业在欧美日等发达经济体日渐受到重视，很多企业正在加快薄膜太阳能的研发，抢占技术和产业制高点。

同时，移动能源和薄膜发电技术对拉动经济增长具有战略意义。李河君介绍，以薄膜发电为核心打造的移动能源产业，以可移动分布式发电技术为基础，通过与储能、控制、信息通信等技术的有机结合，实现能源可移动、全天候、高效率的供应。得益于薄膜发电技术轻柔薄等特质，薄膜芯片能够被用在电动汽车、无人机、手机、户外用品、航天器等领域，最终形成用电供电一体化的集成终端产品。

薄膜发电技术有助于国家实现节能减排。薄膜发电技术是环境友好型技术，生产使用过程零污染，可以帮助国家实现节能减排的目标。

汉能更加聚焦薄膜发电技术，致力于加强铜铟镓硒和砷化镓技术的产业化和市场化，重点布局高端装备制造、分布式应用和移动能源，通过全面开放和合作，打造薄膜发电和移动能源产业生态。

在对应用产品开发及商业模式探索上，汉能基于薄膜发电产品轻薄柔的特点和独特优势，着力拓展分布式应用和移动能源市场，努力在户用发电、商用发电、农业应用、光伏扶贫和移动能源产品开发等领域取得突破和进展。预计从2015年到2020年，光伏建筑一体化的市场规模将达到1万亿～2万亿元；户用发电系统的市场规模将达到1万亿～2万亿元；农业光伏设施的市场规模将超过5 000亿元；轻钢结构工业屋顶发电系统的市场规模将达到1.5万亿元。

组织变革：扁平化组织

汉能组织变革总的指导思想是要从投资型组织转变为快速响应市场的扁平化组织。2015年7月，股灾之后的汉能认识到自己的"大企业病"严重，对原有的上、中、下游分割的组织模式进行了深度调整变革，打破公司内部壁垒，成立了移动能源、柔性工业应用、柔性民用、分布式能源、汉能装备五个新的事业群和产品孵化中心，精简合并后台管理部门，持续优化公司的部门结构和人才结构，并在内部引入竞争上岗机制。汉能整合优质资源，实行以事业部为主的产供销体系，努力建立充分授权和严格考核相结合的扁平化组织。

汉能利用内部创业的思想，设立了产品孵化中心。该中心自原来的产品开发集团演变而来，主要负责设计薄膜太阳能民用产品，未来也会规划新兴产业群，成为

任。同时辞去汉能薄膜高层职位的还有代明芳，辞任公司执行董事、董事会副主席、首席执行官等职务；冯电波辞去公司执行董事及董事会副主席的职务。刘建军和徐晓华获任执行董事职务。此外，司建海为新任汉能薄膜首席执行官，林一鸣获任董事会副主席。新董事会上任后的一个重要任务就是积极配合证监会的工作，竭尽所能推动公司尽快复牌。同时，他们也在不断地完善公司治理结构，努力提升公司经营管理水平。

汉能薄膜坚持开放和合作共赢的经营战略。薄膜发电技术和产业应用范围广阔，市场规模和发展空间很大，需要更多投资者的参与。未来，汉能会开放股权，引入战略投资者，让更多的社会资本参与薄膜发电产业，而不是一股独大。同时，汉能还坚持进行第三方大客户的开发，增加第三方销售收入。汉能也会继续推出员工持股计划，吸引员工参加，更好地激励员工，与员工共享汉能的发展成果。

转型现状

在历经一系列的变革之后，汉能焕然一新。在技术研发方面，汉能持续加大研发投入，技术不断取得突破进展。在汉能的哲学中，技术领先是企业生存的根本。不管是在2015年最困难的时期，还是在改革奋进的2016年，汉能始终维持了较高的研发费用投入，目的就是要保证薄膜发电技术在全球市场具有竞争力。目前，汉能在砷化镓、铜铟镓硒技术转化率上持续保持了四项全球第一。

在业务发展方面，汉能装备制造、户用发电、商用发电，以及农业应用、光伏扶贫等重点业务上均取得突破，汉能的市场销售端呈现快速增长的势头。2016年中期业绩报告显示，汉能薄膜实现营业收入32.96亿港元，同比增长56%；毛利20.65亿港元，同比增长41%；盈利8.21亿港元，实现扭亏为盈。特别的，汉能户用及工商业分布式光伏发电系统销售同比增长约284%，装备产线交付收入同比增长约33%。

通过对市场的拓展、经销商体系的打造，汉能全面提升了自己的销售能力，已经初步完成由经销商和分销商组成的遍布全国的销售网络布局，经销商签约数量超过1 300家。2016年中报预计，到2016年年底，区县级销售网络将实现75%的覆盖率，渠道能力得到极大加强。

汉能的组织变革也取得了一定成效，组织架构更加适合业务发展的需要，运行机制已处于调整阶段，目前实现了以结果为导向的价值评判，朝着严谨高效、充满活力的组织发展。但对于汉能这样一个大公司，彻底的组织变革尚未完成，快速响应市场的能力还需要加强。

一年多来，汉能通过自己的努力，重新塑造企业形象和品牌价值，已经逐渐得到社会的广泛认同，逐渐消除了大家对它的质疑。2016年6月，世界品牌实验室在北京发布"2016年中国500最具价值品牌"榜单，汉能控股集团品牌价值评估约为629亿元人民币，位列中国品牌前50强，在新能源企业中排名第一。同年7月，汉能凭领先的全太阳能动力汽车智能出行管理系统，在上海国际车联网与智慧交通展览会上，斩获MMC全球大赛技术创新奖。

尾声

经历20多个月的沉寂与挣扎，汉能薄膜复牌似乎指日可待。

2015年遭遇股价腰斩，被迫停牌，质疑和嘲讽一起涌来。汉能在逆境中坚持自己的信念，沉心调整自己的业务和商业模式。一年多的变革帮助汉能薄膜取得了很大的进步。作为汉能控股的主席，李河君在战略变革中体现出了重要的战略领导力。事实上，要实现变革调整的目标，汉能仍面临着许多问题和挑战。

我们还不清楚，汉能的变革和转型的方向是否真的行得通。汉能的变革和转型下一步该如何走？汉能薄膜从B2B到B2C的转型，商业模式该如何设计？目前变革的方向是否正确？是否可以帮助汉能摆脱目前面临的困境？太多谜团，只有等时间为我们揭露真相……

查看更多有关汉能的图表资料，请扫描右侧二维码。

阅毕请思考：

· "5.20"事件后汉能遭遇的发展困境是由哪些主客观原因造成的？有哪些值得

吸取的教训？

·汉能薄膜从B2B向B2C的转型行得通吗？为什么？

·试用商业模式画布工具分析汉能薄膜的商业模式现状，并提出优化建议。

·2016年11月，李河君提出"使命、行动、结果"，在日益不确定性的变革时代，汉能转型变革战略如何落地？汉能如何才能彻底摆脱面临的转型困境？请从战略与创新视角，为汉能提出可行的解决方案和建议。

参考文献：

[1]〔美〕罗伯特·A.伯格曼等著，陈劲、王毅译：《技术与创新的战略管理》（第3版），北京：机械工业出版社2004版。

[2] Miller, D. & Friesen, P.H. *Organizations: A Quantum View*. Englewood Cliffs, NJ: Prentice-Hall, 1984.

[3] Mintzberg H. Patterns in strategy formation. *Management Science.* 1978, 24(9):934–948.

[4]〔瑞士〕亚历山大·奥斯特瓦德、〔比利时〕伊夫·皮尼厄著，王帅等译：《商业模式新生代》，北京：机械工业出版社2010版。

[5] 薛有志，周杰，初旭："企业战略转型的概念框架：内路径与模式"，《经济管理》，2012年7月。

[6] 李小玉，薛有志，牛建波："企业战略转型研究述评与基本框架构建"，《外国经济与管理》，2015年12月。

[7] "汉能：变革与重生——李河君主席在2015年司庆纪念日的讲话"，汉能官网，http://www.hanergy.com/content/details_135_12907.html。

[8] "李河君：使命、行动、结果"，汉能官网，http://www.hanergy.com/content/details_135_16496.html。

[9] "没有什么可以阻挡汉能前进的步伐——李河君主席在2016年司庆纪念日的讲话"，汉能官网，http://www.hanergy.com/content/details_135_16191.html。

[10]"汉能薄膜：已与香港证监会就复牌条件达成共识 ——独家专访汉能薄膜董事会主席袁亚彬"，中国经营网，http://www.hanergy.com/content/details_38_16688.html，2017年1月24日。

附录 **1**　案例说明示例

韩都衣舍的组织创新：

以"产品小组"为核心的单品
全程运营体系

为保证MBA案例课堂教学效果，案例说明仅提供给任课老师使用，作为教学参考，不需要提供给学员。本书仅完整提供获得"2016全国百优管理案例"的《韩都衣舍的组织创新：以"产品小组"为核心的单品全程运营体系》的案例说明部分作为范例，其他案例说明略去。如果您是一位MBA/EMBA/EDP/企业培训等领域的任课教师，希望参考其他案例的使用说明，请按照如下方式申请：

（1）扫描上方二维码，或者搜索微信公众号"北大经管书苑"（pupembook），关注公众号；

（2）点击菜单栏"在线申请"—"教辅申请"，按页面要求提交信息；

（3）工作人员收到申请，向您提交的电子邮箱发送教辅。

如果申请遇到问题，请联系编辑部：

邮箱：em@pup.cn, em_pup@126.com

Q Q：552063295

电话：010 62767312

一、教学目的与用途

本案例主要适用于MBA、EMBA的《创新与变革管理》课程，也可用于其他工商管理类相关课程的案例教学。

本案例是一篇描述韩都衣舍在互联网变革时代进行组织创新的教学案例，其教学目的在于使学生通过韩都衣舍案例，对移动互联网变革时代企业如何通过组织创新提升持续竞争力的问题进行深入和系统的思考，提升学员的战略性分析能力和创新思维能力。

希望本案例能启发更多的传统企业在变革时代背景下，通过摸索适合自己的组织创新方式，为企业赢得持续竞争优势。

本案例是一篇综合性教学案例。

二、思考问题的分析思路

教师可以根据自己的教学目标（目的）来灵活使用本案例。这里提出本案例的分析思路，仅供参考。

韩都衣舍为什么要搞小组制？其小组制结构有什么特点？在其他行业具备可复制性么？

买手制的优缺点如图A1.1所示。

图A1.1　买手制的优点和缺点

资料来源："图解韩都衣舍买手制"，天下网商，http://www.wshang.com/media/info/pid/366.html，2013年12月6日。

买手制管理和执行的要点如下[①]：

（1）统一规划：必须有一个把握市场方向和产品结构的部门做统一的规划，并及时跟踪库存结构的健康程度。

韩都衣舍企划部的职责就是通过精准的数据分析和对行业的预测，做全盘的产品规划。产品规划包括类目的规划、面料的规划、款式的规划及库存的规划。

（2）关于买手的培养和小组复制：由于体系内已经培养了很多优秀的买手，所以买手小组可以迅速复制出更多的小组，老的买手小组的成员，可以申请成立新的买手小组。新小组成立后连续6个月内，小组提成的10%算在老组组长提成。

（3）买手小组的自主性：韩都衣舍的买手小组有很大的自主性，在"企划部"协调下，由"买手小组"自主选款、自主下单生产、自主上架，市场端必须全力配合销售，实现了基于互联网的快时尚模式。

（4）小组可参与广告竞拍：小组之间的利益冲突是在流量端。韩都衣舍内部有一套广告竞拍系统，类似于钻石展位竞价系统，买手小组可以参与广告位竞价。

（5）稳定大品类，拓宽新品类：围绕快时尚和买手制，韩都衣舍切准了韩风这一个大品类，在保证韩风女装市场份额快速增长的同时，依靠买手小组快速复制，又拓展了男装、童装、中高端女装、中老年服装等细分品类的新品牌。

小组制结构存在什么风险和问题？相比其他组织结构有什么劣势？韩都衣舍应该如何应对？

（1）产品质量问题：因为"柔性供应链"，韩都衣舍在自身质量管理和线下供应商（服装生产厂商）的质量管控上有时会出现纰漏，过度追求"快"和"量"而出现"质"的风险。在未来，韩都衣舍作为淘品牌，应该加强对自身和供应商的质量管控，同时规范供应商管理，和品质较好的供应商形成长期合作，保障商品质量。

（2）退换货率问题：韩都衣舍的退换货率一方面会增加公司的运营成本，另一

---

① "图解韩都衣舍买手制"，天下网商，http://www.wshang.com/media/info/pid/366.html，2013年12月6日。

方面可能会影响消费者口碑。首先应该对导致高退换货率的原因进行分析，例如，是商品品质问题、物流问题，还是由于退换货险的出现等其他问题？然后根据问题采取相应的解决方案。

（3）小组"失控"问题：当小组数目继续增加，韩都衣舍现有的组织结构可能无法满足要求，导致效率降低、恶性竞争或其他问题。对此可以采用更多创新的方法，例如用合伙人制度，鼓励一些品牌独立出去，韩都衣舍占多数股份，给与新企业带头人更大的自主性等。

你觉得韩都衣舍在互联网时尚品牌孵化与运营生态系统的实现道路上，还需要注意些什么？

如果想做一个互联网时代赋能型的平台型公司，大概需要这么几个核心要点：

第一，尽可能地实现全员参与。参与分两种：主动参与和被动参与。什么是主动参与呢？自主经营体一定是因为责权利的统一，所以它们一定要主动参与；另外，因为它们是最基层，所以它们就倒逼公共服务部门被动参与。如果公共服务部门不参与，就会有投诉。

第二，要高度透明。这家公司理论上来讲是透明的，每个小的经营体都是独立核算的。

第三，基于小微组织的精准核算。原来公司部门制的时候核算不是很精准，每个人不太清楚自己付出了多少、应该收到多少。所以，组织设计的时候要尽可能把自主经营体的核算做到越精准越好：你给他了多少钱，他产生了多少效益，他应该拿到多少钱……最好的结果是他自己可以算出他的工资来。

第四，自上而下和自下而上的整合。在赋能型的组织结构里面，公共的平台有点类似于政府，它的"手"总想着进行控制和干扰，作为公司自主经营体要避免那些干扰。

第五，要培养领导人的服务体系。我们在整个管理过程中希望从每一个小微组织、小自主经营体的领头人里培养出领导，建立出服务体系。

"互联网+"时代的组织创新有哪些特征？结合你所在的企业，你觉得韩都衣舍组织创新的成功有哪些可以借鉴的地方？当前还有哪些新型组织创新形式值得传统企业参考借鉴？

互联网时代的企业有三个特点，核心的关键词是"快"：一是企业要有非常强的学习能力。对于市场的任何变化，从基层到高层，整个组织要有非常快的学习能力。二是学习了之后要用各种方式在第一时间进行试错，而且效率要非常高。三是快速迭代，迭代的效率也要高。互联网企业对效率的要求跟传统企业有很大不同，如果效率慢了会被效率快的公司在很短时间内超过。也就是说，互联网企业的生命周期可能比原来传统企业缩短一半以上。

在互联网时代，利用互联网的一些特点，可以将金字塔的结构倒置，把原来的科层制管理结构改变成赋能型管理结构。通过这种组织结构调整，员工成为跟市场接触的一线主体，让员工来进行相当一部分的战略决策，他们就变成了公司里面小的自主经营体。公司高层就变成了一个服务的对象，也可以说是一个赋能的对象，他们的责任是通过整合前端小的自主经营体所需要的资源，来为他们服务。传统正的金字塔管理层强调的是管理，而倒过来之后强调的是服务。

第12堂课所讲的芬尼克兹独特的"裂变式创业"，也是变革时代企业组织创新的一个成功的例子。

三、理论依据及分析

1. "互联网+"时代的组织创新与变革

随着互联网与传统产业的融合加剧，"互联网+"这个词语逐渐从国家报告中走出来，落实成为每个企业的自觉行动，使传统企业所面临的一切都在飞速变化——就如同将一株植物迅速地移植到不同的地域中。在新的环境下，原有组织想要继续生存下去，就需要具备动物的一些特性，具备很强的适应性，而开放运营将是其中最为典型的特征。开放运营表现为以下几个方面：

（1）从"由内而外"到"由外而内"。传统企业组织从产品设计、开发到生产、销售，出发点都是"从内向外"的，都是基于现有自身能力体系结构、提供方式、资源状况进行设计的，典型的"我有什么你用什么"的思路，但是，"我们有的能力是否真正是市场、客户所需要的能力？我们提供的方式是否真正能够被市场、客户所接受？"这些并不是首先关注的问题。

"互联网+"时代是一个个性的世界，能更加清晰地感受到人类自我意识的爆发：他们的个人决策自由，他们的行动与表达不受约束……企业也在发生着改变：对外，企业更多地关注客户的个性化需求，让客户更多地参与产品设计和开发；对内，组织更加弹性和扁平，并且重视员工的个性培养和个体作用。

（2）从封闭走向开放。"互联网+"要求企业不再将自己的优势封闭在组织内部。传统条件下的企业核心优势，即产品、专利等，正在受到挑战，甚至成为新兴产业走向繁荣的壁垒。因此，相对于传统企业的封闭，未来企业组织将更加积极"走出去"，谋求合作。开放合作使得新老企业得以结合，形成围绕该技术的生态网。在这种开放合作的氛围中，高效的组织结构与优秀的资源结构成为企业关注的核心要素，高效合作成为这个时代企业组织关系的关键词。

企业秘密需要被严格地保护，但同时企业必须善于从外部吸收有利因素，打破传统的观念，即有价值的内容可以在企业内部和外部获得，商业化的路径也可以在企业的内部和外部同时进行。因此，企业必须搭建开放的桥梁，才能在一个边际成本日益趋于零的经济中存活。

这种开放意味着付出，企业必须学会分辨能力中不太核心的部分，并将自己的一部分能力与外部能力进行低价甚至免费的交换，来获取外部能力的参与。比如，马斯克开放了特斯拉的专利，相对于专利而言，特斯拉更看重企业的生产设计。而通过这种开放，特斯拉可以推动汽车行业生产更多的电动车。

（3）从自我生长到不断并购。外部的快速变化使得企业为了实现目标必须常常从外部汲取能量，这和植物型企业长年通过原料加工、生产产品不同，新时代的企业通常是捕食性的，对外部具有极强的依赖性，甚至很多组织会圈养起一片领域，即打造生态圈。

"互联网+"时代，要求企业在规划自己目标的时候不以生产为主，而是以功能为主。这使得新时代的组织跳出了传统组织必须要获取材料、组织生产、提供服务的圈子。比如，对一家传统的出租车公司来说，要想增加一辆出租车，就需要以较高的成本获得一辆汽车和牌照。而新时代企业则并不考虑汽车本身，比如Uber只搭建平台，吸收私家车，几乎不需要成本就能增加一辆出租车，只需通过网络协调使人们共享汽车。这种跳出圈子的思考方式给企业带来了很多优势。未来，企业的成功不再是通过优化生产，而是通过消灭成本。企业通过并购大规模降低产品或服务的生产成本，甚至是零边际成本，新运营模式下的商业核心流程的所有权让位于企业的开放性。

（4）企业组织架构的弹性与整合能力成为关键核心能力。收购和吞并是新时代企业成长的重要手段。这种手段通常针对关键、核心的功能和技术，企业组织更加喜欢通过并购等方式直接将这些"核心"部分纳入自己的体系。举个例子，谷歌自成立之初，便一直从外部寻找各种灵感，为拓展新的业务方向做准备。这家搜索巨头收购的公司数量连创纪录。仅2014年，谷歌就收购了25家公司，平均每两周一家。如果算上为了专利和知识产权收购的公司，总数甚至达到79家。这些新并入的公司和企业，如何在原有体系中顺利地运转是考验一个企业组织承受力的关键。谷歌收购的成功很大程度上来源于早期就形成、至今仍然保留着的"灵活机动"的文化，正如员工可以随意移动办公桌的规则一样，谷歌有很多轮值项目，可以让产品经理轮换着参与不同的工作，即使是高管也会轮流肩负不同的职责。

创新的效率与其组织形式密切相关。在企业创新过程中，主要的组织形式有现行组织模式、并行和交叉组织模式、小组制组织模式、矩阵组织模式等。近年来随着互联网与移动互联网的兴起，也出现了虚拟组织、网络型组织等新型组织形式。企业究竟采取何种组织形式，应该因地制宜、因时制宜，适应不同的发展阶段和规模，一切从实际出发，而不应盲目照搬别人的模式。

弗里蒙特·E.卡斯特(Fremont E. Kast)提出了组织变革过程的六个步骤：

①审视状态：对组织内外环境现状进行回顾、反省、评价、研究；

②觉察问题：识别组织中存在的问题，确定组织变革需要；

③ 辨明差距：找出现状与所希望状态之间的差距，分析所存在的问题；

④ 设计方法：提出和评定多种备选方法，经过讨论和绩效测量，做出选择；

⑤ 实行变革：根据所选方法及行动方案，实施变革行动；

⑥ 反馈效果：评价效果，实行反馈。

若有问题，再次循环此过程。

组织变革有两种典型模式：激进式变革和渐进式变革。激进式变革力求在短时间内，对企业组织进行大幅度的全面调整，以求彻底打破初态组织模式并迅速建立目的态组织模式。渐进式变革则是通过对组织进行小幅度的局部调整，力求通过一个渐进的过程，实现初态组织模式向目的态组织模式的转变。

2. 小组制组织模式

小组制的主要特征是：涉及创新的主要人员，如研发人员、生产人员、营销人员等，在一个小组内工作，目的是更进一步地加强工作沟通和责任感，提高产品创新速度（图A1.2）。小组制组织模式需要有一个素质好的项目经理推动创意商业化并进入市场。小组制组织模式的优点是可以加快创新的速度以应对迅速变化的市场，但它同时要求项目经理有足够的权限，小组成员的团队精神较强。长期在小组制组织中工作的创新成员，虽然可以拥有快速开发产品的能力，但会影响其对专业上新知识的获取，从而导致创新的后劲不足。

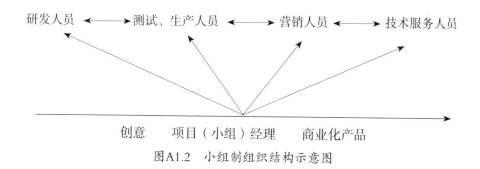

图A1.2　小组制组织结构示意图

资料来源：陈劲、郑刚《创新管理：赢得持续竞争优势》（第2版），北京：北京大学出版社2013版。

3. 阿米巴经营模式

阿米巴经营模式是"日本经营之圣"稻盛和夫独创的经营模式。稻盛和夫创建了两家世界500强企业——京瓷和第二电信（KDDI），正是阿米巴经营模式让这两家企业长盛不衰，京瓷更是创造了神话一般的业绩——五十余年从不亏损，每逢经济危机反而大发展。

阿米巴经营是指将组织分成小的集团，通过与市场直接联系的独立核算制进行运营，培养具有管理意识的领导，让全体员工参与经营管理，从而实现"全员参与"的经营方式，是京瓷集团自主创造的经营管理模式。

比如，某陶瓷产品有混合、成型、烧结、精加工四道工序，就将这四道工序分成四个阿米巴，每个阿米巴都像一个小企业，都有经营者、交易额、成本和利润。阿米巴经营不仅考核每个阿米巴的领导人，而且考核到每个阿米巴成员每小时产生的附加价值。这样就可以真正落实"全员经营"的方针，就是发挥企业每一位员工的积极性和潜在的创造力，把企业经营得有声有色。另外，阿米巴可以随环境变化而"变形"，即具有适应环境的灵活性。

阿米巴模式有三个关键词：第一个是"自由自在"，第二个是"重复分裂"，第三个是"激情四射"。如果一个制度能够做到让员工实现这三点的话，这个企业是有自学习能力的，而且能够很快地成长。阿米巴经营的目的有：实现全员参与的经营，以核算作为衡量员工贡献的重要指标，实行高度透明的经营，自上而下和自下而上的整合，以及培养领导人。

阿米巴经营模式成功的关键还在于通过这种经营模式明确企业发展方向，并把它传递给每位员工。因此，必须让每位员工深刻理解阿米巴经营的具体模式，包括组织构造、运行方式及其背后的思维方式。如果员工对于阿米巴经营没有一个正确的理解，其结果就会出现以自我为中心，为了自己阿米巴的利益而损害其他部门利益的情况，也有可能会因为达成目标的压力过大，而导致员工身心疲劳。

四、关键要点

1. 组织关于韩都衣舍实施小组制的动因、适用条件等的讨论。例如，什么样的产业、什么发展阶段和规模，适合这种阿米巴式的小组制组织创新？是否具有跨行业复制的可能性？有没有更适合企业自身的组织形式？

2. 阿米巴式的小组制继续裂变发展，对于韩都衣舍可能会带来哪些新的挑战？如何应对？

3. 韩都衣舍的小组制和新战略之间的关系、新的互联网时尚品牌孵化平台对小组制会产生什么影响？

4. 多数学员已经具有一定的管理知识，但往往容易就事论事，缺乏深入分析的能力，如何引导学生通过对本案例的学习，从现象看本质，思考变革时代组织创新的特点和趋势，将创新思想运用到学员的实际工作中，是本案例学习的关键。

五、建议课堂计划

若基于本案例开展讨论课，可以参考以下课堂计划建议：

整节案例课的课堂时间控制在3堂课（135分钟）内。

课前计划：

提前两周发放案例，请学员在课前完成案例阅读，根据案例最后的思考题对案例企业的现状、所处行业特征、案例中的主要问题进行思考和总结。将学员分成5~8人的小组，在课前分小组进行预先讨论，总结出韩都衣舍小组制的特点、面临的潜在风险及应对策略等。同时，每组需要选出一个组员所在的企业，对企业进行实地调研，借鉴韩都衣舍组织创新的例子，并结合该企业的现状，提出该企业可以实行的组织创新方案和相关依据，并准备展示方案。事先告知每组发言要求。

课中计划：

（1）简要的课堂前言，明确主题（5分钟）。

（2）各个小组的展示和提问讨论。展示包括三部分：一是本组对韩都衣舍小组制的特点、面临的潜在风险和应对策略的归纳；二是本组调研企业的介绍；三是提出该调研企业组织创新方案和相关依据。每组展示完成后，其他组员可以对该组提出的创新方案进行提问，由小组成员回答，教师可以提问并引导学员一起讨论（每组展示10分钟，提问讨论5分钟，控制在105分钟）。

（3）教师对案例问题进行归纳和提炼，并对各组的创新方案进行点评和补充（10分钟）。

（4）让全体学员匿名投票选出自己最喜欢的三个组的展示方案（通过微信进行在线问卷填写或是现场纸质版投票），公布投票结果，并对整个案例的讨论和结果进行点评（15分钟）。

课后计划：

如有必要，请学员在本小组报告的基础上，结合课堂讨论，进一步修改完善，形成最终的小组案例分析报告、企业创新方案设计，以及个人的心得体会。

附录 **2** 案例分析主要理论依据

互联网思维

　　"互联网+"时代的创新与创新管理的首要焦点在于商业思维模式的变革，也即产生了"互联网思维"，它是指"在（移动）互联网、大数据、云计算等科技不断发展的背景下，对市场、对用户、对产品、对企业价值链乃至对整个商业生态进行重新审视的思考方式"。

　　基于这种商业逻辑从直线式工业思维向圆形思维的互联网思维模式转移（表A2.1），研究与实践进一步细分了互联网思维的构成，如图A2.1所示。

表A2.1　工业思维与互联网思维的对比

	工业思维	互联网思维
研发的思维模式	直线式思维	圆形思维
特征表现	前向式，不可逆，一步到位	循环往复，不断迭代
风险属性	规模大、鲁棒性弱	分阶段、风险可控
形式举例	羊毛出在羊身上	羊毛出在猪身上
营销模式	花巨资广告营销	口碑营销、社会化媒体直销
创新模式	封闭式创新	开放式创新
创新主体	研发人员创新	用户参与创新
盈利思想	依靠产品本身获取利润	产品本身可以免费
商业模式要点	规模、成本、质量	用户体验、用户参与

资料来源：孙黎、魏刚，"牛人都在用圆形思维，你造吗?"，《中欧商业评论》，2015年第1期。

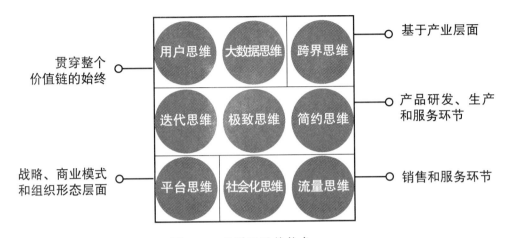

图A2.1　互联网思维构成

资料来源：赵大伟，《互联网思维——独孤九剑》，北京:机械工业出版社，2014版。

社会化媒体营销

近年来，随着小米、Uber、杜蕾斯等现象级社会化营销成功案例的不断涌现，社会化媒体营销模式日益引起重视。社会化媒体营销也被称为社会化营销（social media marketing，SMM），是利用社会化网络、在线社区、博客、百科或其他互联网协作平台媒体来进行营销、公共关系和客户服务维护开拓的一种方式。亦有人称之为社交媒体营销、社交媒体整合营销、大众弱关系营销等。一般的社会化媒体营销工具包括论坛、微博、微信、博客、SNS社区等，图片和视频通过自媒体平台或者组织媒体平台进行发布和传播。①

颠覆式创新

哈佛商学院创新理论大师克莱顿·克里斯滕森教授在其1997年出版的代表性巨著《创新者的窘境》中提出了破坏性创新，又称颠覆性创新理论。克里斯滕森将创

---

① "社会化媒体时代传统媒体人如何应对"，山西新闻网，http://www.sxrb.com/sxjjrb/ sanban/4371797.shtml，2014年12月30日。

新分为两种：维持性创新与破坏性创新。维持性创新致力于在消费者所重视的维度上对现有产品的改进，向现有市场提供更好的产品；而破坏性创新则要么创造新市场，要么提出一种新的价值主张来重塑现有市场。该理论认为，老牌企业之所以不能成功应对颠覆性变化，是因为老企业原有的能力只能够进行维持性创新，即通过改进原产品和服务来留住原来的主流客户。颠覆性创新则是通过推出新产品或新服务来开创一个全新的市场。颠覆式创新是指企业基于够用技术（good enough technology）的原则，建立在新技术或是各种技术融合、集成的基础之上；偏离主流市场用户所重视的绩效属性，引入低端用户或新用户看重的绩效属性或属性组合的产品或服务，通过先占领低端市场或新市场，从而拓展现存市场或开辟新的市场，引起部分替代或颠覆现存主流市场的产品或服务的一类不连续技术创新。[①]克里斯滕森提出了两种基本的破坏方式：低端破坏和新市场破坏，如图A2.2所示。

陈劲和郑刚（2016）以破坏途径与方式、导入破坏的市场切入点为分析维度，划分了颠覆式创新的6种方式，如图A2.3所示。

商业模式创新

目前，管理界最为接受的对于商业模式的定义是：商业模式是一种包含一系列要素及其关系的概念性工具，用以阐明某个特定实体的商业逻辑。它描述了公司能为客户提供的价值以及公司的内部结构、合作伙伴网络和关系资本等用以实现（创造、营销和交付）这一价值并产生可持续、可营利性收入的要素。

商业模式可以分为以下九个部分[②]：

（1）价值主张。公司通过其产品和服务所能向消费者提供的价值。价值主张确认了公司对消费者的实际意义。

（2）消费者目标群体。即公司所瞄准的消费者群体。这些群体具有某种共性，

---

① 陈劲、郑刚：《创新管理:赢得持续竞争优势》（第3版），北京：北京大学出版社2016版。

② 〔瑞士〕亚历山大·奥斯特瓦德、〔比利时〕伊夫·皮尼厄著，王帅等译：《商业模式新生代》，北京：机械工业出版社2010版。

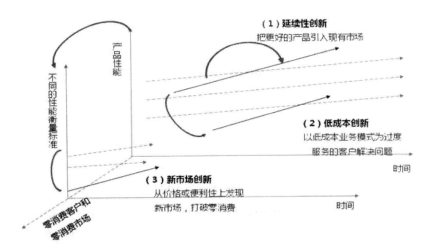

图A2.2 颠覆性创新模式三维立体图

资料来源：〔美〕克莱顿·M.克里斯滕森、迈克尔·E.雷纳，《困境与出路》，北京：中信

出版社2004版。

导致破坏的市场切入

图A2.3 破坏性创新分析矩陈示例

资料来源：陈劲、郑刚，《创新管理:赢得持续竞争优势》(第3版)，北京：北京大学出版社

2016版。

从而使公司能够（针对这些共性）创造价值。定义消费者群体的过程也被称为市场划分。

（3）分销渠道。指公司用来接触消费者的各种途径。

（4）客户关系。公司同其他消费者群体之间所建立的联系。

（5）价值配置。即资源和活动的配置。

（6）核心能力。指公司执行其商业模式所需的能力和资格。

（7）合作伙伴网络。公司同其他公司之间为有效地提供价值并实现其商业化而形成的合作关系网络。

（8）成本结构。指所使用的工具和方法的货币描述。

（9）收入模型。指公司通过各种收入流来创造财务的途径。

分析商业模式的实用工具是商业模式画布（图A2.4）：

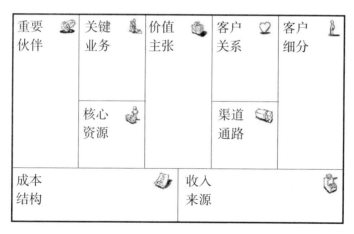

图A2.4　商业模式画布示意

资料来源：〔瑞士〕亚历山大·奥斯特瓦德、〔比利时〕伊夫·皮尼厄著，王帅等译，《商业模式新生代》，北京：机械工业出版社2010版。

精益创业理论

精益创业的概念由硅谷创业家埃里克·莱斯于2012年在其著作《精益创业》一

书中提出，是近年来兴起于硅谷并日益产生全球影响的一种非常实用的创业基本方法论。其核心思想受到硅谷创业教父斯蒂夫·布兰克的《四步创业法》中的"客户开发"方式的影响很大。斯蒂夫·布兰克为精益创业提供了很多的案例和精彩指点，他是一位连续创业者，先后开办了八家公司，有四家公司已经上市。斯蒂夫曾在《哈佛商业评论》预言：精益创业将改变一切！

几十年来，传统创业思维的基本假设在于，环境是确定性的，未来是可以预测的，用户需求基本是已知的，解决方案也是非常确定的。但现实绝非如此。我们当前所处的商业环境正在发生颠覆性巨变，不确定性和风险日益提高。

精益创业的核心思想是，先尽快提供一个最小可行产品，然后通过不断的学习和有价值的客户反馈，对产品进行快速迭代优化，以期适应市场。其理念可以追溯到软件行业的敏捷开发管理。可以理解为敏捷开发模式的一种延续。

精益创业不能保证创业一定成功，但无疑将会大大降低创业失败率，快速地以低成本试错，提升创业成功率。

新创公司与大公司两者的真正区别在于商业模式是否已知，大公司已经有被验证了的商业模式，而新创企业没有。大公司执行已知或已经确认的商业模式，更多是在运营和执行的层面，而新创公司则是探索未知的商业模式。新创公司肯定不是大公司的缩微版。新创企业之所以失败，是因为它们混淆了探索与执行。

一般来说，新创企业会经历四个阶段：第一个阶段是商业模式的发散式探索，不确定性极高。你可能会尝试多个方向，快速转向，不停试错。第二个阶段是聚焦式探索，已经初步确立了方向，有可能在两三个路径中选择商业模式。第三个阶段，商业模式确立，进入放大阶段。第四个阶段是商业模式的正常执行。

硅谷创业教父斯蒂夫·布兰克提出基于精益创业理念的"四步创业法"，分两大阶段、四个步骤，如图A2.5所示：

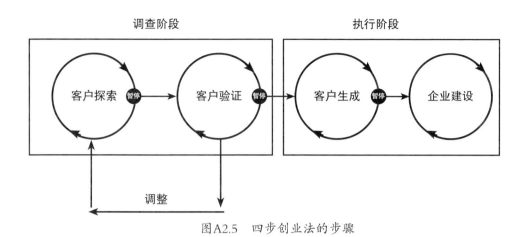

调查阶段　　　　　　　　　执行阶段

图A2.5　四步创业法的步骤

资料来源：〔美〕斯蒂夫·布兰克，《创业者手册》，北京：机械工业出版社2014版。

精益创业的"建设—测量—学习"过程如图A2.6所示。

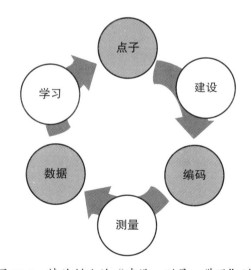

图A2.6　精益创业的"建设—测量—学习"过程

资料来源：孙黎、杨晓明，"迭代创新：网络时代的创新捷径"，《清华管理评论》，2014年第6期。

服务创新

服务创新是企业为了提高服务质量和创造新的市场价值而发生的服务要素变化，对服务系统进行有目的、有组织的改变的动态过程。服务创新的理论研究来源于技术创新，两者之间有着紧密的联系。但是服务业的独特性，使得服务业的创新与制造业的技术创新存在一定的区别，并有其独特的创新战略。

服务创新可以分为五种类型，如图A2.7所示：

图A2.7　服务创新的五种类型

资料来源：陈劲、郑刚，《创新管理：赢得持续竞争优势》（第3版），北京：北京大学出版社2016版。

技术追赶与二次创新理论

对于后发国家产业技术追赶，国内外学者已经进行了大量研究，并取得了丰富而重要的成果。在对我国企业技术引进和创新的总体特征进行观察的基础上，吴晓波教授曾提出了一个在技术引进基础上进行的"二次创新过程模型"。[①]基于国外学者提出的"技术范式""技术轨迹"的概念，"一次创新"指主导了技术范式和技

———————

① 吴晓波，"二次创新的进化过程"，《科研管理》，1995（2）：29-37。

术轨迹的形成、发展和变革的技术创新，主要由发达国家企业完成。"二次创新"指在技术引进基础上进行的，囿于已有技术范式，并沿既定技术轨迹而发展的技术创新，是后发国家企业技术创新的主流。关于二次创新的动态过程模型如图A2.8所示。

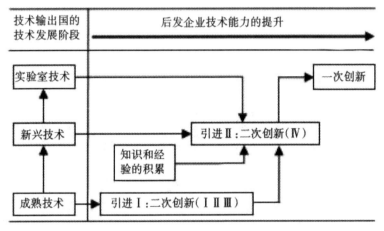

图A2.8　技术引进的动态性和二次创新的动态过程

资料来源：吴晓波，"二次创新的进化过程"，《科研管理》，1995（2）：29-37。

从图中我们可以看出，在后发企业的发展初期，主要是对第Ⅰ类技术——成熟技术的引进。原因在于此时公司技术能力比较薄弱，引进这类技术有利于快速提升公司的技术能力。这类技术在引进时一般已处于技术生命周期的成熟阶段，工艺创新和产品创新的效率在逐渐降低，竞争的焦点已经转向产品与工艺的渐进改进。

动态能力

动态能力的概念起源于熊彼特基于创新竞争的观点，他认为竞争优势来源于对现有资源的创造性破坏以及重新组合所形成的新的企业能力。蒂斯等认为[1]，动态能

---

[1] David J. Teece, "Gary Pisano and Amy Shuen, Dynamic Capabilities and Strategic Management" , *Strategic Management Journal*, 1997,8(7),509-533.

力是整合、建立和再配置内外部资源和能力的能力。艾森哈特和马丁认为动态能力是一种可识别的常规惯例和过程。凯瑟琳·王和艾哈迈德则认为动态能力是指企业不断地整合、再配置、更新和再创造资源和能力的行为导向，更重要的是，它能够利用独特的资源升级并重构核心能力，以回应日益变化的市场来获得并维持持续竞争优势。综合上述分析，动态能力是企业不断地对企业的资源、能力进行整合、配置，并根据外部环境的变化对它们进行重组的能力，它能够有效整合企业内外部资源，不断推出适应市场发展需要的优质产品和服务，给客户带来价值增值的产品和服务，使企业获得持续的竞争优势。

技术追赶与二次创新的过程也是一个动态的过程。在这个过程中，企业根据自己所处的技术水平适时地进行技术引进。随着企业技术能力的提升，企业从第Ⅰ类（成熟）技术逐渐过渡到对第Ⅱ类（新兴）技术的引进，同时不断地加强自主研发与创新，提高二次创新的有效性，促进自身技术能力的提升，并成功实现追赶。

公司内部创业理论

公司创业是指企业层面的创业行为。有多个相关的词，"公司创业"（corporate entrepreneurship）、"内企业家精神"（intrapreneurship）、"内部企业家精神"（internal entrepreneurship）、"公司风险活动"（corporate senturing）、"创业导向"（entrepreneurial Orientation）等。

米勒最先提出了公司创业的理论和测量工具。[1]根据夏不马和克里斯曼(1999)的观点，公司创业是指组织内部的个体或群体通过与组织联合来创建新的业务机构、推动组织内部战略更新和创新的过程。[2]公司创业对于企业的生存和发展具有极其重要的意义。

郑馨按照公司参与程度和控制权程度的高低，总结出内部创新的四种模式：内部创

[1] Miller D."Correlates of entrepreneurship in three types of firms", *Management Sciences*, 1983, 29(7):770-791.

[2] Sharma, P., Chrisman, S. J. J. "Toward a reconciliation of the definitional issues in the field of corporate entrepreneurship", *Entrepreneurship Theory and Practice*, 1999. Spring: 11-27.

新提案、新项目小组或新事业部、创业孵化器及衍生裂变新创创业（图A2.9）。

　　张武保和任荣伟提出了公司内部创业的层次、结构与内容逻辑（图A2.10）。 公司内部创业可以划分为公司内新创事业和公司外衍生创业两个集合。

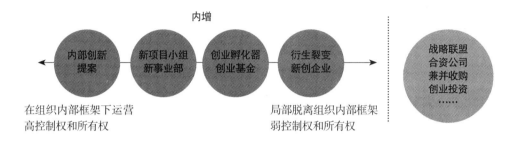

图A2.9　内部创业的四种模式

资料来源：郑馨， "传统企业如何突破：大象如何跳舞？——传统企业的内部创业与突破"，《清华管理评论》，2014（12）：32-41。

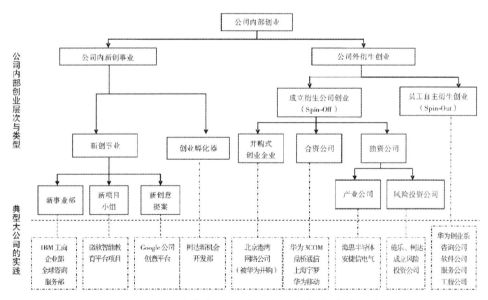

图A2.10　公司内部创业的层次、结构与内容逻辑

资料来源：张武保、任荣伟， "藉以内部创业战略提升企业竞争力:行为与绩效——中国华为公司内部创业行动案例研究"，《华南理工大学学报》(社会科学版),2011, (4):24-32。

衍生裂变创业是指现有企业将某一业务部门分拆出去创立新企业，或员工离职创办新企业。国内出现的"华为系""阿里系"，以及美国硅谷的"硅谷族谱"等，都由母体企业不断衍生裂变形成。衍生裂变的新创企业通常和原有企业保持千丝万缕的联系，比如资源的传承、业务上的往来等。衍生创业者会选择成为大企业上游原材料的供应商、下游的销售商或服务商，或者作为母体企业的竞争者从事类似或相同业务。[①]

扎哈拉等认为公司创业是企业在运营中所表现出的为鼓励创新和承担可计量风险所采取的行动，包括创新、风险和更新三种活动。[②]

内部创业最核心的本质是激发创新，并且能够提升企业竞争能力。相对于个人创业而言，公司创业需要克服组织惯性和官僚化的侵蚀，解决新旧业务活动之间的种种冲突，善于从多个创业机会中选择适合成为未来战略内容的发展方向。

对于大多数企业而言，只有当公司遭遇发展困境时才会去考虑内部创新、创业的问题，但是优秀的企业却会在遭遇瓶颈前就开始行动。谷歌的创新走在世界前列，就是因为它考虑问题具有前瞻性，领先一步开展"裂变式创业"，避免企业发展陷入停滞，也保证了优秀人才不会外流。

华为和谷歌都在企业发展的过程中使用了内部创业的方式来帮助企业不断进步。华为在内部创业的过程中，采取的是将企业的非核心业务内部创业为企业的代理商或外包业务商的模式；而谷歌采用的是"20% 时间关注新创项目+ 现金奖励"这样一种内部创业模式。[③]

硅谷精益创业教父斯蒂夫·布兰克指出，大公司应该效仿"精益创业"的形

① 郑馨："传统企业如何突破：大象如何跳舞？——传统企业的内部创业与突破"，《清华管理评论》，2014（12）：32-41。

② Zahra, S. A., Gedajlovic, E., Neubaum, D. O., Shulman, J. M. "A typology of social entrepreneurs: Motives, search processes and ethical", *challenges. Journal of Business Venturing*, 2009.24(5):519-532.

③ 芮绍炜："华为、Google的内部创业模式比较"，《企业管理》，2016年4月。

式，鼓励员工内部创业以激发活力，但是怎样与现有架构无缝衔接，却不是一件容易的事。这需要在战略和架构层面与公司高层（董事会、CEO、高管）达成共识。

斯蒂夫·布兰克指出，内部创业公司必须做到：获取母公司高层权威人物的稳定支持，将自己的业务流程隔离和保护起来，以避免受到母公司既得利益集团的毁灭性打击。高水平的内部创业机制能较好地适应竞争环境的要求，并创新出一种竞争战略模式。

作为内部创业制度的独立公司，采用相对独立的公司组织，实行独立的会计核算，责任界定较为明确，经营管理的责任、权限贯彻比较彻底。这种由企业某一个或几个业务单元分立出来创建新的企业，成为近几年中国企业发展的一种新型战略模式。①

衍生裂变创业的优点包括：它既避免了由母体企业对业务的完全控制而可能导致的低效率，又避免了由独立创业而带来的完全市场交易中的高风险。这种模式有利于大企业持续不断地孕育更多的创业精神，解决内部创新动力不足的问题，另一方面也为自我驱动力强、有创新基因的员工提供了自由空间和强有力的激励，避免了高管流失。

衍生裂变创业的可能风险有：大企业会成为新创企业的摇篮和黄埔军校，如果完全失去对衍生企业的所有权和控制权，衍生企业很有可能成长为兼具创造力和破坏力的力量，甚至威胁到原有大企业的利益。例如，2000年左右，华为曾鼓励内部创业。李一男离开华为，独自创建了港湾网络，带走了不少顶尖研发和销售人员。港湾网络后来发展成为华为企业级数据通信市场的主要竞争对手。这一事件以华为实施狙击、最终收购港湾网络收尾，被视为华为衍生裂变创业的滑铁卢之役。②

---

① 张武保，任荣伟："藉以内部创业战略提升企业竞争力:行为与绩效——中国华为公司内部创业行动案例研究"，《华南理工大学学报》(社会科学版)，2011，04:24-32.

② 郑馨："传统企业如何突破：大象如何跳舞？——传统企业的内部创业与突破"，《清华管理评论》，2014（12）：32-41。

激励理论

激励理论是关于如何满足人的各种需要、调动人的积极性的原则和方法的概括总结。激励的目的在于激发人的正确行为动机，调动人的积极性和创造性，以充分发挥人的智力效应，做出最大成绩。主要有以下几种类型[①]：

内容型激励理论

所谓内容型激励理论，是指针对激励的原因与起激励作用的因素的具体内容进行研究的理论。这种理论着眼于满足人们需要的内容，即人们需要什么就满足什么，从而激起人们的动机。

内容型激励理论重点研究激发动机的诱因。主要包括马斯洛的"需要层次论"、赫茨伯格的"双因素论"和麦克利兰的"成就需要激励理论"。

亚伯拉罕·哈罗德·马斯洛于1943年初次提出了"需要层次"理论，他把人类纷繁复杂的需要分为生理的需要、安全的需要、友爱和归属的需要、尊重的需要和自我实现的需要五个层次。1954年，马斯洛又把人的需要层次发展为七个，由低到高的分别是：生理的需要，安全的需要，友爱与归属的需要，尊重的需要，求知的需要，求美的需要，以及自我实现的需要。

保健因素理论是美国行为科学家弗雷德里克·赫茨伯格提出来的，又称双因素理论。双因素理论强调：不是所有的需要得到满足都能激励起人的积极性。只有那些被称为激励因素的需要得到满足时，人的积极性才能最大限度地发挥出来。如果缺乏激励因素，并不会引起很大的不满；而保健因素的缺乏，将引起很大的不满，然而具备了保健因素时并不一定会激发强烈的动机。

成就需要理论也称激励需要理论，是20世纪50年代初期，美国哈佛大学的心理学家戴维·麦克利兰提出的。麦克利兰认为，在人的生存需要基本得到满足的前提下，成就需要、权利需要和合群需要是人的最主要的三种需要。成就需要的高低对一个人、一个企业发展起着特别重要的作用。

---

① 马仁杰、王荣科、左雪梅：《管理学原理》，北京：人民邮电出版社2013版。

过程型激励理论

过程型激励理论重点研究从动机的产生到采取行动的心理过程。主要包括弗罗姆的"期望理论"和亚当斯的"公平理论"等。

期望理论是心理学家维克多·弗罗姆提出的理论。它认为，人们之所以采取某种行为，是因为他觉得这种行为可以有把握地达到某种结果，并且这种结果对他有足够的价值。

公平理论又称社会比较理论，它是美国行为科学家亚当斯提出来的一种激励理论。该理论侧重于研究工资报酬分配的合理性、公平性及其对职工生产积极性的影响。

行为后果激励理论

行为后果激励理论是以行为后果为对象，研究如何对行为进行后续激励。这一理论包括强化理论和归因理论。

强化理论是美国心理学家和行为科学家斯金纳等人提出的一种理论。所谓强化，从其最基本的形式来讲，指的是对一种行为的肯定或否定的后果（报酬或惩罚）。

根据强化的性质和目的，可把强化分为正强化和负强化。在管理上，正强化就是奖励那些组织上需要的行为，从而加强这种行为；负强化是告知人们某种行为是不可取的，如果做了这种行为会受到什么惩罚，从而削弱这种行为。

归因理论是美国心理学家海德于1958年提出的，后因美国心理学家韦纳及其同事的研究而再次活跃起来。归因理论是探讨人们行为的原因与分析因果关系的各种理论和方法的总称，亦即研究人的行为受到激励是"因为什么"的问题。

综合激励理论

综合激励理论的代表者是美国心理学家和管理学家波特和劳勒，他们于1968年提出一个"综合激励模型"（图A2.11）。该模型吸收了需要理论、期望理论和公平理论的成果，使其更为全面、更为完善。

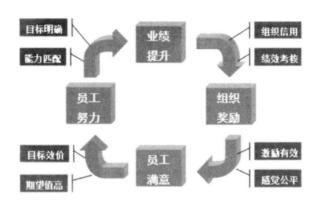

图A2.11 综合激励模型示意图

资料来源：马仁杰、王荣科、左雪梅，《管理学原理》，北京：人民邮电出版社2013版。

合伙人制度

为了与法律意义上的合伙制企业进行区分，合伙人制度更多地被称为"事业合伙人制度"。这种运营模式最早多见于国外的金融投资（VC\PE）、咨询等行业。目前，还没有对于这种制度的明确定义，我们可以从企业的治理机制、权力结构等方面去理解，但公司仍采用的是公司制的组织形式。对于传统公司制来讲，事业合伙人制度可以推动原公司制中的职业经理人向利益相关者转变，职业经理人可以拥有股票，也可以拥有项目，甚至可以把企业作为一个孵化平台，这使企业管理团队某种程度成为内部创业者，从而实现激励的效果。传统意义上，合伙制更适用于知识型企业，公司制更适用于资本密集型企业，事业合伙人制度则旨在探索怎样将公司制与合伙制的优点有机结合在一起。

目前，国内也有多家企业实践了合伙人制度。万科率先推行了事业合伙人制度，在项目层面，建立跟投机制；在公司层面，推进事业合伙人持股计划。这些做法使得管理团队和股东利益高度一致，共创、共享成果，共担风险。华为采用的"员工持股计划"让员工通过工会持股，可以从公司利润中获得分红，共享发展成果。海尔对于事业合伙人制度的应用实质上是内部创业，企业趋向平台化、员工趋向创客化。把大企业做小，将企业分为多个经营单元，独立核算，自负盈亏，极大地提升了员工的工作积极性。

从雇佣制到合伙制经历了很多变迁。一直以来，雇佣制是中国企业的主流模式。它的特点是，资本雇佣劳动，大股东是老板，员工是"打工仔"。公司治理权力方面，资本拥有绝对话语权，员工缺乏话语权，而且等级关系明显，官僚主义较常见。

利益分配方面，传统雇佣制更多倾向资本而非员工，员工难以公平享受企业发展成果。而且，员工的行为容易短期化。同时，"火车跑得快，全凭车头带"，企业成败系于老板一人，风险很大。

合伙制是对传统雇佣制的巨大颠覆。从资本雇佣劳动更多变为资本与劳动的合作；从单纯的员工变为兼具股东身份，从"打工仔"变为"合伙人"，资本与员工更多地融合。员工之间更多体现为合伙、相对平等，而非传统的上下级关系，官僚主义空间更小，内部的监督更有力，部门之间的隔阂会变小。

利益分配方面，合伙制下，资本、员工之间的利益分配更公平，员工获利空间更大，能更好地满足当下很多人对财富包括财务自由的追求。正如周鸿祎所说的："我经常跟员工说，我给你发工资，撑破天百万年薪，还有一半都交个人所得税了，所以工资就是养家糊口的钱，真的财务自由，一定要争取拿到股票期权，只有资本上的回报才能创造这种成功。"[1]合伙制下，员工和股东身份统一，有利于形成深度的利益和命运共同体，降低企业发展成败系于一人的风险——合伙制下"人人都是老板"，而非单纯依赖"车头"的动力。

国内外越来越多的先进企业在改变企业和员工的关系、破除员工"打工心态"方面进行了根本性的变革。比如，不把员工当成"雇员"，而视作"合伙人"或"合作伙伴"。其区别在于，后者能够获得公司股权、期权或者工资以外和公司效益息息相关的额外激励，通俗点讲，他们也是老板或股东。

沃尔玛规定，员工只要在公司工作满1年，每周工作超过20个小时，平均可以得到年薪5%的红利。但红利是先记在账上，直到人离开公司时才能取，由于红利是以

---

① 严学锋："老板'死'了，合伙人制兴起"，《南风窗》，2016年1月。

公司的股票支付，而股价的飞涨使得许多经理退休时都成了百万富翁，甚至许多普通员工也是如此。而这直接形成了良性循环：员工努力工作——公司业绩好——员工获得红利多——员工更努力工作，稳定性、忠诚度、凝聚力随之更高。

无论是360度考评、KPI还是目标管理等一些现代管理工具，其最终目的都是希望员工有更高的积极性，更强的责任心，把事做好，做到位、做出成果，而最直接、最有效的解决方案就是让员工自己当"老板"。

创新生态系统理论

美国经济学家詹姆士·摩尔1993年在《哈佛商业评论》上发表文章"掠食者与猎物：新的竞争生态"，从企业生态观视角正式提出了"商业生态系统"(business ecosystem)的概念（图A2.12）。企业不再是孤军奋战的经营体，而是商业生态系统有机体的一部分。同时，每个商业生态系统之间还可能发生交互和共演，并嵌入更广泛的经济生态系统（economic ecosystem）中。这种变化影响着企业经营管理的方方面面。例如，通信技术的发展为商业生态系统的形成提供了技术条件，而消费者需求驱动经济（demand-driven economy）则加速了这一过程。再如，商业生态系统打破了传统的行业界线，使不同行业的企业走到了一起，从而增加了共创共赢的市场机会。此外，超分工整合（super dis-integration）的发展促使企业更关注自己的生态位，以及如何使用和从超出组织边界资源中获益。

2006年，阿德纳在商业生态系统的基础上进一步提出"创新生态系统"的概念，认为创新生态系统本质上是指一种协同机制。这种机制能够通过人力、设备、资金、知识、技能、关系、品牌等资源的开放共享降低研发成本，分散市场风险，实现网络效应和规模效益。一个创新生态系统可以为商业运作中的创新提供引导，也将商业战略由简单的联合工作向协同、系统的合作转变，从产品竞争向平台竞争转变，从企业独立的发展向共同演化转变，从而为管理战略的制定提供依据。此时，竞争已不再局限于企业与企业间，同时也存在于生态系统之间，组织竞争优势还依赖于外部环境的变化和生态系统成员的共同参与。

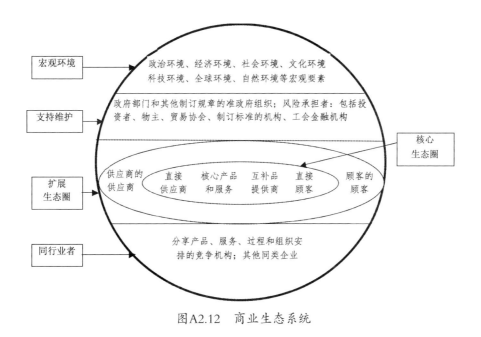

图A2.12 商业生态系统

资料来源：Mooer, J. F.,*The Death of Competition: Leadership and Strategy in the Age of Business Ecosystem* . Harper Collins Publishers, 1996。

陈劲等梳理了企业创新生态系统的演化阶段及属性，区别了第三代高度基于战略管理导向的创新体系和第四代企业创新生态体系（见图A2.13和表A2.2）。第三代体系强调创新战略在企业战略中的核心作用，及其与企业领导治理决策系统的紧密关系，认为企业战略的主导性有效实现了创新所需的各项管理职能（包含研发、制造、设计、营销等）相关协调匹配关系的顶层设计，完善公司创新战略对于公司战略与竞争优势提升有嵌入关系。而第四代创新生态体系则进一步打破企业边界，整合了与企业创新活动相关的利益主体的资源，实现利共生、协同共演，从而促进生态系统价值的优化与健康的演进。

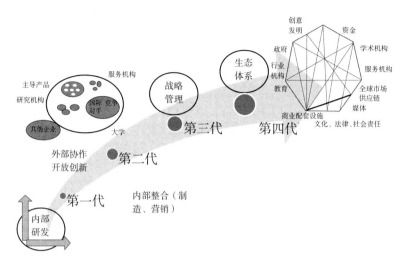

图A2.13　企业技术创新体系演化示意图

资料来源：陈劲、黄淑芳，"企业技术创新体系演化研究"，《管理工程学报》，2014(4): 219-227。

表A2.2　各代企业创新体系的特点

代际	名称	特点
第一代 （20世纪50年代—60年代中期）	以研发为中心的创新体系	内部、自主
第二代 （20世纪60年代—80年代中期）	基于协同/整合的创新体系	互动、开放
第三代 （20世纪80年代—90年代）	高度基于战略管理导向的创新体系	战略、治理
第四代 （20世纪90年代—至今）	创新生态体系	生态、核心

资料来源：陈劲、黄淑芳，"企业技术创新体系演化研究"，《管理工程学报》，2014(4) 219-227。

　　与较为规则的网络不同，企业生态系统具有复杂性、动态性和交叉性等特征。《硅谷生态圈：创新的雨林法则》一书中指出，如果传统创新网络的创新主体之间有（n–1）/2个协作节点，那么创新生态网络各创新主体之间就有可能产生n×(n–1)/2个协作节点（如图A2.14），因此创新生态系统的网络节点比传统创新的网络连接节点多了n倍，交易越多意味着整个系统产生的经济效应可能越大。

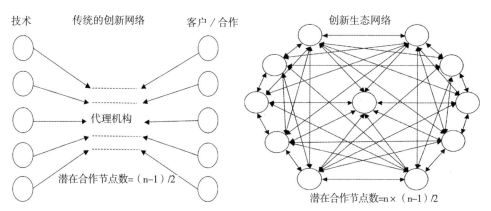

图A2.14　传统创新合作与创新生态网络合作节点图

资料来源：〔美〕维克多·W.黄、格雷格·霍洛维茨，《硅谷生态圈：创新的雨林法则》，北京：机械工业出版社2015版。

组织创新与无边界组织理论

无边界组织是相对于有边界组织而言的。有边界组织要保留边界，完全是为了保证组织的稳定与秩序。但无边界组织也需要稳定和呈现度，所以它绝不是要完全否定企业组织必有的控制手段，包括工作分析、岗位定级、职责权力等的设定，只是不能把它们僵化。

美国通用电气公司前任董事会主席杰克·韦尔奇(Jack Welch)首先使用了无边界组织这一术语。韦尔奇力求取消公司内部的横向和纵向边界，并打破公司与客户和供应商之间存在的外部边界障碍。

在今天动态的外部环境下，组织为了更有效地运营，就必须保持灵活性和非结构化。为此，无边界组织力图取消指挥链，保持合适的管理幅度，以授权的团队取代部门。那么，如何实现无边界的组织设计呢？管理者可以通过跨职能团队，以及围绕工作流程而不是职能部门组织相关的工作活动等方式，取消组织的横向边界；通过运用跨层级团队或参与式决策等手段，取消组织的纵向边界，使组织结构扁平化；通过与供应商建立战略联盟等手段，取消组织的外部边界。

战略决策理论

决策的关键维度和因素如表A2.3所示：

表A2.3　决策的关键维度和因素

维度	因素	含义
发展目标	企业愿景	是否符合企业的愿景
	经营理念	总经理的经营和管理风格是怎样的（风险偏好）
市场效益	顾客需求	该方案是否有利于满足或挖掘现有产品的客户需求
	市场增长性	该方案所支持的市场增长性如何
	潜在市场	该方案是否有利于占领未来有潜力的产品市场（如健康环保材料制成的椅子）
	市场盈利性	该方案的盈利性如何
	市场竞争状况	选择该方案的竞争者数量及潜在替代品威胁如何
企业能力资源	企业员工队伍	是否能最大化发挥人员能力（如设计部能否承担相应方案的要求；生产能力能否满足该方案）
	运营资金	资金流是否支持该战略的实施
	企业产品特点	在现有市场，企业产品特点的优劣势是否支持该方案
	企业品牌资源	该方案与企业品牌资源是否匹配
	渠道与客户资源	企业现有客户管理能力能否实现该方案

根据相关研究总结出的转型升级具体战略的选择思路分析框架如表A2.4所示。

表A2.4　企业转型升级类型

转型升级方式		主要内容
转型	转行	主业不变进入新行业
		主业转向新的行业，但仍保留原行业
		退出原行业，完全进入新行业
		在本行业中向上游产业延伸
		在本行业中向下游产业延伸
		从制造业领域转向服务业领域
	转轨	企业类型转型
		商业模式转型
		进入新的市场
		管理转型
		创业者自身转型
升级	创新	开发新产品
		提高产品技术含量
		打造名牌产品
		战略重点从生产向研发转移

微笑曲线理论

宏碁集团创办人施振荣先生，在1992年为"再造宏碁"提出了著名的"微笑曲线"理论。微笑曲线描述了企业/产业未来努力的战略方向，有两个要点：第一个是可以找出附加价值在哪里，第二个是关于竞争的型态。

微笑曲线（图A2.15）中间是制造，附加值最低；左边是研发，属于全球性的竞争；右边是营销，主要是当地性的竞争。当前，制造产生的利润低，全球制造也已供过于求，但是研发与营销的附加价值高，因此产业未来应朝微笑曲线的两端发展，也就是在左边加强研发，创造知识产权，在右边加强客户导向的品牌与服务。

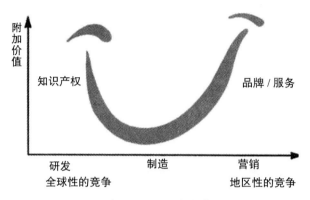

图A2.15　微笑曲线

战略领导力与战略变革

在企业的战略变革中，公司领导人的战略领导力对于坚定员工的理想信念、推动公司进行战略变革起到了重要作用。现有企业战略制定过程的演化如图A2.16所示。

现有企业通常都会面临着四个战略创新挑战：

（1）利用与现有战略相关的新机会；

（2）利用企业内部自发产生的新机会；

（3）创造适应性组织，平衡对现有机会和新机会的重视程度；

（4）激励战略革新。

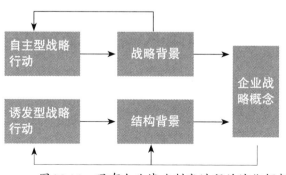

图A2.16　现有企业战略制定过程的演化框架

一个涵盖创意到售后完整产业链的公司。孵化中心是利用汉能资源建设的一个平台，同时自己也会开发项目。孵化中心具有"七创"组织特色，包括创人、创意、创新、创业、创富、创造和创名。这七创就是一个正常的小公司的七个功能。对一个企业来讲，孵化中心是一个加速器，如果将业务接入这七个服务平台，实际上就是一个创业公司。孵化中心会采用创业公司的运营机制，种子先从总部拿，自己融资，未来可能会注册外围公司，从汉能独立出来，由汉能里面的个人对其投资，公司自主运营。

市场拓展：分销模式

在未遭遇股价危机前，汉能销售采取的是全渠道战略布局的方式，目标是开辟500家直营店，发展3 000家经销商，要覆盖全国县级以上的城市，打造一支高达5 000人之多的销售团队。

据了解，汉能多数直营店坐落于城市商业中心的黄金地段，店面积达数百平方米，租金昂贵；但店内产品不多，十分冷清，几乎没有顾客，通过电话等渠道下的订单也很少，其销量远远不能覆盖租金，更不用说人员、运营等需要消耗的成本。不足半年，汉能就放弃了直销模式，2015年二季度财报称，"根据最新销售数据，网上商城及门店销售情况均未如理想，鉴于节省众多门店日常支出目的，未来选择关闭一些门店"，并宣布裁员2 000人。

汉能逐渐放弃了以直销、直营店销售为主的模式，加大了市场拓展力度，在全国广泛招募经销商与分销商，与其共建销售渠道和销售网络，实现利益共享。自2015年下半年以来，汉能把户用系统作为"蓝海市场"去积极开拓。此外，汉能与第三方销售平台合作，在天猫和京东开设电商，建立了"汉能商城"官方电子商务和客户管理服务平台，并开发移动客户端APP，通过大数据管理，实现移动互联时代的最佳用户体验。

开放合作：引入战略投资者

汉能股灾一年后，2016年5月20日，为了加强公司治理，汉能薄膜的高管进行了全面换血。李河君主动请辞汉能薄膜执行董事会主席的职务，主席职务由袁亚彬担